2017年度宁波市社会科学学术著作出版资助项目

中国城市化与空气环境的相互作用关系及EKC检验

Investigating the Environment Kuznets Curve and
Interaction Relationship between China's Urbanization
and Air Environment

丁　镭　董鸿安　著

WUHAN UNIVERSITY PRESS
武汉大学出版社

图书在版编目(CIP)数据

中国城市化与空气环境的相互作用关系及 EKC 检验/丁镭,董鸿安著.—武汉:武汉大学出版社,2017.12
ISBN 978-7-307-19746-6

Ⅰ.中… Ⅱ.①丁… ②董… Ⅲ.城市化—关系—环境空气质量—研究—中国 Ⅳ.①F299.21 ②X-651

中国版本图书馆 CIP 数据核字(2017)第 247584 号

责任编辑:李 晶 责任校对:刘小娟 装帧设计:吴 极

出版发行:**武汉大学出版社** (430072 武昌 珞珈山)
(电子邮件:whu_publish@163.com 网址:www.stmpress.cn)
印刷:虎彩印艺股份有限公司
开本:787×960 1/16 印张:17.75 字数:299 千字
版次:2017 年 12 月第 1 版 2017 年 12 月第 1 次印刷
ISBN 978-7-307-19746-6 定价:98.00 元

前　　言

空气污染作为全球性的主要环境污染问题之一，日益受到学界、社会和各国政府的共同关注。改革开放以来，中国的经济快速发展，能源消耗和污染排放破坏了生态环境，导致雾霾等空气污染现象成为快速城市化过程中的"新常态"。同时，处在产业转型升级过程中的中国，伴随"京津冀协同发展""一带一路建设""长江经济带发展"三大战略的推进，新型工业化道路、区域协调发展、生态文明建设对城市空气环境质量改善提出了新的要求。因此，城市化与空气环境的相互作用关系研究，不仅是新背景下城市化与生态环境耦合作用关系研究的重要延伸，也是引导未来城市可持续发展和环境政策制定的重要依据。

面对一个经济高速增长、城市化快速提升但环境日趋恶化的"新常态"，在中国，空气环境污染和城市经济增长、城市发展之间究竟有什么样的关系？城市化的快速发展会导致空气环境污染日益恶化，还是最终有可能带来空气环境的改善，两者的相互作用机理如何？这些都值得我们深入探讨。

基于此，本书以中国地级及地级以上城市为主要研究对象（依据指标数据的连续性共筛选出 274 个城市），分析了 2004—2013 年共 10 年间的 SO_2、NO_2、PM_{10} 三种常规污染物的空间分布特征及演化趋势，并选取人口城镇化率、城市人口规模、建成区面积和第二产业比重 4 个表征城市社会经济发展水平的指标来判定其对空气质量的影响，进而以城市化率和人均 GDP（国内生产总值）为主解释变量，分别构建普遍面板回归模型和空间计量面板模型进行城市化对空气环境影响的 EKC 检验；最后，利用面板向量自回归模型（PVAR）和耦合协调模型（CCDM）探讨了城市化与空气环境两个系统之间的响应规律和耦合协调模式，并为我国新型城镇化的发展提出了相应建议。本书的主要内容如下。

(1)系统地揭示了三种主要空气污染物(SO_2、NO_2、PM_{10})在274个城市的10年时空演化格局。从时间演化序列来看,全国274个城市的空气环境质量恶化总体呈现先减缓后加重的时序演化趋势,不同污染物之间的演化特征有较大差异。从区域空间分布来看,城市空气环境质量分布呈现出显著的空间异质性,且城市空气污染空间格局未发生明显变化,华北地区(京津冀)及山东部分城市是我国空气污染相对严重的地区,也是当前大气污染协同防治的关键区域。

(2)比较分析了以人均GDP和以城市化率为主导的空气环境库兹涅茨曲线(EKC)演化规律。结果显示:不管是在GEKC(以人均GDP为主解释变量)体系,还是UEKC(以人口城镇化率为主解释变量)体系中,我国城市化发展与空气环境质量之间的关系并没有呈现经典的倒"U"形曲线,不同的污染物呈现的演化曲线特征不同。

(3)构建了基于空间计量经济(ESDA-Spatial Econometrics)的空气质量演化的环境库兹涅茨曲线新的分析框架。从空间自回归系数来看,不管是在SGEKC还是SUEKC体系中,均有IAQI>PM_{10}>NO_2>SO_2,且均通过了1‰水平的显著性检验,表明城市空气环境质量的IAQI综合值受相邻城市的空气污染物扩散影响高于单一污染物的空间效应值,是一个受综合影响的结果。

(4)基于面板向量自回归模型(PVAR)阐述了城市化发展与空气环境质量的双向作用响应关系。结果表明,区域城市化发展与空气环境质量之间存在着双向互动关系,不仅城市化发展是空气质量变化的重要原因,空气质量的恶化对城市化发展的反向作用也非常显著。

(5)动态评价了省域尺度的城市化和空气环境系统间的耦合协调作用过程,并比较了不同省区的作用关系和模式差别。结果发现,省域城市化综合水平得分呈现一定的空间差异性和规律性。城市化与空气环境的耦合协调模式经历了从不协调期向转型期发展的过程,没有出现高级协调阶段,说明当前我国城市化过程中的空气环境问题依然比较突出。未来,推进新型城镇化建设,要控制适度规模的人口城镇化,不断完善城市的功能结构,并注重空气质量改善的区域协同。

董鸿安教授参与本书第一、二章的撰写,其余部分由丁镭撰写完成。同时在本书的撰写过程中得到了很多人的帮助,在此要衷心感谢我的导师曾克峰教授、程胜高教授的悉心指导;我的师兄刘超、陈昆仑博士,我的师姐卢炎秋博士的无私帮助和精神鼓励。同时,感谢黄亚林、陆媛媛、黄克红师妹在城市化的相关基础工作中的研究铺垫,张冉、刁贝娣师妹在空间分析上的大力支持,师弟苏攀达、李小凡在计量经济上的大力帮助,以及卢丽雯、陈娟、王佳昕在大数据收集整理过程中的辛苦付出。最后要感谢我的爱人方雪娟在绘图处理、文字校稿中的艰辛付出。所有的这些工作为本书的撰写和出版提供了重要基础,在此表示深深谢意!

由于笔者水平有限,本书可能存在一些不足之处,敬请各位读者批评指正。

丁　镭

2017 年 10 月

目　　录

第一章 绪 论

第一节 研究背景、目的及意义

空气污染作为全球性的主要环境污染问题之一,日益受到学界、社会和各国政府的共同关注(Jerrett,2015;Lelieveld et al,2015;Fan et al,2015;汪伟全,2014)。作为世界上最大的发展中国家和第二大经济体,改革开放以来,中国的经济快速发展、能源消耗和污染排放严重加剧了包括空气污染在内的生态环境的改变,欧美发达国家经历了百余年的空气污染问题在我国近 20 年内集中爆发,导致雾霾等空气污染事件成了快速城市化过程中的"新常态"(Huang R J,2014;Luo Y P et al,2014;马丽梅,2014;Chen R J et al,2013;Wang Q S et al,2012)。据《2014 年中国环境状况公报》,在全国开展空气质量新标准监测的 161 个城市中,有 16 个城市的空气质量年均值达标,145 个城市空气质量年均值超标。因此,可以看出空气质量已经成为影响城市化发展质量、城市宜居程度的重要标准之一,中国的城市空气环境治理和改善迫在眉睫(Shi et al,2016;Rohde,2015;Zhang et al,2012)。

一、研究背景

(1)"同呼吸、共命运"的区域性空气污染受到新关注。

随着中国城市化和工业化的快速发展与能源消耗、机动车尾气排放的迅速增加,城市的空气污染问题变得日益严重,并已表现出一定的以可吸入颗粒物(PM_{10})、细颗粒物($PM_{2.5}$)为特征污染物的区域性共同污染局面(Han et al,2014,2015),大范围、持续性的雾霾天气屡见不鲜,特别是从2012年冬季开始出现的大范围、长时间雾霾现象,造成了巨额社会经济损失和居民健康危害(张纯,2014;黄德生,2013;穆泉,2013;Chen Y Y et al,2013;Xu J H et al,2013;Kan H D et al,2012),引起了环境学、气象学和城市相关研究领域学者对于空气污染区域性问题的广泛关注(Zhuang X L et al,2014)。这种区域性污染主要表现在经济发达、大气污染物排放集中的长三角、珠三角和京津冀三大城市群以及辽宁中部城市群、湖南长株潭城市群、成渝经济区等城市密度大、能源消费集中的区域(Fan Q et al,2014;Wang X S et al,2011;Chan,Yao,2008;Wei F et al,1999;谢雨竹等,2015)。受气象条件污染扩散输送的影响,大都市圈周边的中小城市空气污染也会变得越来越严重(廖志恒等,2015;王淑兰等,2005)。但是,城市空气污染的区域差异性也普遍存在。不同城市由于其所处的发展阶段、经济结构、地形气候背景等不同,其空气污染的特征也会有所不同,纵然是具体的某一个城市,在不同季节、不同月份、不同工作日也会有时间差异,即城市空气环境既面临普遍性的污染局面,也存在着一定的时空差异(雷瑜等,2015;Li L et al,2014)。因此,探寻中国城市化与空气污染的相互作用关系需要建立在大时空尺度空气污染特征的分析基础上。

(2)新型城镇化建设给城市空气环境质量改善提出了新要求。

2014年3月17日,我国发布的《国家新型城镇化规划(2014—2017年)》明确提出要建设新型城市,它包含绿色城市、智慧城市和人文城市三个内涵,其中绿色城市这一内涵格外引人注目,并对城市空气质量提出了新的更高要求。规划目标指出,到2020年中国地级以上城市空气质量达到国家标准的比例由2012年的40.9%提高到2020年的60%(找寻潜在的60%目标城市亦是本书主要研究的目标之一)。这也意味着"生态环境明显改善,空气质量逐步好转,饮用水安全得到保障"是使城市和谐宜人的重要方面,需加强空气环境质量的改善。与之对应,近来从中央政府到地方政府,颁布了众多促进空气质量改善的相关政策。例如,2013年国务院印发《大气污染防治行动计划》(国发〔2013〕37号),文件中指出要加大综合治理力度,减少空气污染物排放。北京从2014年开始以《京津冀协同发展规划纲要》为契机,尝试通过产业疏解途径来降低由于特定产业和交通工具使用带来的空气污染,从而改善大都市区的空气品质;2015年,更是出台了《京津冀区域大气污染控制中长期规划》,京津冀将加快推动形成生态共同体,共同构建区域生态安全的体系,对其中的PM$_{2.5}$年均浓度等主要污染物划定大气环境红线。处在中部地区的武汉市,则在 2013 年后相继出台了《武汉市改善空气质量行动计划(2013—2017 年)》《武汉市城市环境空气质量达标规划(2013—2027 年)》,计划从 2014 年起投资 290 亿元用来改善空气环境质量(丁镭等,2015)。因此,改善空气环境质量是我国各级政府、各个城市共同奋斗的目标(袁业飞,2013)。

(3)生态文明建设给城市空气污染治理提出了新任务。

生态文明让理念变成现实。党的十七届四中全会把生态文明建设提升到与经济建设、政治建设、文化建设、社会建设并列的战略高度,也就是说生态文明建设是"五位一体"建设目标的重要组成部分。党的十八大以后,2015 年中共中央、国务院相继印发了《中共中央 国务院关于加快推进生态文明建设的意见》和《生态文明体制改革总体方案》。前者强调继续落实大气污染防治行动计划,逐渐消除重污染天气,切实改善大气环境质量。后者则强调树立"绿水青山就是金山银山"的理念,清新空气、清洁水源、美丽山川、肥沃土地、生物多样性是人类生存必需的生态环境,坚持发展是第一要务,必须保护森林、草原、河流、湖泊、湿地、海洋等自然生态;并强调建立污染防治区域联动机制,完善京津冀、长三角、珠三角等重点区域大气污染防治联防联控协作机制,其他地方要结合地理特征、污染程度、城市空间分布以及污染物输送规律,建立区域协作机制。因此,不管是政策制度,还是理念落实,生态文明建设都给空气污染的治理提出了新任务和方针导向(黄晗,2015)。

二、研究目的

(1)分析中国城市空气环境污染的时空分布特征。我国幅员辽阔,地区之间经济水平差异较大,不同省区、不同城市(城市群)的空气污染有着不同的特征。因此,本书将从主要空气污染物排放量以及主要污染物浓度指标出发,利用数理统计分析、探索性空间分析方法(ESDA)等方法模型,探究国家层面—省级层面—城市(群)层面等多个空间尺度的空气污染分布演化特征。

(2)探究快速城镇化背景下的中国空气污染的环境库兹涅茨曲线(EKC)规律。环境库兹涅茨曲线(EKC)是解释经济发展和环境污染的重要分析模型。但就城市发展和环境质量关系而论,不存在一成不变的单一适用关系模式,甚至对同一污染物,在同一地区,采用的计量方法或选用的指标不同,都有可能得到不同的曲线形状。因此,在污染物时空分布特征分析的基础上,本书将建立一个以城市化率(城市化水平)为主要解释变量的空气污染(环境空气质量)EKC面板数据检验综合分析框架,以寻找不同城市化水平作用下的空气污染规律,以期为新型城镇化建设的空气污染治理提供相关依据。

(3)诠释城市化与空气环境的交互作用机制和演化特征。在EKC解释的基础上,利用响应度模型和耦合协调度模型分析城市化与空气环境的相互作用关系,探究不同城市化综合水平下的城市空气污染作用特征。

三、研究意义

(1)现实意义:为制定有针对性的环境空气治理措施和区域联防联控策略提供依据,并提出新型城镇化和生态文明建设背景下的城市空气污染治理的总体框架。结合近几年来国家相继提出的长江经济带发展战略、一带一路发展战略、京津冀一体化战略、各个城市圈发展规划,本书将从空气环境视角出发,结合各个区域、不同尺度的城市空气污染特征以及城市化作用规律,有针对性地提出环境空气容量约束和环境功能目标保护背景下的城市空气污染治理的对策及建议。此外,探究城市的空气环境质量与城镇化发展质量的耦合协调关系,可以为不同省区、各主要城市实现空气质量和城镇化质量共同提升,新型城镇化建设提供参考数据。

(2)理论意义:发展并完善空气污染的环境库兹涅茨曲线理论,构建城市化与空气环境的耦合相互作用综合框架。环境库兹涅茨倒"U"形曲线是认识区域环境质量变化规律的重要途径。但在大量的实证研究中,不同学者关于EKC存在与否、EKC的曲线特征、EKC的拐点问题等展开了广泛而富有成效的论战,并得出相同、相似或截然不同的一些结论。因此,本书将以中国的空气污染(污染物排放指标和污染物浓度指标)为环境自变量指标,解释变量则在原有的经济总量、产业结构、技术水平基础上(Brock,Taylor,2005)增加城市化作用指标,并在全国尺度、省级尺度和城市尺度进行EKC规律比较。此外,为突出城市化作用所带来的空气污染变化,本书将构建城市化与空气环境的耦合交互作用模型(CCDM)、脉冲响应模型(VAR),在EKC基础上分析中国城市化过程中的空气环境效应,最后从环境空气治理角度出发,为我国新型城镇化建设提出发展建议。

第二节 国内外研究进展

一、空气污染的时空特征研究进展

按照国际标准化组织(ISO)的定义,空气污染通常是指由于人类活动或自然过程引起某些物质进入大气中,呈现出足够的浓度,达到足够的时间,并因此危害了人类的舒适、健康和福利或环境的现象(邹滨等,2012)。区域空气污染的时空分布特征,是从整体上了解城市的大气污染状况、分析空气污染的影响范围、掌握城市大气污染来源和制定相对应的空气污染防治规划的重要依据(Li L et al,2014;车汶蔚等,2008)。从当前主要研究内容来看,集中在以下三个方向:① 城市主要空气污染物排放、浓度的时空分布特征研究,包括 SO_2、NO_x(氮氧化物)、TSP、PM_{10}、$PM_{2.5}$、O_3 等;② 城市空气污染指数或者质量指数(API、AQI、RAQI)的时空分布特征,反映城市空气环境质量的综合变化;③ 探讨城市空气质量变化背后的影响因素或成因分析,包括全球范围内的空气污染物跨界转移输送问题。

1. 不同时空尺度下主要空气污染物浓度的分布特征

从全球范围来看,自 20 世纪 70 年代以来,许多老工业化的发达资本主义国家(如美国、德国)的空气污染物的排放量也开始明显下降或者趋于稳定,但同时新兴工业化国家的快速发展(如中国、印度)给全球空气污染控制提出了新的挑战(Lu Z et al,2010,2011)。与此同时,长程越界空气污染已经成为区域性跨国污染、全球空气污染的一种新形势,特别是空气中的持久性有机污染物、$PM_{2.5}$ 污染(图 1.1)已成为全球空气污染控制面临的新难题(Borreqo C et al,2013;Donkelaar A et al,2010;Holoubek,2008;Huang P et al,2007;Kaldellis J K et al,2007;Akimoto H,2003;Holloway T et al,2002;Mayer M et al,2000)。此外,引起舆论界以及环保科学界较大争议的林金泰等(2014)在 *PNAS*(《美国科学院院报》)发表的文章,通过全球大气化学运输模型(GEOS-Chem),分析了与中国出口相关的大气污染物对全球环境的影响,发现这些污染物及前体物在中国地区排放到大气中,通过大气传输和化学转化,一定程度上影响了美国的空气质量。虽然,该文章受到了不少学者的质疑,但是,不可否认的是随着全球经济活动联系越来越紧密,空气污染是需要各个国家和地区一起努力克服的环境问题。

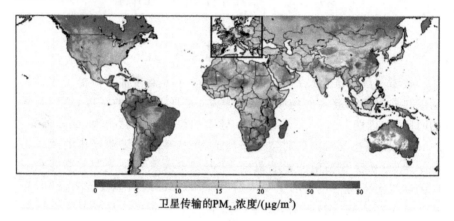

卫星传输的PM$_{2.5}$浓度/(μg/m³)

图 1.1　全球 PM$_{2.5}$浓度分布示意图(据 Donkelaar A et al,2010)

从中国全域范围来看,空气污染逐步由传统的 TSP、PM$_{10}$、SO$_2$ 污染转向以 PM$_{2.5}$、SO$_2$、O$_3$、NO$_x$ 等形成的复合型大气污染,与之对应相关的研究工作也聚焦于以 PM$_{2.5}$ 为核心的空气污染时空分布特征研究(Li Q et al,2014;Lin G et al,2014)。但不同的污染物类型有着较大的区域差异,比如,我国 SO$_2$ 污染较为严重的地区集中在华北和南部偏西地区,而长江流域和珠三角地区空气质量较好(卢亚灵等,2014;李名升等,2013a),而 PM$_{2.5}$污染则普遍存在于我国华北、东北及西南地区,并在部分大城市表现得尤为严重(Li Q et al,2014;Lin G et al,2014;Li R K,et al,2015;王占山等,2015)。2015 年 10 月,耶鲁-南京信息工程大学大气环境中心研究团队首次报道了中国 190 个城市 PM$_{2.5}$污染物的时空分布特征,并揭示了有关影响因素,认为城市 PM$_{2.5}$分布的时空异质性预示着我国 PM$_{2.5}$治理工作将面临巨大挑战(Zhang,Cao,2015)。

从区域尺度来看,大量的研究集中在京津冀、珠三角、长三角以及西安、兰州、重庆、成都等经济发达、空气污染严重地区。其中,曹军骥等系统调查了珠三角、西北地区、青藏高原和 14 个重要城市大气中碳气溶胶的浓度水平和季节变化特征,并定量解析其贡献来源,率先开展二次碳气溶胶研究,精确解析了重霾期间 PM$_{2.5}$各主要来源的定量贡献,加深了对我国灰霾成因与来源的科学理解(Huang R J,2014;Cao J J et al,2012a,2012b;Wang G H,et al,2006)。

当然,还有大量学者利用遥感技术、监测数据对多种不同类型的空气污染物时空分布特征、垂直分布状况进行了细致研究,这里不再一一赘述。值得注意的是,时空分析理论、方法在大气环境科学中得到了充分的利用和体现。

2. 不同时空尺度下的空气污染指数的分布特征

为了反映区域空气污染的综合状态,不少学者在单一污染物的基础上对空气质量进行了评价,利用 API、AQI 等空气综合污染(质量)指数对变量进行空气污染时空分布特征的模拟分析。

从全国尺度来看,高会旺等(2014)、刘永伟等(2013)、李小飞等(2012)、王斌(2008)等分析了中国 API 指数的时空分布规律。任婉侠等(2013)探索了特大型城市空气污染指数的时空变化规律,段玉森等(2008)则对环保重点城市的 API 指数时空模态区域分异问题进行了研究。此外,还有学者对三大城市群(孙丹等,2012)、北方典型城市(李向阳等,2011)、沿海城市(王斌,高会旺,2008)的空气污染指数分布特征进行了比较研究。

从城市尺度来看,重污染城市或者经济发达城市的空气污染指数分布状况是研究重点,如西安(朱振亚等,2014)、广州(Li et al,2014)、上海(范庆亚,2013)、武汉(刘传姚等,2013)。李文杰等(2012)和高庆先等(2012)重点分析了京津冀地区的 API 指数时空变化特征,余波等(2014)基于混沌理论对兰州市近十年的空气污染指数日报数据进行了时间序列分析,并解析了兰州空气污染变化的 4 个主因子,还有学者对这两个区域的空气污染特征进行了比较,以探究城市间的空气质量与城市间距离的关系(赵渊等,2014)。

总的来看,空气污染的时空分布特征问题是整体上了解城市的大气污染状况的必要分析途径,也是当前学术界的关注热点,并认识到大气污染的复杂性、区域差别、城市间相互作用影响以及混沌特征。但已有的研究也存在几个欠缺的方面:① 关注了主要空气污染物的质量浓度,但较少从污染物排放量角度解析空气污染的压力,两者的关系研究也较少;② 关注了重点城市的空气污染状况,但较少深入挖掘大尺度背景下的不同城市类型和特征,也即欠缺对不同城市化类型的空气污染状况进行比较分析。

二、空气污染的环境库兹涅茨检验研究进展

随着经济的快速发展,有限的环境资源面临着来自人类许多方面的需求压力,经济增长与资源利用之间的矛盾日益突出。世界范围内环境质量的退化使人们开始日益关注环境问题,随之,关于环境退化(压力)和经济发展(增长)之间关系的讨论也日益增多。从 20 世纪 90 年代的环境库兹涅茨曲线提出后的 20 年间,分别有大量的研究从理论和实证的角度对经济增长与环境污染之间的关系进行探讨,这里重点对库兹涅茨曲线(EKC)的发展演进历程以及空气污染的 EKC 研究进行总结和梳理。

1. EKC 的起源和发展

有关经济增长和环境污染问题的研究文献最早可追溯到 20 世纪 90 年代初几项独立的实证研究——Grossman 和 Krueger(1991)、Shafik-Bandyopadhyay(1992)、Panayotou(1993)和《1992 年世界发展报告》(World Bank,1992)。之后,Arrow(1995)提出了环境压力与经济增长之间呈倒"U"形关系的假说。其中,Grossman 和 Krueger(1991)研究了 SO_2、微尘和悬浮颗粒三种环境质量指标与收入之间的关系,发现三种污染物都与收入呈倒"U"形关系。1993 年 Panayotou 借用 Kuznets(1955)界定的人均收入水平与收入不均等之间的倒"U"形曲线,首次将这种环境质量与人均收入水平间的关系称为环境库兹涅茨曲线。1995 年 Grossman 和 Krueger 对人均收入与环境退化之间的关系作了研究,与此同时,他们也最早提出了关于 EKC 的最重要的假设之一:EKC 并非是不可避免的,发展中国家可以通过学习发达国家发展的历史以及使用新技术、新能源来避免伴随着经济发展而来的环境退化,这也成为进行 EKC 研究的重要原因之一。

EKC 依然是国内外环境经济学、环境科学、经济地理学等相关研究的焦点问题,不论在指标选择的深度和广泛性,还是在模型估计方法上都有了很大的完善和提高,并在运用的广度上进行了不断拓展。从中国知网和 Web of Science 的数据库检索结果(1995—2015 年)中可以显示(图 1.2),EKC 的提出在 20 多年以来,吸引了国内外学者的广泛关注,尤其在 2010 年以后,它依然是环境经济学的一个热点问题。

总的来看,关于环境污染的 EKC 理论,主要的研究焦点包括以下 4 个方面的内容。

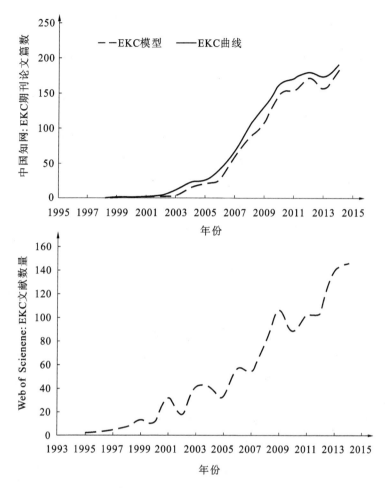

图 1.2　基于中国知网和 Web of science 数据库的
EKC 模型的相关研究文献数量变化

（1）是否真的存在环境库兹涅茨倒"U"形曲线问题（Harris et al，2009；包群等，2005；List，Gallet，1999）。不同的地区、国家曲线特征是什么样的？就空气污染而言，空气污染物排放和空气污染物浓度（质量）与经济、城市化之间存在什么样的曲线特征？

（2）环境库兹涅茨曲线的拐点究竟出现在什么时候（多少收入水平），不同地区又有什么差别？就空气污染而言，科学的厘定拐点转换问题可以为提前制订大气污染防治计划、城市环境空气质量改善规划及城市产业布局和经济结构调整提供参考。

(3)计量模型选择问题。计量研究方法和模型的简单化对 EKC 研究是一大限制。在辨明环境压力主要因子的基础上,建立全面反映环境压力和经济增长之间精确的计量模型是 EKC 研究进一步要做的工作(李玉文等,2005)。

(4)数据和指标选择问题。EKC 的存在和形状可能因为数据和指标的选择、分析方法和收入以外的独立变量而表现出多样性。事实上,这些因素阻碍了当前准确而广泛的 EKC 研究。不少学者在研究我国的环境污染问题时,已深刻意识到环境数据的选择非常重要,不同数据源可能会带来截然不同的结论(王敏,2015)。因此,学者们依然在不断选择和改变指标数据对 EKC 进行拓展和全面分析。

2. 空气污染的 EKC 及实证研究进展

从 Grossman 和 Krueger (1991)的研究报告开始,关于经济收入与空气污染物之间的关系(倒"U"形曲线)研究一直是学界关注的焦点问题。Shafik (1994) 发现悬浮颗粒物(SPM)和 SO_2 随人均收入的增长先恶化而后改善。Selden 和 Song (1994)考察了四种重要的空气污染物(即 SO_2、CO_2、NO_2 和 SPM)的排放,发现它们与收入之间都存在倒"U"形的关系。Xepapadeas 和 Amri (1995)证实对于大气中 SO_2 的浓度也存在同样的结论。表 1.1 汇总了近些年来对空气污染的 EKC 估计变量模型选择和比较。

表 1.1 空气污染的 EKC 检验主要变量选择

作者	研究时段	自变量	解释变量	研究区域
Grossman (1991)	1977—1988	SO_2、SPM	GDP、人口密度	32 个国家, 52 个城市
Cole et al (1997)	1970—1992	SO_2	GDP、技术水平	11 个 OECD 国家
Dinda (2000)	1979—1986	SO_2、SPM	GDP	26 个国家, 42 个城市
Khanna (2002)	1990—1991	CO、O_3、NO_x	家庭收入弹性	美国加利福尼亚
Markandy (2006)	1970—2001	SO_2	政策、法律、科技	12 个欧洲国家
Shaw (2010)	1992—2004	SO_2	环境政策管理水平	中国 99 个城市

作者	研究时段	自变量	解释变量	研究区域
Brajer (2011)	1990—2006	SO_2、NO_2、TSP 综合污染指数	人口密度、区位、 经济收入、时间	中国部分省市
Park (2011)	1990—2005	SO_2、CO、 NO_2	GDP、人口密度、 车辆、工业、能源	韩国16个大城市
Baycan (2013)	1995—2005	SPM、NO_x、 SO_2	人口密度	欧盟部分国家
Luo (2014)	2003—2012	API、SO_2、 NO_2、PM_{10}	人均 GDP 等	中国省会城市
Al-Rawashdeh (2015)	2005—2014	SO_2、 CO_2 排放	人均 GDP 等	中北非国家
Georgiev (2015)	1990—2005	SO_2、CO、 NO_2、VOC	人口密度、科技 进步、国家贸易	OECD 国家
李斌 (2014)	2000—2011	SO_2、CO_2、 粉尘人均排放量	GDP、能源效率、 产业结构、 火电比例、 城市化水平	中国30个省市的 面板数据

(1)从研究区域来看,众多研究已发现,对区域水平上的单一国家的研究能让我们找到 EKC 准确的形状并提出应对空气污染详细的策略(Akbostanci et al,2009;Fodha,Zaghdoud,2010;Jalil,Mahmud,2009)。近几年来,随着中国空气污染的加剧,关于中国经济发展与空气污染的关系研究也越来越多(Luo et al,2014;Shaw,2010;Brajer,2011;李斌,2014;王敏,2015)。

(2)从计量模型上来看,长时间序列的面板数据估计模型被广泛采用。

(3)从指标选择来看,考虑到数据的可用性及对人体的影响,SO_2、CO和 NO_2 排放常被作为因变量(Park,2011)。不仅因为管理这三种气体对制定清洁空气保护法案很重要,而且因为这些污染物会作为前体产生如臭氧、细粉尘和烟雾的二次污染物,这些物质在大气中又会发生反应产生光化学烟雾。这些物质的研究对气候改变的政策产生了重大影响。但是,总体缺乏对空气颗粒物以及总体空气环境质量的综合检验,不能全面衡量空气污染的状况(李斌,2014)。

毋庸置疑,城市经济发展对环境空气质量的影响,国内目前主要围绕城市人均 GDP 与几类主要的空气污染物浓度或者排放量间的关系,来探讨和验证 EKC 的特征。众多研究表明,城市空气环境质量与经济发展之间的关系并不完全符合倒"U"形曲线,不同的污染物类型具有不同的演化规律,不同的区域和城市也有着不同的演化特征(表 1.2)。张喆等(2007)利用 46 个重点环保城市的空气质量数据,建立了与经济发展水平之间的曲线关系,发现城市空气环境质量的变迁随着中国经济的发展在很大程度上取决于政策取向;李斌(2014)等则发现我国存在倒"U"形的空气污染库兹涅茨曲线,并将在 2040 年左右到达经济增长与空气质量协调发展的阶段,能源效率、经济开放、城市化与人口结构等因素对我国空气污染的影响显著。但王敏(2015)的研究则表明在现阶段我国城市的人均收入和城市大气污染之间存在"U"形曲线关系,该结论与文献中有关中国的环境库兹涅茨曲线研究的结论大相径庭。

表 1.2　　　　　　**中国空气污染的 EKC 检验结果及比较**

评价尺度	空气环境指标	经济指标	时间尺度	结论对比				文献来源
				SO_2	NO_x/ NO_2	TSP/ PM_{10}	综合指数	
112 座城市	SO_2、NO_2、PM_{10}	人均GDP	2003—2010	"U"形	"U"形	"U"形	—	王敏,2015
30 个省市	SO_2、粉尘	人均GDP	2000—2011	倒"U"形	—	倒"U"形	—	李斌,2014
30 个省市	SO_2	人均GDP	1995—2011	倒"U"形	—	—	—	晋盛武,2014
237 个地级市	SO_2、NO_2、PM_{10}	人均GDP	2001—2010	倒"U"形	"U"形	"U"形	"U"形	李茜等,2013
46 个城市	SO_2、NO_x	人均GDP	1994—2005	倒"U"形	倒"U"形	—	—	杨海生等,2008

续表

评价尺度	空气环境指标	经济指标	时间尺度	结论对比				文献来源
				SO_2	NO_x/ NO_2	TSP/ PM_{10}	综合指数	
中国 46个城市	SO_2、NO_x、PM_{10}	人均GDP	1990—2003	下降趋势	升高趋势	下降趋势	—	张喆等，2007
山东省17城市	SO_2、NO_2、PM_{10}	人均GDP	1995—2008	"N"形	"N"形	倒"N"形	—	杨丹辉等，2011
山东省17城市	SO_2、NO_2、PM_{10}	人均GDP	1995—2005	无曲线	倒"U"形	"N"形	—	李红莉，2008
四川省泸州市	SO_2、NO_2、PM_{10}	人均GDP	1995—2007	下降趋势	先下降后增加	下降趋势	—	杜涛等，2008
山东省青岛市	空气综合污染指数	人均GDP	1996—2008	—	—	—	"N"形	李国华等，2011
重庆市	SO_2、NO_2、TSP	人均GDP	2002	倒"U"形	倒"U"形	倒"U"形	—	韩贵锋等，2007

　　不同的 EKC 检验结果首先与污染指标数据的选取不同有关。目前，我国环境空气污染指标数据的来源主要有两类：① 城市污染物浓度监测数据，例如环保部公布的 113 个重点城市的大气污染物浓度监测数据（早期的监测对象包括 SO_2、总空气悬浮物和氮氧化物，2003 年以后则改为 SO_2、PM_{10} 和 NO_2，2012 年后新增了 $PM_{2.5}$ 浓度指标），如 Brajer et al（2008，2011）、He 和 Wang（2012）等研究所采用的就是中国大气污染物的城市面板数据，但是受限制于污染物监测实际情况，存在城市样本数据不全面和数据缺失等问题。② 污染物排放量数据，例如，各省和各市工业废水、废气和固体废弃物的排放量统计（De Groot et al，2004；Shen 2006；Song et al，2008）。由于数据的可得性，在基于面板数据的研究中，大部分使用工业"三废"排放的省或城市面板数据进行分析，仅有个别研究用到大气污染物浓度的城市面板数据。

但是,从两套数据的统计方法和来源来看,是有明显不同的:大气污染物排放数据是基于企业汇总统计的数据,数据涵盖范围容易不全面和较主观;而大气质量浓度的监测数据则是各个城市的环境监测站直接监测的数据,相对比较客观(王敏,2015;Ghanem,Zhang,2014);从统计口径(涵盖范围)来看,亦存在较大不同,工业废气排放量数据是对包括市辖区和下辖县级市在内的全(地级)市的排放状况进行调查汇总,空气污染物质量浓度主要是对城区的浓度值进行监测的结果,这使得在解释变量选择过程中务必强调数据所对应的宏观区域尺度的一致性。此外,相比之下,大气污染物的质量浓度值是直接反映环境污染状况和直接影响居民身体健康的指标,是现实社会和具体研究中人们更为注重的环境指标。因此,王敏(2015)认为,利用监测而获得的空气浓度质量指标分析更能真实地反映出城市空气污染和区域经济发展之间的联系,并且非常有必要根据时新的城市空气浓度数据分析中国空气污染和经济增长之间的作用关系。

总的来看,随着空气污染问题的加剧,中国空气污染(环境空气质量)的EKC研究引起了经济学、环境科学、地理科学等相关学者的普遍关注,并开始用学科交叉的思维和研究方法进行了新的论证和诠释。纵然,不同学者由于所选用的指标数据、估计方法等不同会带来结果的差异,但不可否认的是,亟须治理的空气污染使中国经济发展面临着严峻的环境约束,长远而言,依托技术进步、产业优化升级,实现高增长、低污染的绿色发展模式是中国经济的必然选择,也是EKC研究的本质要义所在。

三、城市化与空气环境的作用关系研究进展

城市化与生态环境的相互作用关系已成为区域地理、可持续发展和环境科学研究的一个核心问题(王少剑,2015;罗媞,2014)。伴随着中国经济的快速发展,城市化水平也取得了飞快的提升(Wang S J et al,2014;Yin et al,2014;Wang Q S,2013),人口城镇化率水平由1978年的17.9%增长到了2013年的53.73%,年均增长约0.99%。然而,高污染、高能耗、低效率粗放型经济增长方式,使得空气污染成为我国许多大中城市的主要环境问题(Yuan et al,2014),并极大地影响着人类的健康(Xu et al,2013;Zhu et al,2012)。因此,梳理和探究城市化与环境空气间的作用关系和规律,可为制定可持续的城市发展规划和环境政策提供依据。空气污染是城市化过程中自然环境条件和人类活动等

多种因素共同作用的综合表现,因此,目前国内外针对环境空气质量影响的研究也主要集中在气象要素等自然条件(Ramsey,2014;Li et al,2014、2015;Shen,2015;周兆媛,2014)和人类活动等社会经济要素(周文华等,2005;杜涛,2008),并逐渐聚焦于城市化与环境空气影响规律的探讨(Wang et al,2013;莫莉等,2014;李茜等,2013;杜雯翠,2013;任春燕等,2005)。

总的来看,目前,城市化与环境的关系研究主要集中在两个方面:① 城市化与生态环境(包括空气)的交互作用关系,强调的是两个系统之间的复杂作用关系(Wang S J et al,2014;Fang,Wang,2013;Wang Q S et al,2012a,2013;Li Y F et al,2012);② 城市化与环境污染之间的影响,侧重的是 EKC 模型在城市化作用方面的理论解释(Martínez-Zarzoso,2011;李茜等,2013;蒋洪强等,2012;杜江,刘渝,2008;王家庭,王璇,2010;黄棣芳,2011;何禹霆,王岭,2012)。在前面部分,已经介绍了 EKC 的发展并在指标选择上有向城市化相关的延伸,这里主要就城市化与空气交互作用关系的具体过程展开详细分析。

1. 城市化与空气环境的交互耦合作用机理

城市化,也叫城镇化,具有多维含义,它是一个社会、经济、文化等多种因素综合发展的过程,不仅表现为人口向城市的集中,农业人口向非农业人口的转换,还表现为城市数目的增加以及城市地域范围的不断推进和扩展;不仅表现为农业活动向非农业活动的转换、经济结构的优化和升级,还表现为城市生活方式、价值观念、城市文化等向农村地区的渗透、影响、扩散和传播等(黄金川,2003;Fang,Wang,2013)。空气环境则是生态环境的一部分,后者主要是指与生物体相互作用的资源环境(包括大气、水、土壤、植被等)或与生物体进行物质能量交换、流动的众多因素的集合(刘耀彬,2008)。生态环境内容非常丰富,包括了人类与生物所需的资源与生态要素,人类与生物反作用于环境的不利生态压力要素,还包括由环境治理、环保投入和技术水平构成的生态响应要素(方创琳,2006;刘耀彬等,2005)。

城市化的最直接表现是人口增长、经济扩张和地域扩展,在此过程中城市有机体内的各种细胞不断分裂生殖和更新发展,并通过资源利用和能源消耗不断向区域排放废物来影响环境质量(黄金川,2003)。伴随城镇化的快速推进,空气环境作为生态环境的重要组成对城市化的响应关系变得更为复杂(图1.3)。一方面,城市化进程的加快,城区土地面积的扩张、人口增长、经济的发展、工业化水平的提高,带来能源消耗、工业企业废气污染物的排放、汽车尾气的排放等增加,对空气环境产生胁迫(李大秋等,2013;安瓦尔·买买提明等,2011,2012);另一方面,城市化进程的加速,城市环保投入的增加,绿化覆盖的改善、提高,以及技术进步带来空气污染物控制和治理能力的提高。相反,空气环境的恶化,会对居民的健康和生活方式、城市的产业结构布局带来影响,对城市的发展产生约束(吴永娇等,2009),比如空气环境的恶化会降低居住环境的舒适度,排斥居住人口,会阻碍人口城市化和社会城市化;降低投资环境竞争力,排斥企业资本,会减缓经济城市化;通过环境政策影响城市规划和产业(企业)布局,影响空间城市化(黄金川,2003)。杜雯翠等(2013)将城市化对空气环境的影响分为产业公害型和城市生活型两种类型,前者因城市产业集聚而成,但可对污染进行集中处理,被称为"生产效应",后者因城市人口集聚而生,被称为"生活效应",影响程度取决于两种效应的权衡关系。总的来看,目前,关于城市化对空气环境的作用研究较多,但是空气环境对城市化的胁迫反作用研究较少,未来需注重在一定大气环境保护目标(功能状态下)的城市发展约束,已有学者开始呼吁构建中国背景下大都市圈城市发展与环境空气质量的研究框架(张纯等,2014a)。

2. 城市化与空气环境的交互作用的规律性分析

如前所述,城市化通过人口增长、经济发展、能源消耗和交通扩张对生态环境产生胁迫;反过来,空气环境又通过人口驱逐、资本排斥、资金争夺和政策干预对城市发展产生约束。在这一胁迫约束机制作用下,城市化与空气环境是如何演化的? 二者交互耦合的时序规律性又是怎样的呢?目前,国内外学者主要给出了三种思路的解决途径:① 山东大学王庆松等学者借用了"双指数曲线"耦合模型,以及在此基础上提出了二元四次矩阵对策组合、对策模型等来探究城市化与环境空气关系规律(王庆松,2010;Wang Q S et al,2012b);② 城市化系统(综合指标)与空气污染或者空气质量之间的 EKC 模型检验(Xia et al,2014;李茜等,2013),与整体的生态环境和城市化关系研究不同(分析模型多样、方法技术多元、研究尺度广泛),空气维度的检验和规律研究较为缺乏,相关分析模型亦较少;③ 城市化对空气环境污染的效率检验,有学者认为城市化带来的经

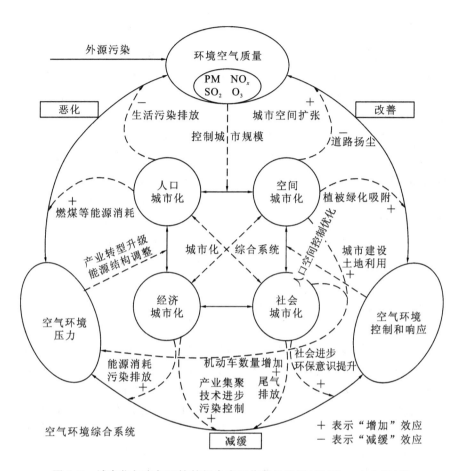

图 1.3 城市化与空气环境的耦合交互作用机理图(据 Ding et al,2015)

济增长和人口集聚所排放的大气污染物,经过人为削减、环境吸收和大气污染物间协同反应等过程,之后才会作用或改变环境空气质量,城市化与空气环境之间并无直接的、明确的函数关系,但存在着一定明确的因果关系,并用 DEA 模型进行了效率测度以反映两者之间的作用关系(王兴杰等,2015)。

首先,城市化与大气环境交互耦合的"双指数曲线"模型,是借用黄金川(2003)等在分析城市化与生态环境的耦合曲线关系时提出的"双指数曲线"耦合关系,存在模型假设和验证结果不一致的问题。"双指数曲线"模型是利用生态环境与经济发展的 EKC 和城市化与经济发展的对数曲线,再依据代数学和几何学推导,消除中间的经济发展变量,得出的逻辑复合曲线(Wang S J et al,2014)。但在实际的案例研究中,相关研究结论并未能清晰、有力地验证这一"双指数曲线"结果。正如王庆松(2010)在其博士论文和2012年的研究(Wang Q S et al,2012b)中所描述的:"没有得到我们所期望的'双指数'曲线方程,而是四次方程,正如环境库兹涅茨曲线的理论函数模型为二次多项式,但在实际研究中会出现三次多项式和更高次多项式(Marzio et al,2009)。"这表明城市化与空气环境之间的作用关系较城市化与生态环境的作用关系更为复杂和多变。一方面,该模型没有考虑城市空气环境受自然因素影响的特殊性和突变性,而且城市间的气象要素和发展类型差异会影响空气污染的集聚与扩散情况,进而影响区域空气质量状况(陈淳祺等,2013),因而不同城市的城市化与空气环境间的相互作用关系存在更多的突变性;另一方面,选择的时间尺度较短(王庆松等的研究时间均是2013年),不足以反映整个曲线的变化规律。此外,余波(2014)等利用混沌理论解析兰州市近10年的空气污染指数时间序列,发现构建兰州市空气污染动力系统至少需要 4 个关键的动态变量或建立最低为 4 阶的动力学模式。这进一步表明,城市化与空气环境的交互作用规律可能是一个有反复、更多变的、不稳定的波浪形曲线关系。例如,黄亚林等(2015b)研究表明武汉城市圈城市化与环境空气间的波状曲线(高次多项式)关系(图1.4),与经典的经济发展和环境污染之间的 EKC 模型和城市化与生态环境间的双指数曲线有较大的不同,并且不同城市表现出多样的曲线变化特征。因此,我们不能简单地描述空气环境是随城市化的推进先变坏再变差的曲线规律,从长远来看,城市环境空气改善将是一个漫长的过程和区域性共同的目标,我们必须正视空气质量变化的反复性(丁镭等,2015)。

其次,就是城市化与空气环境之间的 EKC 规律研究。由于早期的 EKC 研究是从经济发展指标开始的,因此,系统分析城市化与空气环境之间 EKC 规律的较少,已有的研究仅是将城市化过程中的个别指标当作解释变量来分析空气污染或者空气质量的演变规律,最终所获得的结论也大相径庭(表 1.3)。

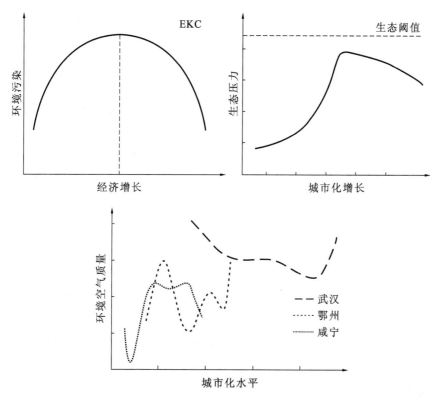

图 1.4 三类曲线比较(据黄亚林等,2015b)

表 1.3 城市化与空气环境质量的 EKC 检验结果及比较

作者	研究区域	城市化指标	空气环境指标	结果比较
杜雯翠等 (2013)	11 个新兴 经济体国家	人口城镇化率、 人均 GDP、工业产 值比重、能源结 构等	PM_{10}	"U"形曲线 关系
李茜等 (2013)	中国 237 个 地级市	人均 GDP、人口 密度、第二产业结 构、建成区面积	SO_2、NO_2、 PM_{10}、综合指数	不同的污染物 类型具有不同的 演化规律(SO_2符 合倒"U"形,其他 呈"U"形曲线)

作者	研究区域	城市化指标	空气环境指标	结果比较
黄棣芳 (2011)	中国 29 个省级地区	人口城镇化率	工业二氧化硫、工业粉尘排放量	"N"形关系和"U"形关系
任春燕等 (2005)	西北 5 个省会城市	人口、GDP、非农产业增加值、全年用电量	SO_2、NO_x、TSP、降尘量、综合指数	类似 EKC 的规律。低、高水平城市化的城市综合空气质量最好,而中度城市化的空气差
Wang Q S (2012b)	山东省	人口城镇化率	二氧化硫、烟尘、工业粉尘排放量	四次曲线方程
黄亚林等 (2015a)	湖北省武汉市	城市化综合水平 4 维度 18 个指标	SO_2、NO_2、PM_{10}、综合指数	SO_2 为倒"U"形,NO_2 为"U"形,PM_{10} 及综合指数为倒"N"形

　　正如前文的 EKC 分析,研究区域的尺度不同会带来研究结果的差异,杜雯翠(2013)等以 11 个新兴经济体国家在 1990—2009 年的面板数据为样本,利用 Kaya 恒等式和面板数据模型研究发现新兴经济体城市化与空气污染(PM_{10})之间存在"U"形曲线关系,城市化率为 59%,是城市化对空气污染影响由负变正的拐点,并认为城市化不必然带来空气质量的恶化;李茜等(2013)以全国 2000—2010 年地级以上城市建立的计量回归模型发现,第二产业比例与空气污染物浓度显著负相关,而建成区面积与空气污染浓度呈现正相关,人口密度与空气质量没有明显关系,这个研究采取面板数据,改善了以往采取截面数据在大尺度分析时可能的偏差,体现出方法上的进步性,但是在指标解释上还是略显单调;任春燕等(2005)做了西北 5 个省会城市 11 年的城市化与空气质量变化关系研究,发现了类似环境库兹涅茨曲线的规律;黄亚林等(2015a)以武汉市 2000—2013 年的城市化水平和空气质量状况数据为基础,运用主成分分析法和目标比率模型构建综合评价体系,研究发现不同类型的污染物对城市化水平具有不同的响应规律和影响程度,SO_2 为倒"U"形,NO_2 为"U"形,PM_{10} 及空气质量综合水平表现为倒"N"形特征。

总的来看,已有研究所选用的城市化指标与环境空气指标较为单一,前者偏向经济指标缺乏一个对城市化综合水平的认识(李娅,2009),后者主要针对空气环境压力或者污染状态,而缺乏体现城市化过程中空气环境压力和控制的综合指标。因此,Wang Q S 等(2013)学者尝试用 PSR(压力状态响应模型)和 BSC(平衡记分卡)相结合的模型,进而构建了城市化对空气环境作用的综合指标评价体系;丁镭等(2015)则以武汉市为例,构建了 4 维度的 18 个指标的城市化综合指数和基于 PSR 模型 3 维度的 13 个指标的空气环境综合水平指标体系,并利用响应度模型进行了具体关系测度。这些研究表明,未来关于城市化与环境空气关系的综合评价体系和模型研究是发展趋势,并需加强两者作用的关系机理分析,以揭示不同城市规模、城市形态、人口城镇化率、城市经济集聚水平下的空气环境影响,以期能揭示空气污染治理和空气环境质量改善背后的城市化作用机理。

3. 城市化对空气环境作用的具体表现

(1)人口集聚与空气污染。

城市化,首先表现的是农业人口向城市的集聚,人口的生态环境效应与人口密度和生态强度、生活方式密切相关,高速的经济增长和高度的人口集聚是影响城市环境空气质量的"幕后推手"(王兴杰等,2015),其作用过程见图 1.5。已有研究结果表明,较高的人口空间聚集水平成为影响环境质量的一个非常重要的因素(Su et al,2015;Aunan,Wang,2014;Guadaluqe,2013;Clark et al,2011;肖周燕,2015;孙峰华等,2013;许士春,2007;卢东斌,2009),但是,一个城市的污染究竟与其人口规模的关系如何,较少有研究衡量过(Lamsal L N et al,2013)。在技术层面上,简单的相关分析和回归分析为研究城市化程度(人口密度)与空气污染的关系提供了一种简单的可能探索(莫莉等,2014)。随着遥感信息技术的发展,众多学者开始利用卫星数据分析城市化过程中的空气环境问题(Donkelaar et al,2010),Lamsal 等(2013)通过 NASA 遥感观测到 NO_2 浓度数据,并与多个国家不同城市的人口数量进行关系拟合,发现较大的城市通常是人均排放量较低、更高效节能的代表,但更多的人口仍意味着更严重的污染,并强调了人口与空气污染的关系因地区而异,需重视区域差异的比较。王兴杰等(2015)评价了人口集聚对我国第一阶段实施新空气质量标准的 74 个城市的空气质量影响,发现其对京津冀地区空气质量的影响大于长三角、珠三角地区。但是,不同城市规模和人口城镇化率水平作用下的空气环境影响程度依然需要进一步探索,尽管我们已经普遍意识到适度、有序地推进人口城镇化,是改善城市环境空气质量的重要手段之一。

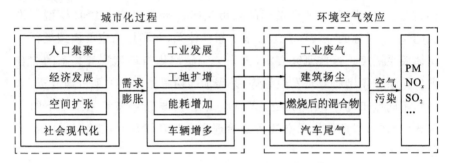

图 1.5　城市化中的环境空气效应(据黄亚林等,2015b)

(2)城市经济活动与空气污染。

城市经济发展阶段和产业结构的不同导致了空气污染物来源的不同和污染特征的转变,也即意味着不同城市经济活动会产生不同的空气污染。20 世纪初,随着工业化进程加剧,发达国家对城市空气污染开始警惕。从 1974 年开始,世界卫生组织(WHO)和联合国环境规划署(UNEP)合作开展了针对经济合作与发展组织(OECD)国家的全球环境监测系统计划(global environmental monitoring system),通过连续的研究发现大气中存在的主要污染物包括无机污染物、挥发性有机物和可吸入颗粒物。这些污染物通过多种途径影响环境质量和生态系统及人体健康(OECD,1997)。常见的空气无机污染物主要包括 SO_2、NO_x、CO、铅等,它们多与工业或生活燃料燃烧以及汽车的使用相关。而对空气质量具有重要影响的挥发性有机物(VOC),主要源于汽车尾气和油气挥发。可吸入颗粒物则主要来源于取暖、发电、汽车使用和工业生产活动,可能包含重金属污染物、挥发性有机物等复杂成分(陈晓红等,2015)。

从 OECD 国家的城市来看,各类污染源对不同污染物的贡献差异较大(表 1.4)。例如,50%以上的重金属污染来源于工业生产,50%以上的铅污染来源于含铅汽油的使用,CO 主要来自汽油的使用;而总悬浮颗粒物(TSP)的主要来源已经从燃烧转向了汽车使用(Stanners,Bourdeau,1995;Tuch et al,1997)。在我国现实层面,2013 年国务院第 39 次常务会明确要求环保部门牵头组织开展大气颗粒物源解析工作,并于 2014 年大规模、规范化启动全国污染物来源解析研究。2015 年 4 月,已经完成了首批 9 个大气污染防治重点城市的源解析工作,结果表明机动车、工业生产、燃煤、扬尘等是当前我国大部分城市环境空气中颗粒物的主要污染来源,占 85%～90%,其中北京、杭州、广州、深圳的首要污染来源是机动车,石家庄、南京的首要污染来源是燃煤,天津、上海、宁波的首要污染来源分别是扬尘、流动源、工业生产活动。这些工作为下一步科学治理大气污染提供了支持。

表 1.4 OECD 国家城市主要空气污染物和来源(据 Fenger,1989)

污染物类别		污染物						
		SO₂	NO₂	CO	TSP	挥发性有机物	铅	重金属
发电	煤	＊＊	＊	＊				＊ / ＊＊
取暖	煤	＊＊	＊	＊＊	＊＊	＊＊ / ＊		＊ / ＊＊
取暖	油	＊＊	＊					
取暖	木				＊＊	＊＊ / ＊		
交通	汽油		＊＊	＊＊＊		＊＊	＊＊＊	
交通	柴油	＊	＊＊		＊＊	＊＊		
溶剂						＊		
工业		＊		＊	＊	＊	＊	＊＊ / ＊＊＊

注:作为污染物的来源所占比例,＊表示 5%～25%,＊＊表示 25%～50%,＊＊＊表示 50%以上。

(3)城市形态与空气污染。

作为城市化作用的直接结果,城市形态对空气环境的影响,逐渐受到学者们的广泛重视(Kashem et al,2014;Ewing et al,2003)。城市形态对空气环境影响主要集中在城市密度、土地利用变化(土地开发模式)、交通布局等三个方面。张纯等(2014a)认为在大都市圈背景下的空气质量模型中,不仅需要进行传统上基于环境科学的污染物排放、扩散机制的探讨,系统研究城市形态因素对空气质量的影响,将对制定有效的环境政策具有十分重要的作用。

① 城市密度。

在城市形态诸多测度指标中,城市密度作为蔓延最明显而容易测度的特征值,似乎一度成为影响城市形态扩展的重要因素。在20世纪90年代的新城市主义思潮影响下,很多研究结论认为紧凑而单中心的城市形态可以有效缩短通勤距离、减少能源消耗。例如,Newman 和 Kenworthy(1989)以世界上63个大都市圈的数据分析,发现人口密度与人均燃油消耗之间有着强烈的负相关关系。而后的研究逐步开始认为,紧凑的多中心城市形态才是最为环境友好的(Breheny,1992)。多中心城市模式的支持者们认为,在控制了城市人口、气象因素和排放积累等因素后,仅用密度或者蔓延来描绘城市发展与汽车排放之间的关系显然是不够的(Anderson et al,1996),还必须结合开敞空间、绿色交通与土地利用的关系、公共交通在城市中的作用等来进行综合考虑。相似的研究结论,Borrego 等(2006)则对紧凑型城市、廊道城市和分散型城市的空气质量进行了比较,发现紧凑型城市(混合土地使用)的空气环境更优。总的来看,低密度的城市蔓延不利于空气环境质量的提升。既然紧凑型城市不足以完全解决城市空气质量问题(Brain,2008),那么就必须结合气象、地形等自然要素更加合理地布局城市功能用地、交通和产业等(Yuan,Norford,2014)。

② 土地利用模式。

城市土地利用变化对空气环境影响研究是一项复杂的系统工程,涉及多学科理论和方法的交叉融合。20世纪70年代,人们在批判蔓延式开发模式的同时,就关注到除密度因素外,公共交通先导的土地利用模式对空气质量保持更为有效。随后,新城市主义运动的支持者提出,小汽车导向的开发模式相对于公共交通导向的开发模式会产生更多的通勤量,从而不利于空气质量的提升(Downs,1992;Ewing et al,2003)。Johnston 等(2003)考察俄勒冈州波特兰市土地利用、交通与空气质量之间的关系发现,在强调交通先导开发,步行基础设施和交通需求管理政策的紧凑开发情境下,每天的车辆行驶公里数(VMT)比起在高速公路扩展情境下可以减少 8%。此外,众多学者围绕土地利用回归模型(land-use regression models)评价了对空气环境的影响(Johnson et al,2010;Hoeka et al,2008)。彭文甫等(2010)还利用遥感和 GIS 技术,通过空间分析和叠加图层等手段,分析了土地利用变化对 NO_2 和 TSP 的浓度影响,前者受林地作用更显著,后者受城镇用地影响更显著,并认为未来需加强城市土地利用变化的环境效益研究。

③ 交通布局。

相关实证研究通过对案例经验的累积,研究道路长度、路网密度、交通模式选择等对能源消耗和气体排放会产生影响,进而影响城市空气环境质量(Yuan C et al,2014;Huo H et al,2013;Brian,2008)。同时,汽车工程学的研究已经发现,汽车加速、减速或怠速情况下,尾气排放均相应增多。例如,有研究表明对于现代生产的车辆来说,在每次出行过程中平均 75% 的污染来自前几英里的排放(Wachs,1993),因此问题的核心可能并不仅仅是减少开车、降低行驶里程,而应同时优化交通、降低拥堵。与该结论相似的是,张纯(2014b)通过对带有空间变量的回归模型考察城市形态因素对雾霾的影响,发现通过优化用地布局、提倡公交先导、提高能源利用效率等城市规划政策引导良好的城市形态,可以对提升环境质量和公共健康起到积极促进作用。同样,曹静等(2014)对北京在 2008 年奥运会之后采取的交通限行政策后的空气污染指数及主要污染物浓度变化分析后,认为"单双号限行"和"尾号限行"政策对空气质量没有产生明显的改善作用,而继续增加公共交通将是未来治理空气污染的一种有效途径。

总的来看,就交通因素本身来说,无论是控制道路长度、增加路网密度还是增加公交供给,这些规划措施本身并不能有效减少尾气排放。只有相应地配合土地与交通规划政策,才能达到控制尾气排放、提升空气质量的目标。

四、当前研究存在的主要问题及发展趋势

综合前面所述,城市空气污染问题已经成了学界共同关注的热点问题。大量研究围绕城市空气污染的时空分布特征、物质结构组成、影响因

素、作用机理(与人类活动关系等)进行了广泛的探索。但也发现存在以下几个问题。

(1)城市空气污染时空分布研究缺乏不同城市背景、发展阶段的比较分析。

从已有的城市空气污染时空分布特征相关研究来看,不管是在国家层面、省域层面还是地级市尺度,也不管所针对的分析对象是 SO_2、PM_{10}、NO_x 等常规空气污染物还是 $PM_{2.5}$、O_3 等,已有的研究成果多是基于地方经验数据的实证分析,而缺乏一个不同城市发展背景、城市化水平、发展阶段、产业特征等的基础分析和比较,因而较难判断城市化与空气质量之间是否存在某种确定的作用关系以及不同城市间作用关系的差异比较。以人口城市化为例,人口城市集聚的生态环境效应与人口密度和生态强度、生活方式密切相关,高速的经济增长和高度的人口集聚是影响城市环境空气质量的"幕后推手"(王兴杰等,2015)。已有研究结果表明,较高的人口空间聚集水平成了影响环境质量的一个非常重要的因素(Su et al,2015;Aunan,Wang,2014;许士春,2007),但是,一个城市的污染究竟与其人口规模的关系如何,较少有研究衡量过,尽管我们已经普遍意识到适度、有序地推进人口城镇化,是改善城市环境空气质量的重要手段之一。

(2)经典的 EKC 理论提供了经济发展水平对污染特征影响的分析框架,但在解释城市化过程中的作用规律方面缺乏比较分析。

经典的 EKC 理论是以经济收入水平(人均 GDP)为主要解释变量进行构建的,重点关注经济增长与环境污染的关系(王敏,2015),而缺乏考虑其他对环境质量产生影响的社会经济指标,这可能会导致研究结果的片面性(李茜等,2013),并且不同学者在不同研究尺度内所得出的关系曲线经常存在较大差异。然而,经济增长与空气环境之间的关系是非常复杂的,简单地用收入水平去解释环境质量的变化是远远不够的。而且,即使环境质量与经济增长存在某种关系(比如倒"U"形关系),它表明的只是一种既成的事后结果,并没有揭示这种关系背后的作用机制,经济与环境之间的关系依然处于"黑箱"状态。显然,剖开"黑箱"去探寻 EKC 背后的作用机制才是更重要、更有实践意义的工作,至于 EKC 到底呈现什么形状不是问题的关键。当前太多的力量集中于研究 EKC 具体呈现出什么形状而较少放在研究 EKC 的生成机理上。

近些年来,伴随着新兴经济体工业化水平的不断提高,城市化也成为其重要议题。在各国政府的积极推动下,新兴经济体国家的城市化水平快速提升。在这种特殊的城市化背景下,城市中人口和工业的超速集中以及过度集聚、机动车尾气排放的激增以及城市建设的无序扩展带来了不容忽视的资源环境问题,尤其是空气污染问题。与之对应,城市化与环境污染的实证关系研究也引起了学界的广泛关注,并且开始注重城市化对空气污染影响的研究。因此,我们需要构建一个包含在城市经济发展过程中的城市化水平提升、城市规模扩张、产业结构升级(贸易结构优化)、技术进步(资源利用效率的提高)、政府对环境污染治理力度的加大以及人们环保意识的增强等系统指标体系下的模型检验,以期能为探究空气污染的宏观机理形成做出一定贡献。

(3)城市化与生态环境的相互作用关系在整体上揭示了生态环境的变化规律,但在空气环境这个维度上缺乏系统论证。

城市化与生态环境的相互作用关系已成为区域地理、可持续发展和环境科学研究的一个核心问题(王少剑,2015;罗媞,2014)。以方创琳、刘耀彬等学者为代表,对城市化与生态环境相互作用关系及规律进行了大量的研究,但已有研究缺乏在空气维度上的解析(丁镭等,2015;黄亚林等,2015)。空气作为生态环境的一个子系统,符合城市化与生态环境交互耦合作用的基本定律,但呈现出更为复杂和多变的、不稳定的、波浪形曲线关系。山东大学王庆松(Wang Q S,2012)等学者虽然构建了基于环境库兹涅茨曲线(EKC 模型)的"双指数曲线"耦合模型,并在此基础上提出了二元四次矩阵对策组合模型,但是此模型是经济发展与环境污染间的倒"U"形曲线和城市化水平与经济增长之间的"对数曲线"的转换重组(Wang S J et al,2014;Fang C L et al,2013),而没有考虑城市环境空气受自然因素影响的特殊性和突变性。因而,城市化与环境空气间的相互作用关系有待进一步去探索(尤其是空气污染对城市化发展的相关作用关系)。考虑到中国区域发展的不平衡,城市的规模和结构特征差异较大,一个长时间序列和大尺度范围的比较评价显得尤为重要,以明确不同城市化背景下的空气环境演化规律及防治策略。

此外,多学科交叉、多方法技术融合是未来城市空气环境问题研究的主要方向(图 1.6)。在本书中,将综合利用环境科学、地理学、计量经济学、系统理论的基本原理和方法,探讨城市化与空气环境的相互作用关系。

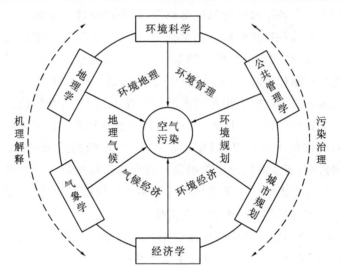

图 1.6　空气污染的多学科交叉研究框架

第三节　研究目标、内容、方法和技术路线

一、研究目标

(1)从空气污染治理角度出发,找寻城市化质量提升和新型城镇化建设的目标途径。

在当前形势下,改善空气质量、提高城镇化质量是国家发展的着力点。分析城市空气污染(环境质量)的时空分布特征,以及尝试探究城市的空气质量与城镇化质量的耦合协调关系,可以为不同省区、各主要城市实现空气质量和城镇化质量共同提升,以及新型城镇化建设提供参考。此外,新型城镇化规划目标指出到 2020 年中国地级以上城市空气质量达到国家标准的比例由 2012 年的 40.9%提高到 2020 年的 60%。而达到 60%标准的潜在目标城市又在哪里,城市空气污染防治的重点是哪些,需要进一步去明确。除了广为关注的京津冀、长三角、珠三角等发达城市(地区),中西部地区城市化发展面临的空气环境压力又如何,需要进一步去探索。

（2）从城市化解释变量出发,延伸和扩展空气污染的环境库茨涅兹曲线理论。

经典的 EKC 理论是以经济收入水平（人均 GDP）为主要解释变量进行构建的,重点关注经济增长与环境污染的关系（王敏,2015）,而缺乏考虑其他对环境质量产生影响的社会经济指标,这可能会导致研究结果的片面性（李茜等,2013）。然而,经济增长与空气环境之间的关系是非常复杂的,简单地用收入水平去解释环境质量的变化是远远不够的。随着城市化不断发展,城市化所带来的环境影响越来越显著,不少学者亦开始加入城市化变量解释对生态环境的作用。因而,本书尝试从城市化视角出发,综合考虑城市化过程中的人口集聚、空间扩张、经济发展以及生活方式改变所带来的空气环境效应,构建一个包含在城市经济发展过程中的城市化水平提升、城市规模扩张、产业结构升级（贸易结构优化）、技术进步（资源利用效率的提高）、政府对环境污染治理力度的加大以及人们环保意识的增强等系统指标体系下的新模型,以期延伸和完善空气污染的EKC 理论。

（3）从系统理论出发,探讨城市化与空气环境的双向作用关系。

正如 Dinda（2004）所批评的,绝大多数文献在考察环境库兹涅茨倒"U"形曲线时,环境污染与经济增长之间的这一双向影响机制却被大多数研究者所忽略。正是由于忽略了生态环境变化对经济增长的反向作用,从而导致了变量内生性偏差问题,因为经济增长本身也是由环境变化与其他因素所共同决定的内生变量。因此,目前关于城市化与空气环境关系的研究主要集中在城市化对空气环境作用的单向研究上（主要是EKC 关系探讨）,而缺乏考虑空气环境系统对城市化的阻碍和发展作用。因而,本书从一般系统理论出发,利用向量自回归模型和耦合协调模型,分析城市化与空气环境两个综合系统之间的双向作用关系和协调模式,进而为新型城镇化建设提供来自空气环境目标约束下的提升路径。

二、研究内容

1. 中国城市空气环境污染的时空分布特征研究

本书将从主要空气污染物排放量以及主要污染物浓度指标出发,利用数理统计分析、探索性空间分析方法（ESDA）等方法模型,分析城市空气环境污染的时空分布特征,并结合不同城市类型(规模、区域、产业特征)进行比较分析和整理。

2. 中国城市化对空气污染的 EKC 特征的作用规律研究

环境库兹涅茨曲线(EKC)是解释经济发展和环境污染的重要分析模型。在污染物时空分布特征分析的基础上,本书将建立一个以城市化率(城市化水平)为主要解释变量的空气污染(环境空气质量)EKC 面板数据检验综合分析框架,探讨不同城市化水平作用下的 EKC 特征(重点分析 2004—2013 年的时段)。

3. 中国城市化与空气环境系统间的双向作用关系

利用向量自回归模型、脉冲响应分析和方差分解来分析城市化与空气环境的双向作用关系,探究城市经济发展、城市化水平、城市规模与空气污染物排放、空气污染物质量浓度之间的双向响应特征,进而从空气环境视角出发分析其对城市化发展的反作用和约束力。

4. 中国城市化与空气环境系统耦合协调作用关系研究

在 EKC 解释的基础上,利用耦合协调模型分析城市化与空气环境的耦合协调水平及阶段、关系。重点分析省域尺度上的城市化综合水平测度以及空气环境质量综合水平测度,并动态评价其耦合作用过程,比较不同省区的作用关系和模式差别。

三、研究方法

1. 定性分析方法

文献研究法:采用的文献数据资料库来源于政府出版物、中外期刊论文、外文书籍、报纸杂志、各类统计报告等,通过总结评述目前国内外关于空气污染的时空分布特征、环境库茨涅兹曲线理论研究进展与趋势,特别对城市化与生态环境(空气)相互作用关系机理、特征、模式的区域差异做了比较分析,综合且系统地论述了城市化与空气环境的交互作用机理。

交叉研究法:采用多学科数据理论与方法,综合运用环境科学、地理学、计量经济学、系统理论等基本原理分析空气污染/空气环境质量的时空分布特征以及与城市化之间的相互作用关系。

2.定量分析方法

数理统计方法:利用 Excel、SPSS、Eviews 等数理分析软件平台,对空气污染、城市化指标等数据进行一般统计学分析,以揭示其基本演化特征。

探索性空间分析方法(ESDA):利用 ArcGIS、GeoDa 等地理信息软件平台,分析省域、地市空气污染排放和环境空气质量的时空演化特征。

(空间)计量经济学模型:利用 Matlab(空间计量模块)、Eviews 等计量经济软件,分析城市化作用下的空气污染 EKC 特征,并通过脉冲响应模式(PVAR)对两者的双向作用关系进行判别。

向量自回归模型(VAR):向量自回归模型是近几年来经济研究中对多个相互联系的经济变量进行综合分析运用较多的一种方法,是 Sims 在 19 世纪 80 年代首先提出的,这种模型采用多方程联立的形式,它不以经济理论为基础。在模型的每一个方程中,内生变量对模型的全部内生变量的滞后项进行回归,从而估计全部内生变量的动态关系。它不仅能考察各变量自身的影响,也能考察来自其他变量的影响,在 VAR 系统下可详细分析各变量之间的长期均衡和短期动态关系,进而分析变量间的相互作用关系。本书主要用以分析城市化与空气污染排放/空气环境质量的双向作用关系。

耦合协调模型(CCDM):耦合是指两个或两个以上的系统或运动方式之间通过各种相互作用而彼此影响以至于联合起来的现象,是相互依赖、相互促进的动态关联关系。本书根据一般系统理论和耦合原理,构建城市化与空气环境系统的综合作用判别分析框架。

四、技术路线

从中国空气污染的时空分布特征以及与城市化的相互作用关系出发,重点利用 EKC 理论、PVAR 模型和耦合协调模型,构建"单向作用—双向影响—耦合协调"的城市化与空气环境综合作用关系分析框架,采取的技术路线如图 1.7 所示。

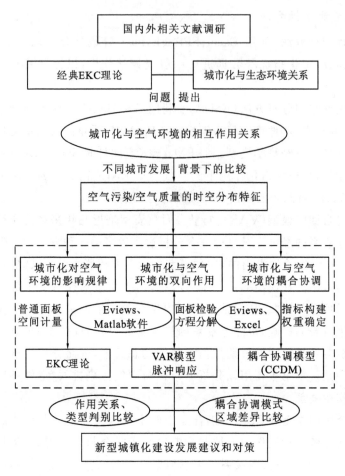

图 1.7 本书的技术路线

第二章 理论基础及数据来源

第一节 相关理论基础

一、环境库兹涅茨曲线

环境库兹涅茨曲线(Environmental Kuznets Curve,简称 EKC),是反映经济收入和环境质量变化关系的一种学说。众多理论和实证研究发现,当一个国家或地区(城市)的经济发展水平较低的时候,环境污染的程度较轻,但是随着人均收入的增高,环境污染水平会由低趋高,环境恶化程度随之加剧;而当经济水平达到一定程度,即到达某个临界点(拐点)后,随着人均收入的继续增加,环境污染开始由高转低,环境污染的程度逐渐减缓,环境质量逐步得以改善。

随着相关实证研究的不断深入,关于 EKC 现象的机理诠释和理论解释逐步得到了重视。不同学者分别从产业结构、产业转移、技术进步、国际贸易、环境规制等角度进行了探讨和比较分析。其中,技术进步与产业结构的变化使环境压力在高收入时减小,一方面,技术能提高资源利用效率,减少生产污染;另一方面,当产业结构转型,即产业经济活动从高污染、高能耗的行业逐渐转向低污染、高产出的信息服务行业、资本技术产业时,区域的生产活动则对生态环境的压力降低(Magnus,2002;Markus,2002;牛海鹏等,2012)。国家环保政策会改变 EKC 的形状——变得扁平或更早出现顶点,并认为政府对环境的规制等对环境质量的改善有重要影响(Park,2011)。

当然，由于区域所取的指标不同，或者针对区域不同、模型不同，在具体的检验结果中会出现多种曲线关系，对 EKC 进行了拓展和延伸。主要表现为：倒"U"形关系、同步关系、"U"形关系、"N"形和倒"N"形曲线关系(图 2.1)。EKC 的多种曲线模式，其表达公式如下：

$$\ln E = \mu + \beta_1 \ln Y + \beta_2 (\ln Y)^2 + \beta_3 (\ln Y)^3 \qquad (2.1)$$

式中，E 为环境压力；Y 为经济增长，即人均 GDP；μ 为待估计的常数项。曲线特征具体由变量 β_1、β_2 和 β_3 的系数值确定(Song et al,2008)。① 若 $\beta_1 > 0$、$\beta_2 < 0$、$\beta_3 > 0$，则为"N"形曲线，见图 2.1(a)；② 若 $\beta_1 < 0$、$\beta_2 > 0$、$\beta_3 < 0$，则为倒"N"形曲线，见图 2.1(b)；③ 若 $\beta_1 < 0$、$\beta_2 > 0$、$\beta_3 = 0$，则为"U"形曲线，见图 2.1(c)；④ 若 $\beta_1 > 0$、$\beta_2 < 0$、$\beta_3 = 0$，则为倒"U"形曲线，见图 2.1(d)，具有经典的 EKC 特征；⑤ 若 $\beta_1 > 0$、$\beta_2 = \beta_3 = 0$，则为线性递增的直线关系，见图 2.1(e)，认为经济发展不能解决环境问题，或者经济发展尚未到分离阶段，环境压力和经济增长还在同步增长；⑥ 若 $\beta_1 < 0$、$\beta_2 = \beta_3 = 0$，则为线性递减的直线关系，图 2.1(f)；⑦ 若 $\beta_1 = \beta_2 = \beta_3 = 0$，则为同步水平关系，见图 2.1(g)。

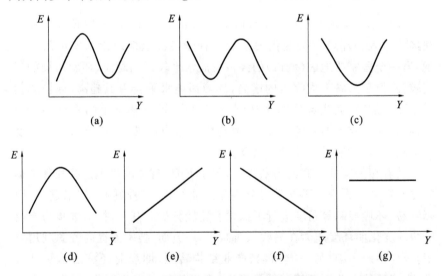

图 2.1 环境压力和经济增长关系的不同曲线(据 Song et al,2008)

计量研究模型在 EKC 研究中占有很重要的地位。目前，国内外运用的模型主要包括二次方程、三次方程、对数方程等。从 EKC 研究用到的具体数据类型来看，主要有截面数据、面板数据和时序数据。传统的 EKC 研究中的数据都含有时序数据的性质，时序数据是指一个研究地区多个时间段的数据,反映了变化趋势,但存在样本量有限等缺点,会影响拟合结果的准确性;而且,在经济领域里,多数变量特别是宏观变量都是非平稳的,只有这些变量间具有协整关系,才能得到正确的回归关系式,否则可能出现虚假回归现象。此外,广泛使用的面板数据同时具有截面数据和时序数据的特征,就样本数据量而言,面板数据包含较多数据点,带来较大的自由度,因此结合时序和截面两维特征的面板数据能够反映出人均收入水平变化和地区差异对环境-经济增长关系的综合影响(桂小丹,2010)。具体而言,EKC 应用的主要计量方程包括基于时序数据的分析模型和基于面板数据的分析模型,均包含二次多项式函数、三次多项式函数及对数函数的结合,结果见表2.1。其中,采用时序数据进行环境污染(E_t)分析时,首先要考察数据的平稳性,一般通过 ADF 和 Phillips-Perron 进行检验;面板数据则使用 Hausman 检验判断使用固定效应模型还是随机效应模型,并且在解释变量上越来越多元化,例如,出口贸易、FDI 对环境污染的影响。

表 2.1 **EKC 的主要计量方程形式**

数据	解释变量	计量方程形式	文献
时序数据	收入(Y)	$E_t = \beta_0 + \beta_1 Y_t + \beta_2 Y_t^2 + \mu_t$	Grossman,1991
	收入(Y)	$E_t = \beta_0 + \beta_1 \ln Y_t + \beta_2 \ln Y_t^2 + \beta_3 \ln Y_t^3 + \mu_t$	Grossman,1995
	收入(Y)、贸易额(T)	$E_t = \beta_0 + \beta_1 Y_t + \beta_2 Y_t^2 + \beta_3 T + \mu_t$	Cole,1997
面板数据	收入(Y)、其他变量(X)	$E_t = \beta_0 + \beta_1 Y_t + \beta_2 Y_t^2 + \beta_3 Y_t^3 + X_t + \mu_t$	Shafik,1992
	收入(Y)、人口密度(P)、地理差异(G)	$E_t = \beta_0 + \beta_1 \ln Y_t + \beta_2 \ln Y_t^2 + \beta_3 \ln P + \beta_4 \ln P^2 + \beta_5 \ln G + \mu_t$	Grossman,1995
	收入(Y)、人口密度(P)、人口增长率(G)、政策(R)	$E_t = \beta_0 + \beta_1 Y_t + \beta_2 Y_t^2 + \beta_3 P + \beta_4 P^2 + \beta_5 P^3 + \beta_6 G + \beta_7 Y_t * P * R + \beta_8 P * R + \beta_9 R + \beta_{10} R * Y_t + \mu_t$	Panayotou,1993

续表

数据	解释变量	计量方程形式	文献
面板数据	外资(F)、经济(Y)、污染治理投资(R)、二产比重(S)	$\ln E_t = \beta_0 + \beta_1 \ln FDI_t + \beta_2 (\ln FDI_t)^2 + \beta_3 \ln Y_t + \beta_4 \ln FDI_t * \ln Y_t + \beta_5 \ln R + \beta_6 \ln S + \mu_t$	许志英等,2015
	经济(Y)、二产比重(S)、人口密度(P)、绿化覆盖率(G)	$\ln E_t = \beta_0 + \beta_1 \ln Y + \beta_2 (\ln Y)^2 + \beta_3 \ln S_t + \beta_4 G_t + \beta_5 \ln P + \mu_t$	王敏等,2015

二、城市化发展的"S"形曲线和对数曲线

1979 年美国地理学家诺瑟姆(Northam)提出的"S"形曲线,是一条稍被拉平的各国城市化过程的轨迹曲线,如图 2.2 所示。并且可以相应地划分为 3 个阶段:城市化水平较低且发展缓慢的初始阶段、城市化水平急剧上升的加速阶段、城市化水平较高且发展平缓的最终成熟阶段。城市化水平在第二阶段开始时低于 25%,发展到超过 60%、70% 后进入第三阶段。由于需要保留一定的农村居民以满足城镇居民的需求,城市化水平必定有一个上限。

但这个理论缺少数学模型。国内外学者利用曲线推导出数学模型能更准确地描述"S"形曲线的变化过程(Northam,1979):

$$Y = \frac{1}{1 + Ce^{-rt}} \qquad (2.2)$$

式中,Y 为城市化水平(人口城镇化率);C 为积分常数,反映城市化起步的早晚阶段;r 为积分常数;t 为时间变量,表示城市化水平发展的速度。当 t 和 C 取值各有不同时,所呈现的"S"形曲线也各不相同。C 越大,表示城市化起步越晚,反之则越早;r 越小,说明城市化发展越慢,反之则越快。

根据"S"形曲线的图形特征(图 2.2)可知,从理论上讲,城市化发展在起始时速度很低(趋近于零),加速度很小(同样趋近于零)。随着时间

的推移,城市化发展的加速度逐渐增大,速度逐渐提高。而城市化发展的后期,城市化水平逐渐向饱和值逼近,城市化发展的速度越来越小,逐渐趋近于零,说明这期间城市化发展的加速度为负值,而且加速度的绝对值越来越小,亦逐渐趋近于零。因此,作为单调递增函数,城市化水平的增长速度由近似于零逐渐增大,在达到最大值后开始减小,并逐渐回到近似于零;与此同时,其加速度经过了从近似于零增加到最大值(增量最大),然后逐渐减小到零以后,继续减小,成为负值,达到最小值后(减量最大),逐渐变大(减量变小),再次逼近零。

1982 年,我国著名城市地理学家周一星教授,以 1977 年 157 个国家和地区的统计数据为研究对象,以城镇人口比重代表城市化水平,人均GDP 代表区域经济发展水平,进行了两者的关系拟合研究。结果发现,两者关系既不是线性相关,也不是双曲线关系,而呈现出对数曲线关系(图 2.3)(黄金川,2003)。其基本公式为:

$$y = a \lg x - b \tag{2.3}$$

式中,y 为城镇人口占总人口比重,%;x 为人均 GDP,元/人。

对此曲线特征,主要可以从以下三个方面进行理解:城市人口比重指标的有限性使经济增长与城市化的关系不能在曲线上完全表达;经济增长愈来愈依赖劳动力素质的提高而非数量的增加;城市人口的增长满足种群阻滞增长规律。其中最后一条反映出环境对城市化存在的阻滞作用。

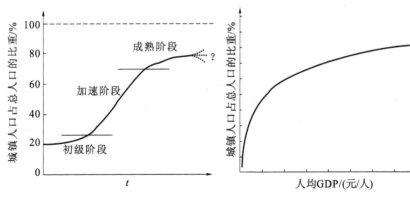

图 2.2 城市化发展的"S"形曲线　　图 2.3 城市化与经济发展的对数曲线

三、新型城镇化与空气环境治理

新型城镇化是现代化的必由之路,是最大的内需潜力所在,是经济发展的重要动力,也是一项重要的民生工程。2014年3月,中共中央、国务院批准实施《国家新型城镇化规划(2014—2020年)》,提出以人的城镇化为核心,有序推进农业转移人口市民化;以城市群为主体形态,推动大、中、小城市和小城镇协调发展;走以人为本、四化同步、优化布局、生态文明、文化传承的中国特色新型城镇化道路。之后,又于2016年2月出台了《国务院关于深入推进新型城镇化建设的若干意见》,强调制定实施城市空气质量达标时间表,努力提高优良天数比例,大幅减少重污染天数。

以人为本的新型城镇化有别于过去只注重城镇建设,不重视环境保护的城镇化。城镇化起源于人的自然聚集,其出发点、立足点和落脚点都应当以人为本。由于传统城镇化以物为本,片面强调规模扩张而忽视环境保护,强调密度而忽视环境承载吸收能力,强调速度而忽视环境消化转换能力,强调"大、新、洋"而忽视空间生态优化,因此导致了诸多弊端,空气污染(雾霾)也是其中之一。而新型城镇化则新在以人为本,其核心是人的城镇化,本质是由传统物本城镇化向新型人本城镇化的理性回归。新型城镇化明确要建设生态中国,意味着发展城镇化的方式必须要改变,意味着必须加大对城市发展方式、产业转型升级的调整力度。更意味着推动智慧、绿色、低碳城市的建设步伐,多途径城镇化指导下的现代服务业建设是今后城镇化的重要发展方向(图2.4)。因此,需要做到以下几个方面。

(1)推动以智慧、绿色、低碳城市建设为目标的新型城镇化建设。严重的空气污染和雾霾天气折射出过去城镇化中发展方式的不科学、不可持续、资源的粗放使用等问题。要消除这些问题,必须加大对城市发展方式、产业转型升级的调整力度。必须充分发挥市场机制作用,优化产业结构和布局,推动能源生产和消费革命,加快形成能源消费强度和消费总量双控制的新机制(Liu et al,2015)。此外,要加大对天然气代替煤炭,太阳能、核能、风电等清洁能源替代传统能源的支持力度。

(2)树立生态文明的发展理念。完善新型城镇化的顶层设计,让环境基础设施建设和大气环境污染防控水平与新型城镇化进程步调一致。在推进新型城镇化进程中,树立尊重自然、顺应自然、保护自然的生态文明

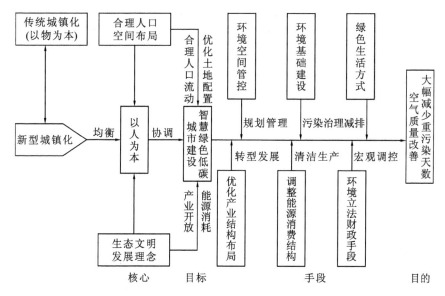

图 2.4　新型城镇化发展和空气环境治理关系

理念,把生态文明建设放在突出地位。众多城市遭遇的雾霾困局,让我们深刻认识到,虽然城镇化是实现现代化的必经之路,但不能为了发展而不要环境,要吸取对空气污染治理方面不够重视、投入过低的教训,转变"先污染、后治理"的片面认识。一方面要加快经济转型,实现结构调整,抛弃GDP 至上的粗放式发展;另一方面要加强污染减排,从源头上扭转空气环境恶化趋势。

(3)实施城市环境空间性、战略性保护。城市环境总体规划将城市置于一个自然的生态环境系统中,以自然规律为基础,从源头上控制城市无序开发、环境超载等问题,引导城市合理、有序地开发自然空间,顺应自然地建设美丽城市。把生态廊道建设作为新型城镇化建设的引领工程之一,建设和完善城市中心城区通风廊道系统,提升建成区整体空气流通性,加快污染物的扩散和稀释。对划入通风廊道的区域严格控制建设规模,并在有条件的情况下打通阻碍廊道连通的关键节点。

(4)建立环境立法、环境经济手段等长效机制。首先,加强环保立法,完善法律制度是解决包括雾霾在内的大气污染的根本途径。从我国现实来看,一方面要不断完善《中华人民共和国环境保护法》《中华人民共和国大气污染防治法》等环境保护相关的法律法规,另一方面要落实国务院《大气污染防治行动计划》,切实发挥其应有的作用。同时,考虑以资源税、环境税等环境经济手段作为切入点，扭转"从煤到电"产业链上一直存在着的严重的比价关系与扭曲的、非市场化状态。

总之，新型城镇化是一个综合载体，不仅可以破解城乡二元结构、促进农业现代化、提高农民生产和收入水平，而且有助于扩大消费、拉动投资、催生新兴产业，释放更大的内需潜力，顶住经济下行压力，最终为中国经济平稳增长、环境(空气)质量的有效改善和持续发展提供动力。

四、系统耦合协调理论

耦合原本作为物理学概念，是指两个(或两个以上)系统或运动形式通过各种相互作用而彼此影响的现象(刘耀彬，2005)。例如，两个单摆之间连一根弹簧，它们的震动就彼此起伏、相互影响，这种相互作用被称为单摆耦合。类似地，可以把城市与生态环境两个系统通过各自的耦合元素产生相互作用、彼此影响的现象定义为城市-生态环境耦合。

耦合度就是描述系统或要素相互影响的程度。从协同的角度看，耦合作用及其协调程度决定了系统在达到临界区域时走向何种序与结构，即决定了系统由无序走向有序的趋势。系统在相变点处的内部变量可分为快、慢弛豫变量两类，慢弛豫变量是决定系统相变进程的根本变量，即系统的序参量。系统由无序走向有序机理的关键在于系统内部序参量之间的协同作用，它左右着系统相变的特征与规律。耦合度正是反映这种协同作用的度量。

城市化过程与生态环境变化之间的相互联系、相互作用，是面向可持续发展的人文过程与自然过程综合研究的重要课题。由此，可以把城市化与生态环境两个系统通过各自的耦合元素产生相互影响的程度定义为城市-生态环境(空气环境)耦合度，其大小反映了对区域社会-经济-环境系统的作用强度和贡献程度。区域经济与环境子系统之间存在着交互耦合的关系。一方面，经济子系统通过社会经济活动，尤其是工业生产与加工过程形成的废弃物排放影响环境子系统；另一方面，环境子系统为社会经济活动提供了生产加工以及最终废弃物排放的空间。经济子系统作用于环境子系统，但又受到环境子系统的反制与约束。良好的环境不仅可以促进地区经济的良性发展，而且可以为社会经济系统的优质提升提供动力和条件(图2.5)。这也意味着，城市化与生态环境系统耦合演化即是城市化过程中城市和生态环境这两个彼此独立又相互影响的系统内部和系统之间各要素相互消长、相互挟制的自组织过程，也是两大系统借助制度保障与调控系统,最终取得城市发展与生态环境演化协调发展的过程。城市生态系统是以人为中心的生态系统,人的行为居于主导地位,但人的活动不能违背自然生态系统的基本规律。因此,在城市化与生态环境系统耦合的演化过程中,城市化对生态环境要素的胁迫逐渐增强,生态环境对城市化发展产生被动的反馈作用,但生态环境会随着城市化由初级向高级的发展得到改善。

当然,不同系统经过耦合,不仅能使系统水平大增,还可导致系统与外界在物质、能量和信息方面的良性循环,同时使系统更趋于稳定,真正实现系统的持续和稳定发展,最终形成更高一级的新的结构-功能体。要实现城市化与生态环境耦合向更高级目标系统的演化,还需要通过系统的体制改革、制度设计和政策法规的制定,加强政府对区域发展的宏观调控与市场监管能力,为城市化与生态环境系统耦合提供制度保障。

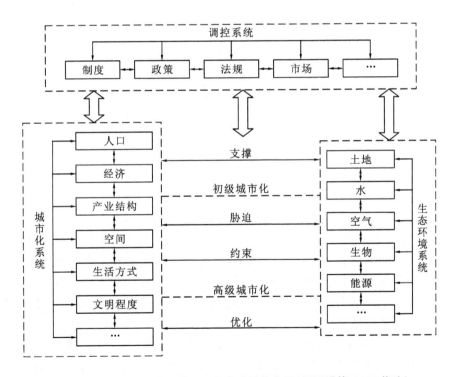

图 2.5 城市化与生态环境交互耦合发展演化图(据罗媞等,2014 修改)

在此基础上,方创琳(2006 年)提出了城市化与生态环境之间存在着客观的动态耦合关系,并且认为这种耦合关系可以看作是一个开放的、非平衡的、具有非线性相互作用和自组织能力的动态涨落系统,称其为城市化与生态环境交互耦合系统。根据耗散结构理论和生态需要定律理论,

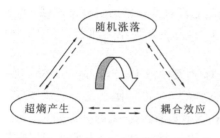

图 2.6　城市化与生态环境交互耦合的随机涨落过程

从理论上分析了城市化与生态环境交互耦合系统满足的六大基本定律,即耦合裂变律、动态层级律、随机涨落律(图 2.6)、非线性协同律、阈值律(图 2.7)和预警律,这六大定律是分析城市化与生态环境交互耦合过程必须遵循的基本定律。

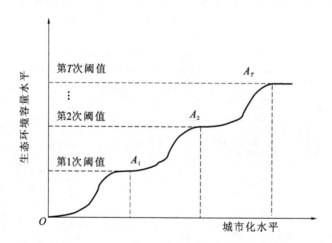

图 2.7　城市化与生态环境交互耦合的多个阈值转换过程

其中,耦合裂变律认为城市化与生态环境耦合系统是人与自然、环境交互作用的集中体现,是典型的生态-经济-社会复合系统。在此系统中,每一个因素都是该系统的一个子系统,其变化经过系统的耦合作用,形成三种结果:① 加大城市化与生态环境耦合系统的变化,称之为耦合升压效应;② 减少城市化与生态环境耦合系统的变化,称之为耦合减压效应;③ 使城市化与生态环境耦合系统发生微小的扰动,称之为耦合恒压效应。既然城市化对生态环境的需求度是人类及城市化过程对生态环境状况所产生的一种主客观统一的动态程度,那么,生态环境因子与城市化因子的耦合态就极为关键。在产业革命以前,自然生态系统处于平衡状态,

人类仅作为生态环境因子的部分存在于"生态链"的某个环节,不但生态环境承载力远远大于人口总需求和城市化总需求,而且人类的农牧活动对生态环境的扰动力远远低于生态环境的自净力,生态环境因子处于天然、和谐、有序的"低级耦合态",城市化对生态环境的需求度为"原始的高限"。产业革命以后,人类在社会化大生产中明显地从自然生态系统中"再次异化",使社会生产技术体系由工业生产技术体系代替了农业生产技术体系,把人类改造、征服、掠夺自然推向人与自然严重对立的状态,城市急剧膨胀,城市化进程急速加快,导致城市化与生态环境因子的耦合稳态结构产生史无前例的裂变。这不仅仅使生态环境因子的个量水平极度锐降,更使生态环境因子系统的总量、流量发生加速变化,进而出现生态链的因子间的"断链现象"。总之,生态环境因子的局部耦合态导致生态环境的总供给客观上逐渐小于城市化对生态环境的总需求,且城市化的这种需求正因人口爆炸而膨胀,与生态环境总供给随生态因子断链而萎缩呈反向运动。可见,耦合裂变律是驱动城市化与生态环境之间交互耦合的第一定律。

而根据 Logistic 方程的基本原理,特定区域的生态环境容量有一个阈限,在城市发展初期,阈限趋于静态最大值,随着城市化水平的不断提高,生态环境容量逐渐逼近阈限值,直至达到图 2.7 所示的拐点 A_1 时,出现第一次阈值;当生态环境得到改善后,生态环境阈值将由拐点 A_1 变到拐点 A_2,城市化水平开始增加,直到出现第二次阈值 A_2,依次类推,会出现第三次阈值 A_3 等,城市化水平与生态环境容量水平之间的这种阶梯式变化曲线基本符合 Logistic 方程复合曲线,如图 2.7 所示。按照这一变化规律,结合前述计算结果,可对城市化进程中的生态环境阈值进行定量测度,反过来可对生态环境变化过程中的城市化水平阈值进行测度。同理,该定律也可用于城市化与空气环境的相关关系探讨。

此外,城市化与生态(空气)环境耦合系统同任何其他复杂系统一样,遵循预警定律。加入预警预报过程的城市化与生态环境耦合系统称为城市化与生态环境耦合预警系统。耦合预警系统是以社会、经济、资源、环境协调发展为核心,以经济高速发展的持久性、社会分配的公平性、资源开发利用的持续性、生态环境系统的稳定性为内容,以经济城市化过程、人口城市化过程和社会城市化过程等为对象,在一定经济理论、突变论、协同论、系统论等理论指导下,采用一系列科学的预警方法技术、指标体系、预警模型和信号系统,对城市化与生态环境耦合过程进行监测,对监测结果获得的警性、警兆发布警示的决策支持系统。简单地说,城市化与生态环境耦合预警系统就是对城市化与生态环境耦合系统偏离期望状态的警告。耦合预警系统分两种模式,一种是景气预警,另一种是警兆预警。景气预警就是确定城市化与生态环境目前所处的耦合状态是否超出预期范围,即对目前耦合状态的监测;警兆预警是按照目前的城市化发展速度,将在什么时候出现什么样的警情,即动态把握将来的发展趋势。

综合来看,当前城市化与环境空气的相互作用关系研究,不仅是新背景下城市化与生态环境耦合作用关系研究的重要延伸,也是引导未来城市可持续发展和环境政策制定的重要依据。不同城市由于其自然地理背景、城市发展类型、经济产业结构的不同,城市化与环境空气的交互作用关系会有着不同的规律特征,值得进一步去探究。

第二节　理论框架构建

综合第一章第二节的国内外研究进展和本章第一节的基础理论分析,本书构建了"单向影响—双向作用—耦合协调"的城市化与空气环境交互作用关系的综合分析框架(附图1)。该框架主要包括三部分内容。

(1)环境质量(污染)改变的单向影响因素分解。空气环境质量不仅受到局地气象地形等条件影响,还受局地大气污染物排放等人为活动影响,并且有学者将其变化归根到底都取决于城市经济增长质量和人口集聚强度(反映着城市化发展水平)。因此,在传统的理论分析框架下,针对空气污染的特殊性,不得不考虑:① 当经济总量、产业结构所承载的环境污染单向作用因素无法完整诠释城市化过程的人口集聚、土地扩张、机动车激增等其他因素时,在空气质量的 EKC 模型构建中,我们不得不重新筛选解释变量;② 当局地空气质量明显受气象作用和外源扩散污染影响时,一个真实存在的"空间效应"变量将在 EKC 模型构建中被纳入。

作为环境经济学中的经典理论,EKC 理论为揭示区域经济活动对空气污染的单向影响提供了重要的研究思路和分析框架,并且被众多学科背景不同的学者们所发展和完善。因此,在本书中,基于上述两个因素的考量,一方面,为了探寻新的揭示变量体系,在第四章的 EKC 模型分析中构建了以人口城镇化率为主解释变量的 UEKC 体系,并且在模型构建之前通过相关显著性分析比较筛选了其他自变量(第三章第四节);另一方面,为了反映污染物之间的空间扩散作用,在 EKC 模型构建中加入了"空间效应"变量,并引入空间计量经济方法探讨城市化发展对空气质量的单向作用关系(附图 1 中的过程①)。

　　(2)城市化发展与空气环境的双向作用关系。从已有的大量实证研究来看,经济增长是影响污染排放的重要原因,同时环境质量变化、污染排放对经济增长也存在反作用力。同理,作为两个开放的系统,城市化与环境是相互作用、相互制约影响的,城市化的发展不仅会影响空气环境质量的改变,空气环境质量的变化也会倒逼政策、人口等城市化要素的改变,进而影响或制约城市化发展的速度和方向。因此,为了衡量这种双向作用关系,在第五章中引入了面板向量自回归模型(PVAR)(附图 1 中的过程②),分析系统间的相互动态作用关系(考虑到城市尺度数据量的庞大,仅以人口城镇化率代替城市化发展水平与空气环境中的质量系统进行响应分析)。并且,将此反作用规律映射到新型城镇化建设过程中,提供参考。

　　(3)城市化发展与空气环境的耦合协调作用关系。由于城市化发展与空气环境的双向作用关系的存在,进而深度剖析系统之间的复杂耦合协调关系。考虑到环境管理和污染物控制的基本框架路线是"全国总量控制→省区任务分解→省内城市份额下达",省域尺度起到承上启下的重要作用,也是落实环境政策的行政主体,因此,在城市尺度基础上进一步选择省域尺度(第六章),利用耦合协调度模型分析城市化与空气环境的相互作用关系,动态评价其耦合作用过程(附图 1 中的过程③),比较不同省区的作用关系和模式差别。

　　综合来看,城市化与空气环境系统间呈现复杂的作用关系,并且通过系统内部之间的要素相互作用呈现,并最终趋于相互影响、制约、耦合的过程,以达到系统内部和系统间的平衡。"单向影响—双向作用—耦合协调"的框架为揭示上述交互作用关系的特征和演化规律提供了基础。

第三节　变量选择和数据来源

一、变量选择

1. 空气环境相关指标选取

以环境质量改善为主线,实施环境质量和污染排放总量双控、协同控制是我国"十三五"主要污染物总量减排的主要思路。与之对应,目前,我国环境污染指标数据的来源主要有两个:一是城市空气污染物浓度的实际监测数据,例如,环保部公布的 113 个重点城市的大气污染物浓度监测数据(早期的监测对象包括 SO_2、TSP 和 NO_x,2003 年以后则改为 SO_2、PM_{10} 和 NO_2,2013 年新空气质量标准实施后部分城市又新增加了 $PM_{2.5}$、CO、O_3 三个指标);二是工业污染物排放量数据,例如,各省和各市工业废水、废气和固体废弃物("三废")的排放量统计。由于数据的可得性,在基于面板数据的研究中,大部分是使用工业"三废"排放的省或城市面板数据进行分析,仅有个别研究用到大气污染物浓度的城市面板数据(王敏,2015)。

考虑到面板数据的时间连续性问题,在空气质量指标上本书并未选取当前研究的大热点 $PM_{2.5}$,后者于新空气质量标准实施(2012 年)后开始监测,且所涉及的城市数量较少(虽总体数量在不断增多)。已有的研究,也主要是基于单个年份的截面数据或者某具体省份(城市)段时间序列的 $PM_{2.5}$ 质量变化(Lin et al,2014;Wang et al,2016;Zhou et al,2016)。

2. 城市化相关指标选取

城市化是指人口向城市地区集中和农村地区转变为城市地区的过程。从定义上看,城市化至少包括两个方面:一是人口迁移,这必然导致社会结构的变迁、经济要素的流动和产业的推移;二是景观的改变,则引起土地利用形态的改变、资源利用的多样化。所以城市化具有多维涵义,它主要包括人口迁移、经济发展、地域扩张和生活水平提高相互联系、相互促进的四个方面。其中,经济发展是基础,人口迁移和地域扩张是表现,生活水平提高是最终结果或目标。城市化综合水平的质量测度指标具体见第六章第一节。

二、数据来源

本书利用的数据主要包括国家、省级、城市多个尺度的空气环境和城市化发展相关的两个方面指标。变量数据的主要来源,具体见表2.2。它主要包括以下几个方面的内容。

(1)环境监测报告:包括历年的"中国环境状况公报"、2007—2013年的"中国环境质量报告",2004—2013年的31个省份的"环境质量报告书"。部分缺失数据还参考了对应年份对应城市的"环境质量报告"或"环境状况公报"。

(2)统计年鉴:主要包括2001—2014年"中国统计年鉴""中国城市统计年鉴""中国环境年鉴""中国能源统计年鉴",以及31个省份的"统计年鉴"。部分缺失数据还参考了对应年份、对应城市的"统计年鉴"或者"国民经济和社会发展公报"。此外,部分数据还参考了《新中国六十年统计资料汇编》、历年的"中国环境统计年报"。

(3)官方网站:主要包括中华人民共和国环境保护部官方网站、各省份及城市的环保官方网站。

表2.2   数据的主要来源

类型	具体变量	来源	年份
一、城市化相关指标数据	城镇人口比重、城镇人口规模、城区人口密度、建成区面积、人均城镇道路面积、人均公共绿地面积、人均城镇住房面积、建成区绿化覆盖率、人均GDP、非农比重、工业增加值、城镇固定资产投资、房地产投资完成额、城镇居民人均可支配收入、私人汽车拥有量、大专以上学生数量、城市天然气供气总量	中国统计年鉴、各省自治区统计年鉴	2000—2013
	地级市城市化率、市辖区人均GDP、二产比重、城市交通数量、建成区面积、绿化覆盖率	中国城市统计年鉴	2004—2013
	能源消费量、单位GDP能耗	中国能源统计年鉴	2000—2013

续表

类型	具体变量	来源	年份
二、空气环境相关指标	地级及以上城市空气污染物质量浓度值(SO_2、NO_2、PM_{10})	中国环境质量报告、中国环境年鉴	2007—2013 2000—2013
	废气排放总量、SO_2排放量、烟粉尘排放量、工业废气设施运行费、工业废气治理设施数、工业废气治理投资额、SO_2去除率、烟粉尘去除率	中国环境年鉴	2000—2013

此外,还有以下几个值得注意的地方。

(1)目前我国对西藏自治区不作能源统计,因而缺失其能源消费量、单位 GDP 能耗相关指标,为保持研究的统一性,在参考西藏地区工业煤炭消费量的基础上,再结合青海、新疆、宁夏等能耗值,以后三者的工业煤炭消费量占各自能源消费量比重的均值近似换算出西藏的能源消费量(2000—2013 年)。各省份城镇居民人均住房建筑面积指标在 2003 年以前普遍出现的是城镇居民人均住房使用或者居住面积这个表述,因此,以近似的城镇居民人均住房使用面积代替城镇居民人均住房建筑面积(约有 8 处,占该指标总数的 10%)。

(2)由于统计口径不同或其他原因,个别省区不同年鉴同一指标在不同年份的个别数据在统计过程中有些许出入或不同,若该指标数值各个出处相近,本书则取均值处理(约有 22 处);若该指标数值各个出处相差较大,则比较前后几年数据的变化特征,剔除数量级差异较大数据,选择符合连续性变化规律的原始数据(约有 10 处)。

(3)个别省份的个别数据缺失,主要以查询各省国民经济和社会发展公报或其他相关统计年鉴的对应数据和百度搜索结果为补充。最终还是缺失不可补充的数据,以线性内插的方式进行添加。

(4)在统计的 274 个地级市范围内,个别城市缺失的工业二氧化硫、烟粉尘排放量的数据共有 15 个,均通过缺失城市所在的省年鉴下属的"各市三废排放及治理情况"或缺失城市所在的环境状况公报补充中获得。

(5)下文各章节的具体数据来源不再赘述。

（6）个案城市研究中的数据来源以及时间尺度与表2.2有所不同，在对应章节里面将具体阐述。

三、研究尺度

尺度（效应）问题是地理学和环境科学研究的一个基础性问题。时间、空间是重要变量，也是相对变量。

1. 空间尺度

（1）全局状态的国家尺度：不管是大气污染，还是环境经济学的EKC研究，国家层面甚至全球范围的大尺度研究是一个受关注的切入点。当然，本书关注的是中国（一个处在城市化快速发展、经济转型变革、环境问题突出的发展中大国）的空气污染问题。图2.8展示了改革开放以来，中国经济、城市化发展与能源消耗、汽车拥有量变化。

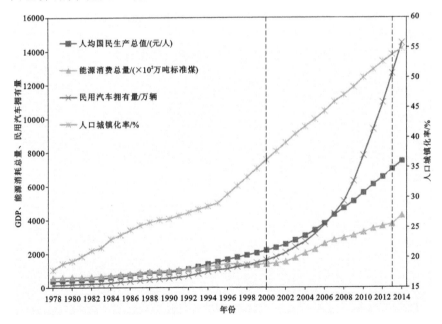

图2.8　1978—2014年中国经济、城市化发展与能源消耗、汽车拥有量变化

（2）局域状态的省级尺度：由于统计数据缺失等原因，研究范围仅包括31个省、市、自治区。此外，为比较空气污染的区域差异，在做PVAR模型时进一步划分了东部、中部、西部地区三大类型进行分析。其中，东部地区包括北京、天津、河北、辽宁、上海、江苏、浙江、福建、山东、广东和海南等 11 个省（市）；中部地区包括山西、吉林、黑龙江、安徽、江西、河南、湖北、湖南等 8 个省；西部地区包括四川、重庆、贵州、云南、西藏、陕西、甘肃、青海、宁夏、新疆、广西、内蒙古等 12 个省（区）。

（3）局域状态的城市尺度：考虑到所获取数据的完整性，选择了274 个城市。此外，为比较城市空气污染的区域差异，在做 PVAR 模型时进一步划分了内陆（223 个）和沿海（51 个）两大区域进行分析。

2. 时间尺度

长时间序列分析是检验 EKC 的良好保证。考虑到 2014 年的相关变量数据来自 2015 年的众多年鉴或环境监测公报中，而后者大多数还没有公开出版、报道或者上传至中国知网等数据库中，获取难度较大，故选择 2000—2013 年作为本书省级城市化与空气环境交互作用研究的主要时间尺度。又考虑到 2003 年之前的空气质量监测数据缺失较大，故在进行 274 个地级市以上城市空气质量评价时选择 2004—2013 年的时间尺度。

个案城市的时间尺度在对应章节里面将具体阐述。

第三章　中国环境空气质量的时空分布特征及与城市关系比较

城市尺度的环境空气质量时空分布特征研究是揭示区域空气污染状况的重要基础(王振波等,2015;Han et al,2014;李名升等,2013)。对于中国这样一个地形、气象等自然条件复杂多样、城市间社会经济发展差别显著的大国,不同地区的城市空气污染会呈现一定的空间异质性(Zhang et al,2015),比如北方城市和南方城市的差别、沿海城市和内陆城市的不同,这给空气污染的防控带来了极大挑战。从已有研究来看,城市空气质量与城市发展的影响研究开始受到了学者的普遍重视,尤其是在高速城市化背景下的雾霾日益蔓延(潘竟虎等,2014;张殷俊等,2015;Han et al,2014)。

本章以中国地级及地级以上城市为主要研究对象(依据指标数据的连续性共筛选出 274 个城市),分析了 2004—2013 年共 10 年间的 SO_2、NO_2、PM_{10} 三种常规污染物的空间分布特征及演化趋势,进而选取人口城镇化率、城市人口规模、建成区面积和第二产业比重 4 个表征城市社会经济发展水平的指标来初步判定其对空气质量的影响,并为后文第四章、第五章的 EKC 模型构建提供基础。进一步选择湖北省进行区域层面的城市环境空气质量的时空演化特征及主要影响因素分析,以作具体的个案研究。

第一节 数据处理和研究方法

一、数据处理

空气质量的数据为三种常规污染物 SO_2、NO_2、PM_{10} 的年均质量浓度值。考虑到我国从 2004 年起才全面开展对 PM_{10} 指标的监测,因此,这里只对连续开展 PM_{10} 监测的城市进行选择,最后筛选出 274 个地级城市,总计 8220 个数据。为保证数据的连续性,西藏、青海、新疆三个地区仅分别选择了数据较为完整的拉萨、西宁、乌鲁木齐和克拉玛依 4 个城市作为代表分析。与已有研究相比,本书综合考虑了时间延续性和指标数据的完整性,在城市样本选择上实现了尽可能地最大化(表 3.1)。

城市空气质量空间分布的 GIS 基础底图来源于国家基础地理数据,采用北京 1954 坐标投影系统,通过 ArcGIS 10.2 建立而成。

表 3.1　　　　　　**本书数据样本选择与其他已有研究的比较**

研究者	城市数/个	年份	数据个数	污染物指标
李茜等(2013)	237	2001—2010	7110	SO_2、NO_2、PM_{10}
王敏等(2015)	112	2003—2010	2688	SO_2、NO_2、PM_{10}
Brajer(2011)	139	1990—2006	4166	SO_2、NO_2、TSP
He 和 Wang(2012)	74	1990—2001	2193	SO_2、NO_2、TSP
本书	274	2004—2013	8220	SO_2、NO_2、PM_{10}

二、研究方法

1. 空气质量评价方法

为遵循数据的完整性、连续性、可比性原则,使用环境空气中常规的 SO_2、NO_2、PM_{10} 污染物浓度值作为评价指标。同时,为了消除由于不同城市实施不同的空气质量标准所带来的评价结果影响(2013 年有 74 个城市在第一阶段实施新空气质量标准),出于评价标准从严原则考虑,这里统一用《环境空气质量标准》(GB 3095—2012)的二级标准限值进行评价。具体采用的评价方法为集成的城市环境空气质量指数,它是参考内梅罗指数,并综合考虑污染物浓度最大值和平均值影响的一种评价方法,评价结果相对更为客观、科学（Xia et al,2014；Liu et al,2007；黄亚林等，2015b），具体的计算公式为：

$$\mathrm{Avr} = \frac{1}{n} \sum_{i=1}^{n} \frac{c_i}{c_{0i}} \tag{3.1}$$

$$\mathrm{Max} = \max\left(\frac{c_1}{c_{01}}, \frac{c_2}{c_{02}}, \frac{c_3}{c_{03}}, \cdots\right) \tag{3.2}$$

$$\mathrm{IAQI} = \sqrt{\mathrm{Max} \times \mathrm{Avr}} \tag{3.3}$$

式中，$\dfrac{c_i}{c_{0i}}$ 为 i 污染物的空气质量分指数，是污染物年均浓度与环境空气质量二级标准的浓度之商；n 为指标的个数，在本书中为 3；Max 与 Avr 分别为三个空气质量分指数的均值和最大值；IAQI 是集成的城市环境空气质量指数，其数值越大则反映的环境空气质量越差。

2.空间插值分析方法

由于监测站点分布的密度及城市位置原因，不可能任何空间地点的空气质量数据都能实测得到，需要用插值来了解区域内的完整空间分布。ArcGIS 强大的空间分析功能使复杂的传统空间分析任务变得简单易行，并能方便、高效地应用几何、逻辑、代数等运算，以及数理统计分析和其他数学物理方法，更科学、高效地分析和解释地理特征间的相互关系和空间模式（刘永伟等，2013），因此，具体利用 ArcGIS 10.2 的空间插值功能进行全局状态的空气质量分布模拟。

空间插值分析是将离散点的测量数据转换为连续的数据曲面的方法，其作用是便于与其他空间现象的分布模式进行比较。空间插值的理论假设是空间位置上越靠近的点，越可能具有相似的特征值；而距离越远的点，其特征值相似的可能性越小。空间插值法主要包括空间内插和外推两种不同算法。

为较精确地模拟 274 个城市空气质量的空间分布特征，这里采用样条函数方法、反距离加权法（IDW）和普通克里格法（包括球状模型、圆模型、指数模型和高斯模型等不同模型）进行具体的空间插值，并且对插值的结果进行交叉检验，最后比较平均绝对误差（MAE）和均方根误差（RMSE）的检验结果，选取最优误差结果进行研究（Li W et al,2014）。其中，模型中最为广泛使用的普通克里格插值法，它是以空间自相关为基础，利用原始数据和变异函数的结构性，对区域化变量的未知样本点进行无偏估值的插值方法，这种方法的一个特点是能够计算出每个估计值的误差大小(估计值方差),从而能够知道估计值的可靠性程度。普通克里格是区域化变量的线性估计。它假设数据变化成正态分布,认为区域化变量 Z 的期望值是未知的。插值过程类似于加权滑动平均,权重值的确定来自空间数据分析。ArcGIS 中普通克里格插值包括四部分功能:创建预测图、创建分位数图、创建概率图、创建标准误差预测图。

普通克里格的公式如下:

$$Z = \sum_{i=1}^{n} \lambda_i Z(x_i) \tag{3.4}$$

其中,Z 为待估计点(样本城市)的空气质量浓度值;λ_i 为权重系数;n 为城市数目;$Z(x_i)$ 为每个城市的每一种空气污染物质量浓度值。

3. Daniel 趋势检验法

为了分析各城市近十年来的环境空气质量变化状况及趋势,采用 Daniel 趋势检验法定量分析 274 个地级城市空气质量的变化趋势及其统计学显著性特征,它使用 Spearman 秩相关系数,适合单因素小样本的变化趋势检验(廖志恒等,2015;Ren et al,2014;Zhang et al,2011)。具体计算公式为:

$$\gamma_s = 1 - \left[6 \sum_{i=1}^{n} (x_i - y_i)^2 \right] / (t^3 - t) \tag{3.5}$$

式中,γ_s 为秩相关系数;t 为时间周期数;x_i 为空气质量指数(I)的年均值从小到大排列的序数;y_i 为年份的先后排列序数。γ_s 值的正、负分别表示空气质量指数值的增长(污染加剧)和下降(质量改善),其绝对值的大小表示变化的强度(张菊等,2006)。将 γ_s 的绝对值与临界值 W_p 进行比较,若 $|\gamma_s| \geqslant W_p$,则表明城市环境空气质量变化趋势有显著性意义。这里 t 为 10 年,显著性水平 0.01 和 0.05 的临界值 W_p 分别为 0.564 和 0.746。

第二节　城市环境空气质量的时空格局演化

一、SO_2 质量浓度的时空分布特征

1. 时间变化特征

2004 年以来,274 个城市的 SO_2 年均质量浓度值(ρ_{SO_2})总体上表现为先稳定下降后有一定反弹恶化的趋势(图 3.1),由 2004 年的 52.2 $\mu g/m^3$

下降至 2013 年的 38.8μg/m³,降幅为 25.4%。相比《2013 年中国环境质量报告》中对 330 个全部地级城市的 ρ_{SO_2} 值($35\mu g/m^3$),有一定偏高。总体来看,10 年间的 ρ_{SO_2} 值均小于新的《环境空气质量标准》(GB 3095—2012)中的二级标准限值($60\mu g/m^3$)。

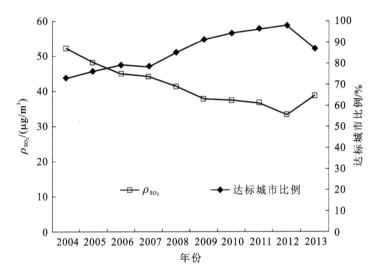

图 3.1　城市 ρ_{SO_2} 值与达标城市比例变化

在全国 ρ_{SO_2} 值下降的同时,地级及地级以上城市中 ρ_{SO_2} 值达到或好于二级标准限值的城市(简称达标城市)数量总体上逐年增多,2013 年则有回落,其中达标城市比例由 2004 年的 72.9%(200 个)上升至 2012 年最高的 98.2%,再回落到 2013 年的 87.2%(239 个),即相对于 2012 年,2013 年的 SO_2 污染略有轻微加重的趋势,减排控制形势依然不能掉以轻心。

此外,从各个城市 ρ_{SO_2} 值分布直方图(图 3.2)可以发现:① 浓度分布区间在逐年缩小。2004 年的 SO_2 浓度分布区间为 3～231 $\mu g/m^3$,2013 年已缩小至 4～136 $\mu g/m^3$。② 城市集中分布趋势明显。2004 年 SO_2 浓度分布于 20～60μg/m³(一二级标准之间)的城市数量为 150 个(占所有样本城市数的 54.7%),至 2008 年已增长至 202 个,2013 年也保持有 200 个(占所有样本城市数的 73.0%)。③ 高、低浓度区的城市分布变化趋势不一致。其中,高浓度区(>100 $\mu g/m^3$)的城市个数由 2004 年的 26 个减少到 2013 年的 6 个,而低浓度区(0～20 $\mu g/m^3$)的城市数量 10 年来始终保持在 40 个左右。因此,未来在继续加强对高浓度区城市的污染减排工作,同时要对已经改善进入低值的城市进行防范,避免高污染的再发、重新进入高值区。

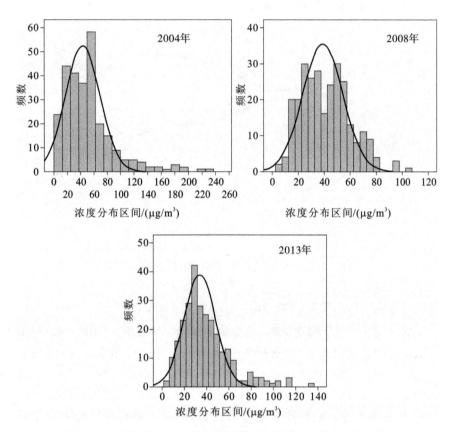

图 3.2　主要年份 274 个地级及地级以上城市 ρ_{SO_2} 值分布直方图

2.空间变化特征

为了便于观察时间序列的演化,代表性地选取了 2004 年、2008 年和 2013 年这 3 个年份的 SO₂ 年均质量浓度值(ρ_{SO_2})在 ArcGIS 中进行空间插值,依据平均绝对误差(MAE)和均方根误差(RMSE)的检验结果(刘永伟等,2013),选用效果较优的普通克里格法的高斯模型(表 3.2),得到相应年份我国 SO₂ 污染的空间格局分布图(图 3.3)。

表3.2　　　　　　　三个年份不同插值模型的交叉检验结果

污染物	年份	IDW		球状模型		指数模型		高斯模型	
		MAE	RMSE	MAE	RMSE	MAE	RMSE	MAE	RMSE
SO₂	2004	0.9650	32.5970	0.2440	31.6610	0.1710	31.5860	0.3140	31.9870
	2008	1.1670	17.0780	0.0550	16.5910	0.1760	16.5290	0.0610	16.6680
	2013	1.4790	14.9510	0.2780	14.8680	0.3630	14.8760	0.0740	15.0440
NO₂	2004	0.7090	11.3910	0.0300	10.9310	0.0230	10.9070	0.0140	10.9480
	2008	0.8350	10.3190	0.0590	10.0800	0.0080	10.0460	0.0750	10.0930
	2013	1.1220	9.9880	0.1110	9.6400	0.1530	9.6020	0.0780	9.6610
PM₁₀	2004	2.7360	30.6010	0.3100	29.7440	0.5740	29.8360	0.1740	30.0350
	2008	1.6440	20.1940	0.1240	19.5410	0.2180	19.6970	0.1410	19.4230
	2013	2.4250	27.7870	0.1530	26.7980	0.5070	26.8740	0.1330	27.4490
IAQI	2004	0.0275	0.3728	0.0034	0.3603	0.0066	0.3582	0.0003	0.3658
	2008	0.0215	0.2250	0.0008	0.2170	0.0012	0.2152	0.0002	0.2179
	2013	0.0327	0.3044	0.0075	0.3116	0.2942		0.0068	0.0018	0.3007

　　从图3.3可以发现,2004—2013年,全国SO₂污染有较大程度减轻,重污染区域(深灰色部分)范围明显减小,并呈现出由集中连片分布变为局部高值零星分布的态势,表明近十年来,我国对SO₂的控制取得了较为显著的成效。从地理分布空间来看,华北(山西和河北为典型)、西北(甘肃和内蒙古为典型)、西南(重庆、贵州、云南为典型)及山东、湖南是我国SO₂污染相对严重区域,其中又以华北地区为突出典型,总的来看,SO₂污染的空间格局10年来没有发生根本转变。该结果与李名升等(2013a)报道的2000年、2005年、2010年全国SO₂浓度分布状况和变化特征较为一致,说明对SO₂污染相对严重的区域需继续加强污染减排和总量控制政策。2004年,SO₂污染较严重地区主要集中在华北大部分城市,西南的重庆、贵州、云南等大部分城市,甘肃、内蒙古交界地带,陕西部分城市及湖南部分地区。其中,又以山西的阳泉市污染最严重,达到了236$\mu g/m^3$,贵州部分城市,四川、重庆、河北的部分城市浓度值也均高于环境空气质量标准的三级标准限值(100$\mu g/m^3$)。这与李名升等(2013a)报道的2000年SO₂浓度分布格局(SO₂污染严重地区

包括华北大部地区,西南地区的重庆大部、贵州大部和四川东部,以及山西、贵州大部分城市,四川、河北、甘肃、内蒙古和辽宁的部分城市污染最为严重)没有显著变化。

相比 2004 年,2008 年西南地区污染程度总体有所减轻,从图3.3(b)中显示深灰色变浅,污染区域亦略有缩小。但总体的污染区域和空间格局没有显著变化,华北和西南区域依然是主要高污染区域。

到 2013 年,SO_2 污染严重的地区仅零星分布在京津冀和山东的部分地区,污染的范围进一步缩小,而低值浓度区的范围则有一定程度扩大,西南地区的污染也进一步得到控制,仅在贵州、云南、广西部分城市表现为 $40\sim50\ \mu g/m^3$ 的浓度区间,已经小于《环境空气质量标准》(GB 3095—2012)中的二级标准限值(60 $\mu g/m^3$)。未来,SO_2污染控制仍需注重京津冀及山东半岛一些城市,尤其是在能源结构调整和产业结构升级、技术改造上下功夫。

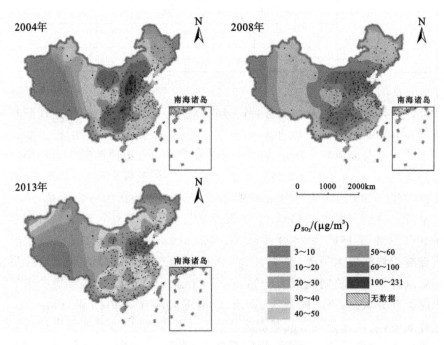

图 3.3　主要年份中国 ρ_{SO_2} 的空间分布

二、NO₂质量浓度的时空分布特征

1.时间变化特征

2004年以来,274个城市NO₂年均质量浓度值(ρ_{NO_2})总体上表现为先波动下降再恶化的宽口"U"形特征(图3.4),由2004年的31.13 $\mu g/m^3$下降至2009年的28.84 $\mu g/m^3$,再升至2013年最高的34.01$\mu g/m^3$,总体增幅为9.25%。相比《2013年中国环境质量报告》中对330个全部地级以上城市的ρ_{NO_2}值(32$\mu g/m^3$),有一定偏高。总的来看,10年间的ρ_{NO_2}值均小于新的《环境空气质量标准》中的二级标准限值(40 $\mu g/m^3$)。

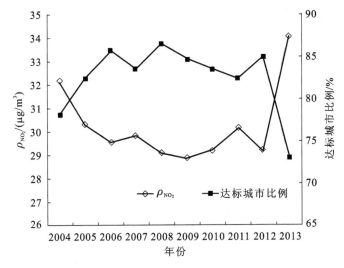

图3.4 城市ρ_{NO_2}值与达标城市比例变化

与之对应,地级及地级以上城市中ρ_{NO_2}值达标城市比例总体上呈现倒"U"形变化特征,2013年污染较为严重,其中达标城市占274个城市的比例由2004年的78.1%(214个)升至2008年的最高值86.5%,再下降至2013年最低值73%(200个)。即10年来NO₂污染的控制总体不太稳定,并呈现一定的恶化趋势。

此外,从各城市ρ_{NO_2}值的分布直方图(图3.5)可以发现:① 总体上的浓度分布区间在不断缩小。2004年浓度分布区间为7~73 $\mu g/m^3$,2013年已缩小至11~69 $\mu g/m^3$。② 城市集中分布趋势显著。2004年分布于区间10~60 $\mu g/m^3$的城市数量为263个(占全部城市数的

96%)，至 2008 年已增长至 271 个,2013 年则保持有 269 个(占全部城市数的98.2%)。③ 高浓度区城市总体数量较少,未出现按旧空气质量标准的 80 $\mu g/m^3$ 高浓度区。历年高于 60 $\mu g/m^3$ 城市数量基本维持在 6 个左右。

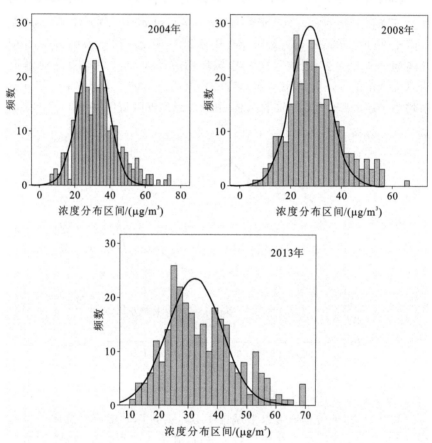

图 3.5　主要年份 274 个地级及地级以上城市 ρ_{NO_2} 值分布直方图

2. 空间变化特征

同理,为便于观察时间序列的演化,代表性地选取了 2004 年、2008 年和 2013 年这 3 个年份的NO_2年均质量浓度值(ρ_{NO_2})在 ArcGIS 中进行空间插值(检验结果具体见表 3.2),得到相应年份我国 NO_2 污染的空间格局分布图(图 3.6)。

从图 3.6 中可以发现,2004—2013 年,全国 NO_2 污染并没有显著改善,NO_2 浓度分布格局总体没有根本性变化,但在局部区域有显著变化。京津冀地区、山东半岛、长三角等东部经济发达城市(群)是我国 NO_2 的主要污染区域,没有改变。但是:① 早期 NO_2 浓度相对较高的次级污染区域,如珠三角、东北、辽宁半岛等城市群,到了 2013 年则有一定改善,其中东北大部分城市在 2004—2013 年间呈现了较好的改善趋势,其他污染较轻的区域主要零星分布在西南、内蒙古部分区域以及甘肃南部周围一带;② 形成了以乌鲁木齐等为代表城市的新的污染相对严重区域。该插值结果与李龙等(2013a)、王跃启等(2009)、张兴赢等(2007)利用 OMI 遥感数据报道的中国对流层 NO_2 浓度分布状况基本一致。卫星遥感同地面实测资料的比较和验证表明,大城市对流层 NO_2 垂直柱密度与近地面的 NO_2 浓度呈现一致的变化趋势,且受人类活动(工业排放、机动车尾气排放)的强烈影响。随着我国在"十二五"时期将氮氧化物减排纳入总量控制的体系之中,未来的城市 NO_2 控制也是焦点和难点之一,也越来越受到相关学者的关注(王占山等,2015b;张强等,2012;Shi et al,2014)。

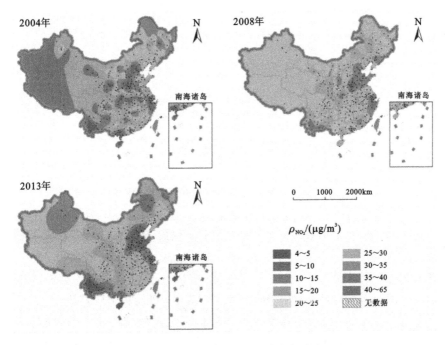

图 3.6 主要年份中国 ρ_{NO_2} 的空间分布

三、PM_{10}质量浓度的时空分布特征

1. 时间变化特征

2004 年以来,274 个城市 PM_{10} 年均浓度值($\rho_{PM_{10}}$)总体上表现为先下降后增加恶化的趋势(图 3.7),由 2004 年的 106.5 $\mu g/m^3$ 下降至 2012 年最低值的 75.6 $\mu g/m^3$,再升至 2013 年的 98.4 $\mu g/m^3$,总体降幅为7.61%。相比《2013 年中国环境质量报告》中对 330 个全部地级以上城市的 $\rho_{PM_{10}}$ 值(97 $\mu g/m^3$),略有偏高。综合来看,PM_{10} 是影响空气质量的主要污染物($PM_{2.5}$ 出现之前的首要污染物),并且 10 年间 PM_{10} 的年均浓度值皆小于《环境空气质量标准》中的浓度二级标准限值(70 $\mu g/m^3$)。

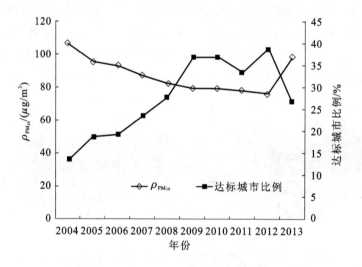

图 3.7　城市 $\rho_{PM_{10}}$ 值与达标城市比例变化

与之对应,地级及地级以上城市中 $\rho_{PM_{10}}$ 值达标城市比例总体上先逐年递增,到 2013 年则有明显的下滑,其中达标城市占 274 个城市的比例由 2004 年的 13.5%(37 个)升至 2012 年的最高值39.1%(107 个),再下降至 2013 年的 26.6%(73 个)。即意味着 PM_{10} 是三种污染物里面达标城市比例最少的一种,是空气污染中较为普遍且危害较大的污染物之一,也是 $PM_{2.5}$ 出现在新空气质量评价指标体系之前的首要污染物(李名升等,2013b;Hu et al,2013)。从时间月份看,12 月超标比例最高,为27.0%,其次为 1 月和 11 月;8 月超标比例最低,为 2.8%,其次为 7 月和

9月。按季度看,春、夏、秋、冬季超标比例分别为 13.0%、4.3%、12.4%、21.3%,呈现夏季 PM_{10} 污染较轻,冬季最重的特征。

此外,从各个城市 $\rho_{PM_{10}}$ 值分布直方图(图 3.8)可以发现:① 整体来看,浓度分布区间呈先缩小再略变大的态势。2004 年浓度分布区间为 31~220 $\mu g/m^3$,2008 年缩小至 28~198 $\mu g/m^3$,2013 年则重新扩大至 30~309 $\mu g/m^3$。② 城市集中分布趋势显著。2004 年分布于区间 40~140 $\mu g/m^3$ 的城市数量为 231 个(占所有样本城市数的 84.3%),至 2008 年已增长至 264 个,2013 年则保持有 236 个(占所有样本城市数的 86.1%)。③ 高、低浓度区城市分布变化趋势不一致。高浓度区(>100 $\mu g/m^3$)的城市个数由 2004 年的 147 个减少到了 2013 年的 101 个,最少的 2007 年仅有 37 个城市;而低浓度区(0~40 $\mu g/m^3$)城市的个数 10 年来保持在 6~10 个。十年间主要高浓度污染城市有:和田、阿克苏、吕梁、忻州、固原、兰州、阿图什、临汾、喀什、北京、大同、达州、乌鲁木齐、中卫、兴安、运城、库尔勒、石家庄、太原、平顶山、白银、渭南、包头、邢台、赤峰、西宁、西安、延安、长治、乌海等。

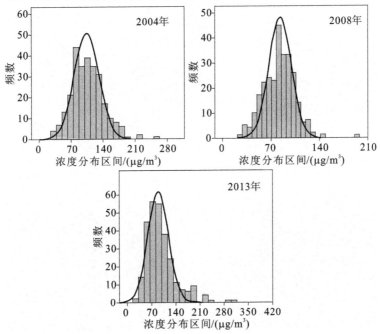

图 3.8　主要年份 274 个地级及以上城市 $\rho_{PM_{10}}$ 值分布直方图

2.空间变化特征

同理,为了便于观察时间序列的演化,代表性地选取了 2004 年、2008 年和 2013 年这 3 个年份的 PM_{10} 年均质量浓度值($\rho_{PM_{10}}$)在 ArcGIS 中进行空间插值,得到 PM_{10} 污染的空间分布及演化图(图 3.9)。

从中可以发现,2004—2013 年,全国 PM_{10} 污染呈现先减缓又加重的趋势,重污染区域(深灰色部分)范围略有减小,并呈现出由集中连片分布的态势,表明近十年来,我国对 PM_{10} 的控制并没有取得显著性的改善。从空间分布状态来看,华北的京津冀及山东等周边地区,西北的新疆、甘肃等区域是 PM_{10} 污染相对严重区域,前者受工业污染排放影响较大,后者主要受沙尘天气的影响更为显著。该结果与李名升等(2013b)报道的 2002 年、2007 年、2012 年全国 PM_{10} 浓度分布状况有一定不同,主要表现在 2013 年的 PM_{10} 污染加剧。

2004 年,PM_{10} 污染极其严重。除东南沿海、两广地区、海南、云南、西藏等地外,其余地区呈现大范围连片超标现象。其中,华北、西北地区大部分城市,吉林、河南、四川、山东等省的部分城市污染最为严重。

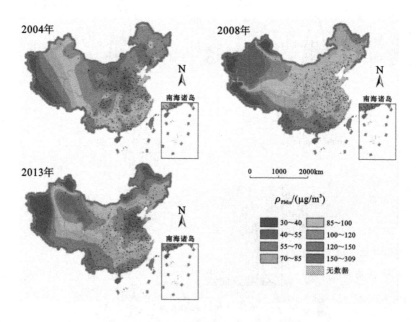

图 3.9 主要年份中国 $\rho_{PM_{10}}$ 的空间分布

　　由于受奥运会举办及相关环境规制手段的严格实施(Wang S et al,
2010;Wang T et al,2010;马宁等,2010;王艳芳,2014),相比 2004 年,
2008 年空气质量有明显的改善,虽然大部分地区的 $\rho_{PM_{10}}$ 依旧超过《环境
空气质量标准》(GB 3095—2012)中的 PM_{10} 二级标准限值($70\mu g/m^3$),但
华北、中部等大部分地区的污染有较大的减轻,高值范围显著减少,仅新
疆部分地区受沙尘颗粒等作用污染依然较重。

　　到 2013 年,PM_{10} 污染又出现了一次较大的加剧过程,并集中表现为
西北连片区和华北连片区(包括京津冀、山西、山东、河南等大部分城市)。
主要受两个方面的因素作用:一是污染物排放总量的巨大减排的受阻,
2013 年全国工业废气排放总量为 669361 亿立方米,比 2012 年增加
5.3%,其中,全国烟粉尘排放总量为 1278.1 万吨,比 2012 年增加 3.4%,
使得颗粒物浓度增加;二是受大规模沙尘天气影响(8 次,21 天),北方城
市的空气质量明显恶化,环保重点城市环境空气质量累计超标 157 天次,
比上一年上升了 6.8%。

四、环境空气质量(IAQI 值)的时空分布特征

1. 时间变化特征

　　用 Daniel 趋势检验法,结合式(3.1)~式(3.3),计算各城市的空气
质量指数 IAQI 的十年时序演化特征,结果见表 3.3。

表 3.3　　**2004—2013 年 274 个城市环境空气质量 IAQI 值
动态变化趋势及检验结果比较**

空气质量 变化类型	0.01 水平上显著		0.05 水平上显著		典型城市
	城市数	所占 比重	城市数	所占 比重	
显著下降(改善)	114	41.8%	83	30.2%	宁波、舟山、广州、深圳
下降(改善)	105	38.2%	136	49.8%	天津、沈阳、吉林、南京
显著增长(恶化)	15	5.5%	8	2.9%	东营、泰安、荆门、滨州
增长(恶化)	40	14.5%	47	17.1%	合肥、黄石、克拉玛依

　　2004—2013 年全国城市空气质量指数 IAQI 总体上呈下降趋势,γ_s
秩相关系数为-0.648,通过 0.05 水平上显著性检验($|\gamma_s|<0.746$),表
明虽然 2013 年出现了空气污染加重和质量下降的反复过程,但是总体上

看城市空气质量有好转趋势(相对于 2004 年)。从 274 个具体城市来看，γ_s 值为负数、空气质量改善的城市共有 219 个(占总数的 80%)，其中东部沿海城市的空气环境改善尤为显著；γ_s 值为正数、空气质量变差的城市共有 55 个，主要集中在山东和中部省份城市。

2. 空间变化特征

同理，为了便于观察时间序列的演化，代表性地选取了 2004 年、2008 年和 2013 年这三个年份的 IAQI(空气质量综合指数)值在 ArcGIS 中进行空间插值(检验结果具体见表 3.2)，得到我国 IAQI 值的空间格局分布图(图 3.10)。

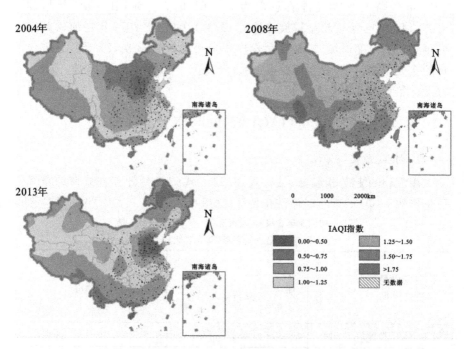

图 3.10　主要年份中国城市空气质量综合指数 IAQI 值的空间分布

从图 3.10 可以发现，2004—2013 年，全国城市空气质量综合指数 IAQI 值呈现先减缓后加重的趋势，与 $\rho_{PM_{10}}$ 的总体空间变化趋势一致。污染的高值区域主要集中在环渤海地区的京津冀和山东。

2004 年 IAQI 的主要污染区域(IAQI>1.75)集中在华北地区和内蒙古中部城市，受 SO_2 的高浓度影响，该时期的西南地区空气质量相对于其他时段稍差。相对于 2004 年，2008 年的城市空气质量有明显的改善。

到了 2013 年则又表现出恶化的趋势,高污染区域主要集中在京津冀、山东、河南以及西北新疆等部分区域。

综合以上分析,城市空气环境质量先减缓后加重的时序演化趋势,其分布呈现出显著的空间异质性,不同污染物之间的时空演化特征也有较大差异。Daniel 趋势检验结果显示,全国城市空气质量指数 IAQI 总体上呈现下降趋势(有相对好转的趋势,改善城市主要集中在沿海地区),γ_s 秩相关系数为 -0.648(0.05 水平上显著)。从区域分布看,城市空气环境质量的空间格局没有明显改变,京津冀及周边的山东等部分城市是我国空气污染相对严重地区,也是当前大气污染协同防治的关键区域。2013 年 9 月,中华人民共和国环境保护部等联合适时出台了《京津冀及周边地区落实大气污染防治行动计划实施细则》,用以指导城市空气质量改善。

第三节　城市环境空气质量的区域差异

为了进一步揭示由于区域自然差异所带来的空气质量差异,这里将所有城市按照南北地区、东中西部地区以及沿海内陆的不同进行比较分析。

一、南、北方城市差异分析

将 31 个省(自治区、直辖市)划分为南方地区和北方地区城市进行分析,其中北方地区指华北、东北、西北诸省及山东、河南(共 126 个城市),剩余的则为南方地区(共 148 个城市),其城市空气质量年均值的变化状况见图 3.11。从地形上来看,一般来说,南方多山地,易形成局部对流,在无外来强气流的情况下,比华北平原地带更利于扩散;但在强气流光顾时,又显露出弊端。两者间更重要的差异体现在气象因素上,比如雨雪天气(湿沉降,可带走悬浮颗粒物)、大风强对流天气等,或者晴朗干燥有风的天气,空气也不错;但是像湿度高气压低的阴天、闷热的静风天气就比较糟糕,而逆温天气尤其糟糕。同时,北方气候干燥、地表植被覆盖率低,水土固着能力很差。西北大漠、内蒙古沙化草原和黄土高坡是沙尘暴的主要源头。沙尘暴携带的细颗粒物,可以在空气中滞留很久,成为春季雾霾的元凶之一。

此外,散煤燃烧排放是造成北方诸多城市重污染天气的重要原因之一,北方城市某些时段散煤燃烧产生的污染甚至超过机动车、工业排放源成为首要污染物,而这是南方城市普遍不存在的一个现象。在北方,散煤与老百姓的取暖做饭等日常生活息息相关,不可能像工业企业那样在雾霾天限产停产,而且小锅炉分散在家家户户,也不可能安装治理设施。当前的北方城市面临的现实情况是:一方面,大量分散供热的小锅炉以及农村居民取暖用煤,基本没有采取任何污染控制措施;另一方面,很多供应给老百姓的散煤质量较差,污染严重。

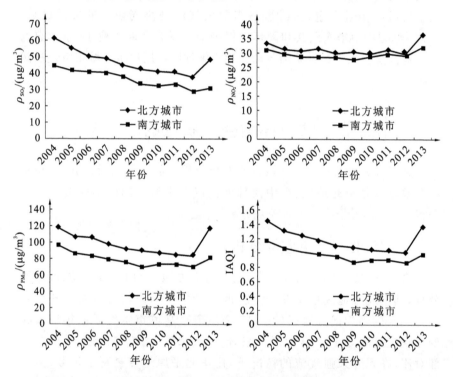

图 3.11 南、北方城市空气环境质量状况比较

具体而言,从图 3.11 中可以发现:① 总体来看,南、北方城市空气环境质量的变化特征与图 3.1、图 3.4、图 3.7、图 3.10 的全国状况变化一致,且南方城市的空气质量总体比北方城市优。② 从时间序列上看,南、北城市间的总体空气环境质量的水平差距在缩小,但是在 2013 年后污染差距又重新被拉大,意味着 2013 年的空气污染加剧主要源于北方城市的空气质量显著变差;从季节比较来看,北方入冬早,昼夜温差普遍大于南方,且降温很快。所以北方的逆温天气更多,雾霾频率更高。加上北方降水少于南方,污染物在大气中滞留的时间相对更长,更容易积累。③ 从污染物的类型来看,南、北方城市的 NO_2 质量差异相对较小(相差 $1\sim 2\mu g/m^3$)。但由于北方城市的气温总体上相对较低,在冬季受大范围的燃煤取暖等影响(针对散煤燃烧治理问题,需利用采暖季开展详细调查,摸清底数,为散煤燃烧的"冬病夏治"打好基础,并尽快制定严格的煤质标准,加强散煤市场的监管与整治,推广使用先进散煤污染控制技术),且气象气候条件也有利于颗粒物的产生,并受沙尘天气作用明显,因而,北方城市对 SO_2 和 PM_{10} 的污染影响更明显。其中,北方地区 PM_{10} 污染明显重于南方地区,$\rho_{PM_{10}}$ 平均高出南方地区 $20\ \mu g/m^3$。此外,值得注意的是,受强烈西北风影响,它所带来的沙尘粒子长距离输送会对中东部城市的空气质量产生干扰,一定程度上加剧了污染(Liu et al,2004)。

二、东、中、西部城市差异分析

为进一步分析大区域城市经济发展格局的空气质量差异,这里将274 个城市按照前述的东、中、西部分区,依次划分为 98 个东部城市、94 个中部城市、82 个西部城市进行比较,其城市空气质量年均值的变化状况见图 3.12。

从图 3.12 中可以发现:① 总体来看,与南、北方城市的显著区域差异不同,东、中、西部城市的各个污染物的总体变化不一致,且没有出现典型的东、中、西部差异。② 从时间序列上看,东、中、西部城市间的空气质量差异有先缩小再增大的趋势(2013 年),并且东部地区城市的增幅明显高于中、西部地区的城市,说明空气质量在不同区域有较大的突变性质。③ 从污染物类型上来看,ρ_{SO_2} 总体上先是中、西部大于东部,再是东、西部大于中部,再到 2013 年的东、中部大于西部的反弹,总体上西部地区城市一直处于显著的 ρ_{SO_2} 下降状态,而中部地区有较大的波动和不稳定,东部城市则在 2013 年表现出了较大的触底反弹,说明东部发达地区城市的 SO_2 污染控制依然不能懈怠;ρ_{NO_2} 总体上是"东部城市>中部城市>西部城市",表现出了较为明显的层级性,考虑到城市 NO_2 质量浓度与城市的产业及日益增长的机动车尾气排放密切相关,未来对于东部经济发达城市的 ρ_{NO_2} 控制是一个重点;$\rho_{PM_{10}}$ 与 IAQI 的总体变化趋势是一致的,并且东、中部地区(尤其是华北京津冀城市圈及其周边城市)的污染影响大于西部城市。

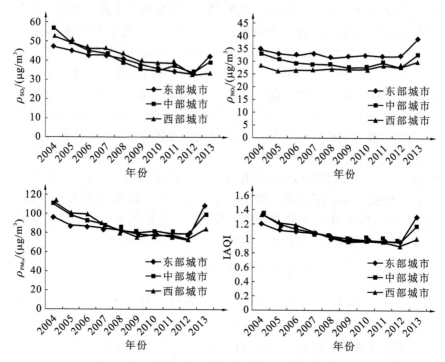

图 3.12 东、中、西部城市空气环境质量状况比较

综合来看,这种不均衡的东、中、西部空气污染差异,正如东、中、西部城市经济发展的差异一样,这是自然(地形、气象)、社会经济(产业、能源结构)等综合因素长期演化的结果。西部城市的 ρ_{SO_2} 有较为稳定的控制和下降,中东部城市在 ρ_{NO_2} 和 $\rho_{PM_{10}}$ 控制上依然面临较大压力。

三、沿海、内陆城市差异分析

为了进一步揭示由于海陆差异所带来的空气质量结果不同,这里将274 个城市划分为 51 个(沿海城市)、223 个(内陆城市)进行比较,其城市空气质量年均值的变化状况见图 3.13。

从图 3.13 中可以看出:① 总体来看,沿海、内陆城市空气环境质量的变化特征与图 3.1、图 3.4、图 3.7、图 3.10 的全国状况变化一致,且沿海城市的空气质量总体上比内陆城市优;② 从时间序列上看,沿海和内陆城市间的总体空气环境质量水平差距在缩小,说明尽管沿海城市受更强的气象扩散条件影响,但是在共同的区域性污染面前以及自身空气污染物的高强度排放影响下,其与内陆的空气质量差距在缩小,除了舟山等

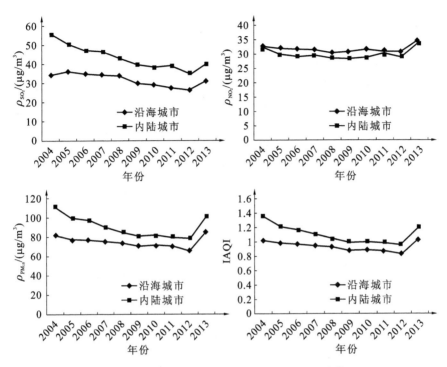

图 3.13　沿海、内陆城市空气环境质量状况比较

个别海岛型城市以外,沿海城市(比如长三角地区)的氮氧化物、颗粒物污染仍然值得重视;③ 从污染物类型上来看,除了 ρ_{NO_2} 是沿海城市高于内陆城市以外,其余均为内陆城市高于沿海城市,由于氮氧化物易就地分解,不易长距离扩散迁移,因而在机动车尾气和钢铁、火电、水泥等重点行业的高排放影响下,沿海地区的 ρ_{NO_2} 居高不下,其 NO_x 污染排放还有增加的趋势,依然需保持高度的重视。

综合来看,沿海地区因为海陆风的影响,扩散条件一般好于内陆,并且东部沿海地区多处于平原,地形平坦,季风气候显著,有利于污染物的扩散和稀释,因此,总体上其空气质量优于内陆地区。

第四节　城市发展与空气质量的关系

为了进一步分析城市之间的空气质量差异及空气质量与城市发展的关系,选取人口城镇化率、城市人口规模、建成区面积和第二产业比重 4

个表征城市社会经济发展水平的指标来判定其对空气质量的影响。

一、人口城镇化率与空气质量的关系

已有研究表明,我国正在同步推进工业化、信息化、城镇化和农业现代化,经济增长尚未越过有助于改善环境质量的转折点,2013年,我国常住人口城镇化率达53.73%,正处于对环境影响最大的中度城市化阶段(任春燕等,2005),同样也未达到城市化对空气污染影响由负变正的拐点(杜雯翠等,2013)。为探寻不同城市化水平(常住人口城镇化率)作用下的主要空气污染物浓度变化和空气质量影响情况,这里结合方创琳等(2008)对中国城市化发展阶段的划分,将人口城镇化率划分为($<30\%$,$30\%\sim45\%$,$45\%\sim60\%$,$60\%\sim80\%$,$>80\%$)不等距的5个阶段进行对应环境空气关系的拟合,并以2004年和2013年2个截面时间段进行比较分析,结果见图3.14。

从图3.14中可以看出:① 人口城镇化率对空气质量有显著的影响。其中,2004年的IAQI与人口城镇化率的关系不显著($R^2=0.5035$,$P=0.179$),到了2013年则通过显著性检验($R^2=0.6258$,$P<0.1$);② 人口城镇化率提高与不同污染物的显著性水平有差异,其中,NO_2浓度在0.01水平上显著,PM_{10}浓度(2013年 $R^2=0.4845$,$P=0.192$)和 SO_2浓度则未通过显著性检验,说明随着城市建设、城市化水平提高、机动车尾气排放的增加,其对 NO_2 的浓度影响更为显著;③ 从两个时间截面比较来看,2013年的四组相关关系结果均优于2004年的结果,说明随着我国快速城市化的推进,城市空间的扩张对空气环境的影响(污染加重)变得越来越显著。综合以上分析,由于不同城市之间的巨大差异,城市化率(增加)与空气质量的关系并不呈现简单的线性关系。中国当前的城市空气污染在全局状态下呈现的是恶化趋势,与杜雯翠等(2013)利用新兴经济体国家城市化率与 PM_{10}浓度检验的拐点结果59%并不一致(当城市化率低于59%时,城市化的"生产效应"大于"生活效应",城市化带来了空气质量的改善);究其原因:其一,研究尺度不同(国家尺度和1990—2009年的时间尺度),给EKC检验结果带来了不同;其二,仅以 PM_{10}浓度反映城市空气质量不够全面,忽视了不同污染物间的差异以及综合值的不同。正如王敏(2015)研究发现的,在现阶段我国城市的人均收入和大气污染之间存在"U"形曲线关系(空气恶化),而不是处于城市化有利于空气质量改善的阶段。

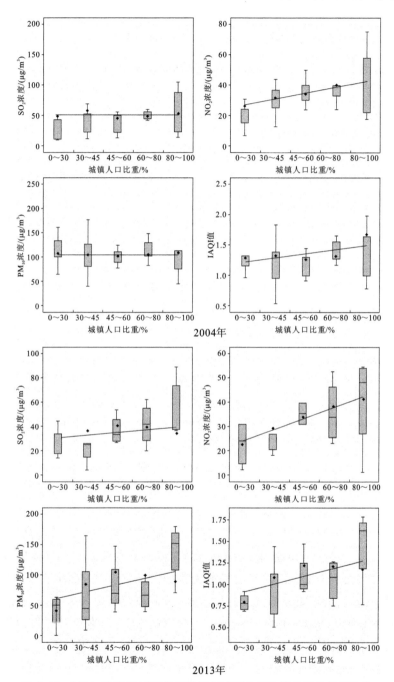

图 3.14　2004、2013 年城市空气质量与城镇人口比重的相关关系比较

二、城市人口规模与空气质量的关系

已有研究结果表明,较高的人口空间聚集水平成了影响环境质量的一个非常重要的因素(Su et al,2015;Aunan,Wang,2014;Guadaluqe,2011;Clark et al,2011)。但是,一个城市的污染究竟与其人口规模的关系如何,较少有研究衡量过(Lamsal L N et al,2013)。在技术层面上,相关分析和回归分析为研究城市化程度(人口密度)与空气污染的关系提供了一种简单的可能探索(莫莉等,2014)。王兴杰等(2015)评价了人口集聚对我国第一阶段实施新空气质量标准的74个城市的空气质量影响,发现其对京津冀地区影响大于长三角、珠三角。但是,不同城市规模和人口城镇化率水平作用下的空气环境影响程度依然需要进一步探索,尽管我们已经普遍意识到适度、有序推进人口城镇化,是改善城市环境空气质量的重要手段之一。这里为探寻城市空气环境质量与其人口规模的关系,将城市规模划分为($<1,1\sim2,2\sim4,4\sim6,6\sim8,>8$,单位为百万人)不等距的5个阶段进行对应的环境空气关系拟合,并以2004年和2013年2个截面时间段进行比较分析,结果见图3.15。

从图3.15中可以看出:① 人口规模对空气质量有显著的影响(污染加剧)。其中,2004年IAQI与人口规模的关系不显著($R^2=0.1721$),到了2013年则通过1%的显著性检验($R^2=0.8845$),显著性水平明显提高。② 人口规模提高与不同污染物浓度的显著性水平有差异,在2004年R^2为:$PM_{10}>SO_2>NO_2$,到了2013年R^2则为:$NO_2>SO_2>PM_{10}$,说明随着城市人口规模的不断扩大,其对NO_2浓度的影响更为显著,与人口城镇化率的拟合关系基本一致。③ 从2个截面时间段比较来看,2013年的四组拟合关系结果均优于2004年,说明随着我国城市人口规模的不断扩大,其对空气环境的影响(污染加重)变得越来越显著。人口规模越大的城市因人为活动强度的增大排放大量的污染物,大气污染程度也更加严重。因此,为不断降低大气污染水平,城市需要制定人口规划,合理的人口规划也可以有效地降低城市的大气污染水平,但是盲目的人口规划不仅起不到降低大气污染物浓度的目的,甚至可能导致更严重的污染。

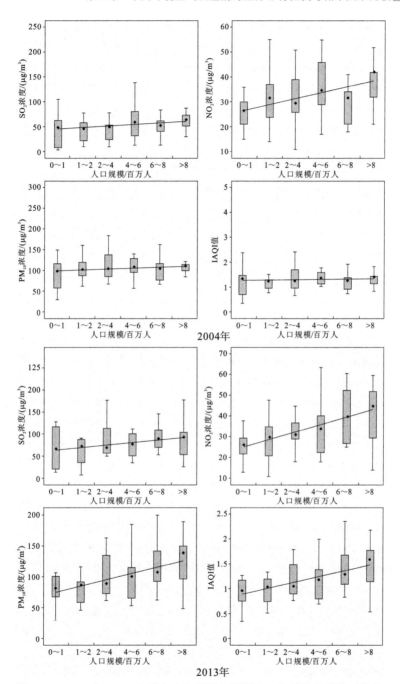

2004年

2013年

图3.15 2004年、2013年城市空气质量与城镇人口规模的相关关系比较

当然,对具体每一个城市而言,城市人口规模的增大并不一定导致空气质量的降低。这是因为大规模城市环保治理投入高,环保技术强且认识比较早,人口集约化程度高,通过严格约束企业工业排放,增加集中供暖,改善汽车排放,减少低空排放、基建施工、道路扬尘等措施,污染物浓度反而降低。而且大城市人口规模的增加有利于科学技术水平不断提高和减少单位 GDP 工业污染的排放强度,从而降低城市的大气污染程度。

三、城市空间扩张与空气质量的关系

作为城市化作用的直接结果,城市形态、空间扩展对空气环境的影响,逐渐受到学者们的广泛重视(McCarty,Kaza,2015;Kashem et al,2014;Bereitschaft,2013;Borrego et al,2006)。城市形态对空气环境影响主要集中在城市规模、城市空间结构、土地利用变化(土地开发模式)、交通布局等几个方面。张纯等(2014)认为在大都市圈背景下的空气质量模型中,不仅需要进行传统上基于环境科学的污染物排放、扩散机制的探讨,系统研究城市形态因素对空气质量的影响,将对制定有效的环境政策具有十分重要的作用。为此,本书以 2004 年和 2013 年 2 个截面时间段的 274 个城市建成区面积指标来表征城市空间形态和空间扩展过程,并将其面积分为不等量的6 段进行相应空气污染物浓度的关系拟合,结果见图 3.16。

从图 3.16 中可以看出:① 建成区面积扩大对空气质量有显著的影响。其中,2004 年 IAQI 与建成区面积关系显著($R^2 = 0.6172$,$P < 0.1$),2013 年则显著性更好($R^2 = 0.9168$,$P < 0.05$)。② 建成区面积与不同污染物浓度的显著性水平有差异,2 个年份的 R^2 均为:$NO_2 > PM_{10} > SO_2$,说明随着城市建设、建成区面积的扩大,其对 NO_2 和 PM_{10} 的浓度影响更为显著。相比Han 等(2014)报道的 2001—2006 年的由 MODIS 提取的 $PM_{2.5}$ 浓度数据与建成区面积的关系($R^2 = 0.36$,$P < 0.05$),本书研究的地面实测浓度相关性结果相对更优。③ 从 2 个截面时间段比较来看,2013 年的四组相关关系结果均优于 2004 年的结果,说明随着我国快速城市化的推进,城市空间的扩张对空气环境的影响(污染加重)变得越来越显著。此外,前人研究表明,无序分散的城市扩张往往伴随着人类生产、交通等活动带来的污染排放增加,进而使得城市空气环境质量恶化(Stone et al,2007;Stone,2008;Ridder et al,2008),建设用地和道路面积占比与 NO_2、$PM_{2.5}$ 浓度呈显著正相关关系。这也意味着,合理控制城市用地规模、有序布局城市用地功能是未来我国新型城镇化建设所需着重考虑的(许珊等,2015)。

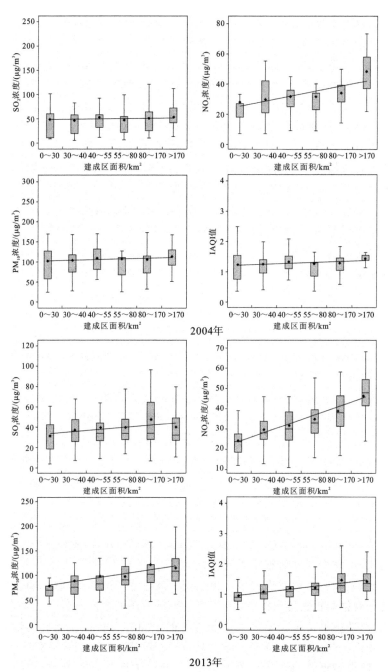

2004年

2013年

图 3.16　2004 年、2013 年城市空气质量与建成区面积的相关关系比较

　　综合前人已有研究,城市空间扩张(蔓延)会对污染物排放和城市空气质量造成影响(秦蒙等,2016)。其作用机理为:首先,蔓延让城市内部空间趋于分散,大多数市民的居住地与工作地相距更远,通勤时间延长,尤其是当公共交通不能充分满足扩大、分散的城市空间时,人们出行会更多依靠私家车。通勤距离的延长和出行方式的改变,消耗了更多的石化能源,增加了碳排放与细颗粒污染物,也容易带来交通拥堵,堵车时由于汽油不完全燃烧,对空气质量的损害尤其严重。其次,城市空间扩张通常降低了人口居住和经济活动的密度,增加了对建筑物的需求,这导致建筑施工过程中的粉尘污染物排放量上升,加重了雾霾污染。同时,城市低密度蔓延也会让很多工厂迁至郊外,远离居民聚集区,虽然在短期内降低了工业生产对周边居民生活环境的影响,但一些地方环保部门可能会因此放松对企业的环境监管,企业也可能减少在治污环保方面的经费,对污染特别是空气污染物的排放更加"任性",从长期角度看反而会恶化城市的空气质量。再次,城市空间扩张会侵蚀城市周边的绿化区域。城市损失了大片湿地、耕地和森林后,区域生态调节功能降低,不能及时吸收、降解空气污染物。通过以上分析,我们初步推断城市空间扩张会通过汽车尾气、建筑污染、破坏绿化和环境规制放松这几个最常见的途径,加剧雾霾污染,损害空气质量。

　　鉴于此,从城市内部空间结构与空气污染的关系看,城市空间扩张会增加人们的通勤距离和污染排放。因此,政府在城市规划中需要减少人为引导经济要素向郊外迁移,更多地发挥市场力量对要素的空间配置作用,打造结构紧凑、空间集约的城市格局,避免对城市空间"拔苗助长"和"摊大饼"式的布局规划。对于单中心特征较明显的城市,地方政府应适度控制土地出让,避免造成不合理的蔓延甚至出现"鬼城";对于多中心程度高的大城市,合理规划构筑卫星城和次中心城区至关重要,次中心城区服务功能的全面发展能减少居民的通勤距离。此外,政府还要完善公共交通服务,减少市民对私家车的依赖。

　　此外,我们必须意识到城市化空间扩展过程中的土地利用、覆盖类型及其景观格局的改变,能间接反映污染物排放源的空间差异。比如,土地利用、覆盖类型可影响空气污染物浓度的空间分布特征。建设用地和道路面积占比越大,NO_2、$PM_{2.5}$浓度越高;林地、耕地面积占比越大,NO_2、$PM_{2.5}$浓度越低;土地利用、覆盖类型对PM_{10}浓度特征的影响,主要受局地尺度工业发展和建筑开发活动影响。不合理的工业区用地、长距离交通用地是造成当前城市地区大气污染的主要原因,土地利用差异所导致的城市热岛效应也会对污染的扩散产生重要影响。

四、城市产业结构与空气质量的关系

理论上,从生产的角度来看,环境污染由三个因素同时决定:经济总量、产业结构和技术水平(Brock,Taylor,2005)。产业结构(第二产业比重)对空气污染的影响不仅在传统的 EKC 模型构建中被选择(王敏等,2015;杨肃昌,2015;李茜等,2013),也在经济城市化过程中对空气质量所带来的影响受到关注(Hao,Liu,2016;Han et al,2014)。基于此,为探寻不同城市产业结构(第二产业比重)作用下的主要空气污染物浓度变化和空气质量影响情况,将第二产业比重划分为(<30%,30%~40%,40%~50%,50%~60%,>60%)不等距的 5 个阶段进行对应的环境空气关系拟合,并对 2004 年和 2013 年 2 个截面时间段进行比较分析,结果见图 3.17。

从图 3.17 中可以看出:① 第二产业比重增加对空气质量有显著的影响。其中,2004 年 IAQI 值与第二产业比重关系显著($R^2 = 0.9698$,$P < 0.01$),2013 年显著性水平略有降低($R^2 = 0.8029$,$P < 0.05$)。② 建成区面积与不同污染物的显著性水平有差异,2 个年份的 R^2 均为:$SO_2 >$ $PM_{10} > NO_2$,说明随着城市工业化水平提高、建筑业的扩大(建设加快),其对 SO_2 和 PM_{10} 的浓度影响更为显著。相比 Han 等(2014)报道的 2001—2006 年的由 MODIS 提取的 $PM_{2.5}$ 浓度与第二产业比重的关系($R^2 = 0.71$,$P < 0.05$),本书研究的地面实测浓度相关性结果相对更优。③ 从 2 个截面时间段比较来看,2013 年的四组相关关系结果均不如 2004 年的显著性结果,这意味着由工业化带来的大气污染虽然作用显著,但其影响程度有一定的减弱。此外,从工业内部结果来看,余红伟(2015)等研究发现,制造业产业结构升级对空气污染物排放的影响不同。劳动密集型产业比重降低有效地减少了空气污染物的排放;资金密集型产业比重的整体上升大大加剧了空气污染物的排放,排放的累积影响造成空气质量难以得到有效改善;技术密集型产业比重的上升并不能有效减少空气污染物的排放,成为制造业结构升级并不能改善区域空气质量的重要原因。因此,从改善我国空气质量的角度出发,对制造业产业结构调整应遵循重点、有效地发展技术密集型产业、降低资金密集型产业比重、有条件地限制劳动密集型产业进一步扩大的总体思路。特别要加快信息、电

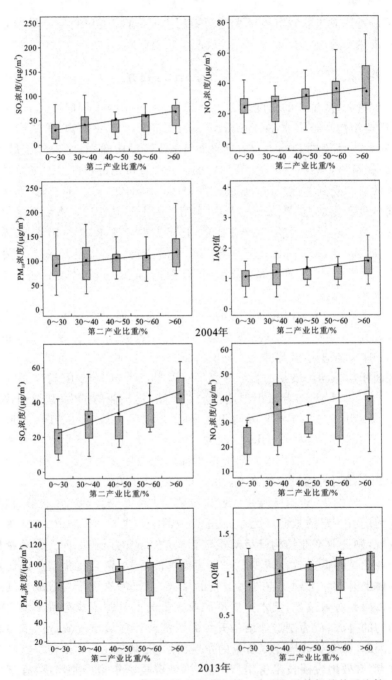

2004年

2013年

图 3.17 2004 年、2013 年城市空气质量与第二产业比重的相关关系比较

子、装备制造等高新技术行业发展,真正走"科技"与"生态"相结合的道路(依照相关法律法规,细化考核指标,加强执法监管,严肃追究违章企业责任,同时鼓励厂家积极研发或引进绿色环保的生产技术流程,把握"中国制造 2025"战略的环保科技发展方向);改进钢铁、有色金属、煤炭、电力、石油石化、化工、建材等资本密集型的高耗能行业,并缩小比例。同时,要注重提高第三产业的比重,大力发展高新技术产业和服务业等"清洁行业"。一方面,第三产业是空气污染物排放少、能源消耗低的产业;另一方面,服务业的扩大可以在更大程度上吸纳大量社会人员,缓解就业压力,有助于劳动密集型产业比重的下降,对降低空气污染起到了积极作用。

此外,工业结构与空气环境的关系是以工业废气排放为纽带建立起来的。一方面,由于不同行业在能源消耗、工艺流程、生产规模与效率等方面存在差异,导致单位产值废气排放量各不相同;另一方面,根据当地资源禀赋、工业经济发展的方向、政策倾向等条件,形成了不同行业在工业系统中的产值构成不平衡的特征。以上两个方面共同造成了工业各行业的实际废气排放量不一致的结果,并通过影响工业大气污染结构最终作用于大气环境。如果高污染、高能耗的重工业成为工业经济的"重头戏",必然带来废气的高排放,从而加剧工业大气污染,损害大气环境;反过来,被损害的大气环境不能再为废气的排放提供免费的场所,导致工业废气排放被限制、环境成本升高,进而制约工业经济发展。工业结构与大气环境协调并进的途径:从调整工业结构出发,通过对高污染行业实施关停、减产、减排等调整,同时提高单位产值废气排放量低的产业的比例,作用于改善工业大气污染结构,防止破坏大气环境;从保护大气环境出发,借助有效的环境规制,引导低碳环保的新兴产业发展,为促进工业结构优化升级蓄力导航。同时注重推广清洁型能源使用,可以从源头上减少污染排放,减少监控、防治大气污染的成本。各地积极探索可持续的"绿色增长"区域发展模式,有利于最终实现经济增长、产业优化和环境保护共同发展的新型城镇化蓝图。

综合以上分析来看,快速推进的城镇化和工业化,土地财政助推人口规模、城市化率不断提高,建成区面积的不断扩张,投资拉动冶金、能源重化工产业和房地产业高速发展,是促使城市环境空气质量改变和恶化的根本原因。结合前文的分析可知,我国的城市空气环境质量差异不仅仅与区域的自然条件差异(呈现了一定的规律性特征)的基础性作用有关(外因)(Liang et al,2015),更是与包括工业化、城镇化所带来的污染排放的内因作用有关(图 3.18)。考虑到工业化过程是城市经济发展的根本驱动力,在下文的第四章和第六章的模型构建中,将工业化过程的相关指标(如第二产业比重、工业增加值等)纳入"经济城市化"子系统中去计算。

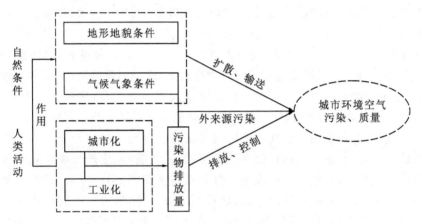

图 3.18　城市空气污染、质量差异的单向作用过程

当然,考虑到研究尺度的差异性,对某单一城市或城市群,在更细致的时空尺度下其空气质量受影响的因素和特征是不同的,也是复杂的。大尺度、中尺度和小尺度结合,长时间序列和短时间序列的结合是未来空气质量时空规律性研究所必须皆具的。下文以湖北省为研究对象,在中观尺度,探讨城市空气质量的时空演变特征及与城市化的关系、影响因素。

第五节　个案研究:湖北省城市环境空气质量时空演化

从已有实证研究来看,主要研究区域集中在污染较重、经济较为发达的省区或城市,如京津冀地区、珠三角地区、长三角地区以及中西部个别省会城市,而缺乏对快速发展过程中的中部省份空气污染状况的长时间序列研究。作为引领中部崛起、联结长江经济带以及长江中游城市群建设的关键区域,湖北省正成为我国经济发展格局中最具发展潜力和生机的新的增长点。因而,研究其空气污染的时空分布特征、演化规律及影响因素对完善我国中部地区产业布局、产业转移和环境规划有着重要意义。

这里利用湖北省 17 个城市 2004—2013 年的三种常规污染物(SO_2、NO_2、PM_{10})空气监测数据,通过 Daniel 趋势检验和空间插值方法分析其时空演化特征。并主要从地形气象基础条件、污染物排放及城市社会经济发展三个角度探讨城市环境空气质量演化的影响因素。

一、研究区概况

1. 研究对象

湖北,简称"鄂",省会武汉,位于中国中部偏南、长江中游、洞庭湖以北,故名湖北。湖北的地理位置为北纬 29°05′至 33°20′,东经 108°21′至 116°07′,东连安徽,南邻江西、湖南,西连重庆,西北与陕西为邻,北接河南。湖北省东、西、北三面环山,中部为被称作"鱼米之乡"的江汉平原。

湖北省正处于中国地势第二级阶梯向第三级阶梯过渡地带,地势呈三面高起、中间低平、向南敞开、北有缺口的不完整盆地。地貌类型多样,山地、丘陵、岗地和平原兼备。山地、丘陵和岗地、平原湖区各占湖北省总面积的 56%、24% 和 20%。地势高低相差悬殊,西部有号称"华中屋脊"的神农架最高峰神农顶,其海拔达 3105 米;东部平原的监利县谭家渊附近,地面高程为零。

湖北是承东启西、连南接北的交通枢纽。长江自西向东,横贯全省1062 公里。长江及其最大支流汉江,润泽楚天,水网纵横,湖泊密布,湖北省因此又被称为"千湖之省"。湖北省地处中纬度,属于季风气候,具有南北过渡地带的气候特征。受西北风影响,湖北省的春冬季空气污染较为严重。

研究区的 17 个地级市行政单元分别为:1 个副省级市(武汉市);11个地级市(黄石市、十堰市、宜昌市、襄阳市、鄂州市、荆门市、孝感市、荆州市、黄冈市、咸宁市、随州市);1 个自治州(恩施土家族苗族自治州);3 个直管市(仙桃市、潜江市、天门市);1 个林区(神农架林区)(图 3.19)。

2. 数据来源

城市经济发展相关指标数据主要来源于 2004—2013 年的"湖北省环境统计公报"、2004—2013 年的"中国城市统计年鉴"、2005—2014 年的"湖北省统计年鉴"以及各市统计年鉴、统计公报,为消除历年统计口径、统计内容和统计方法不同造成的影响,对个别缺失数据进行了线性内插

图 3.19　湖北省行政区划图

处理。空气质量浓度及污染物排放量数据主要来源于湖北省环境保护厅官网的 2004—2013 年的"湖北省环境质量状况公报""湖北省环境质量报告""湖北省环境空气质量月报"及各地级市的历年环境质量状况公报等。

3.研究方法

空气质量 IAQI、Daniel 趋势检验、空间插值分析方法等过程具体见第一节的第二部分论述。

二、湖北省城市空气质量的时空演化格局

1.空气质量的年际总体变化

2004—2013 年湖北省城市空气质量指数 IAQI 总体上呈下降趋势，γ_s 秩相关系数为 -0.382，未通过显著性水平检验（$|\gamma_s| < 0.564$），表明全省空气质量虽呈现好转态势，但不明显，尤其是在 2013 年出现了空气污染加重和质量下降的反复过程。从 17 个具体城市来看（表 3.4），γ_s 值为负数、空气质量改善的城市共有 7 个，其中恩施和襄阳的空气环境改善显著；γ_s 值为正数、空气质量变差的城市共有 10 个，其中荆门和潜江的空气污染有显著的恶化态势。

表 3.4　　　　湖北省城市环境空气质量动态变化趋势及检验

城市	年均环境空气质量指数（IAQI）										γ_s	污染趋势
	2004 年	2005 年	2006 年	2007 年	2008 年	2009 年	2010 年	2011 年	2012 年	2013 年		
武汉	1.55	1.35	1.33	1.36	1.43	1.34	1.37	1.29	1.22	1.50	−0.261	下降/不显著
黄石	1.28	0.98	1.34	1.10	1.21	1.09	1.05	1.36	1.07	1.27	−0.006	下降/不显著
十堰	0.88	1.16	0.99	1.09	0.76	0.66	0.85	0.80	0.87	1.16	−0.152	下降/不显著
宜昌	1.85	1.06	1.20	1.03	1.13	1.05	0.99	1.00	1.07	1.27	−0.248	下降/不显著
襄阳	1.51	1.32	1.38	1.32	1.18	1.06	1.02	1.12	1.08	1.12	−0.794	下降/显著
鄂州	1.29	1.23	0.91	0.96	0.78	0.74	0.93	1.06	0.94	1.31	0.006	上升/不显著
荆门	1.12	0.84	0.91	0.85	1.16	1.12	1.15	1.15	1.16	1.19	0.782	上升/显著
孝感	0.77	0.69	1.11	1.00	0.95	1.16	1.09	0.98	1.15	0.99	0.442	上升/不显著
荆州	1.17	0.93	0.88	0.91	0.96	0.98	0.98	0.95	1.03	1.52	0.358	上升/不显著
黄冈	1.51	1.18	0.96	1.21	0.80	0.83	0.71	0.73	0.75	1.20	−0.539	下降/不显著
咸宁	0.68	0.77	0.98	0.93	0.98	0.83	1.02	1.06	0.81	0.81	0.321	上升/不显著
随州	0.59	0.89	1.07	0.94	0.98	0.90	0.94	1.00	0.95	1.03	0.539	上升/不显著
恩施	2.20	1.47	1.21	1.12	1.24	1.31	1.07	0.93	0.81	0.82	−0.879	下降/显著
仙桃	0.98	0.98	0.97	1.02	1.04	0.78	0.84	0.86	1.06	1.30	0.236	上升/不显著
潜江	0.60	0.62	0.63	0.74	1.11	0.68	1.02	0.81	0.86	0.93	0.721	上升/显著
天门	0.68	0.67	0.67	0.70	1.02	0.91	0.96	0.95	0.91	1.04	0.527	上升/不显著
神农架	0.34	0.27	0.40	0.50	0.41	0.41	0.39	0.32	0.50	0.38	0.248	上升/不显著
均值	1.12	0.97	1.00	0.99	1.02	0.93	0.96	0.96	0.96	1.11	−0.382	下降/不显著

　　从污染物浓度的年际变化来看，SO_2 和 NO_2 浓度的全省各城市均值在《环境空气质量标准》（GB 3095—2012）的二级标准限值以下，而 PM_{10} 浓度则在二级标准限值之上，是影响空气质量的主要污染物（图 3.20）。其中，SO_2 浓度的城市均值在 2005 年后趋于稳定，污染最严重的恩施地区 SO_2 控制明显，其浓度由 2004 年的 196 $\mu g/m^3$ 降到了 2013 年的 28 $\mu g/m^3$，降幅达 85.7%；NO_2 和 PM_{10} 的浓度均呈现一定的波动性，其中 NO_2 的污染有明显加重趋势。武汉市作为两种污染物的主要城市，其浓度高于全省均值，2013 年 NO_2 的浓度为 60 $\mu g/m^3$，日均值超标率为

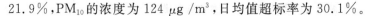
21.9％，PM_{10}的浓度为 124 $\mu g /m^3$，日均值超标率为 30.1％。

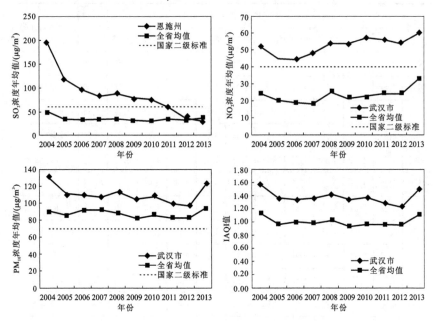

图 3.20　湖北主要空气污染物浓度的年际变化

2.空气质量的月变化特征

受气象条件的季节和月份上的规律性变化，这里主要分析 2013 年的三种主要空气污染物浓度及 IAQI 值的月变化规律（图 3.21）。可以发现，湖北省的空气质量存在明显的月、季节差异，湿季（4—9 月）明显优于干季（10 月至翌年 3 月），夏季（6—8 月）空气质量明显优于冬季（12 月至翌年 1 月），IAQI 值和 PM_{10} 浓度呈"U"形变化特征，谷值均在 7 月。从各污染物浓度月均值变化来看，PM_{10} 月均值除了 6—8 月外，其他均超过国家二级标准，污染月份最持久；NO_2 浓度均值在 10 月至翌年 1 月连续超过国家二级标准，污染峰值出现在 12 月；SO_2 月变化与 NO_2 相似，峰值出现在 12 月，但月均浓度均低于国家二级标准。

湖北省重污染天气主要集中在 1 月，主要原因是冬季是华北地区采暖的高峰期，人为排放增大，冷空气南下频繁，华北污染容易在湖北省与本地污染叠加，形成重污染天气。进入 2 月后，春节期间人为排放相对较低，未形成长时间、大范围污染。但在除夕等个别日子会出现重污染天气，主要是因烟花爆竹集中燃放导致。3 月进入春季，天气回暖，华北采暖季陆续结束,人为排放降低,本地扩散条件也大大改善,空气质量开始转好。而后进入的夏季则多高压活动,天气条件有利于污染物扩散,并且下雨有利于污染物的淋洗,减少灰霾,改善城市的空气质量。

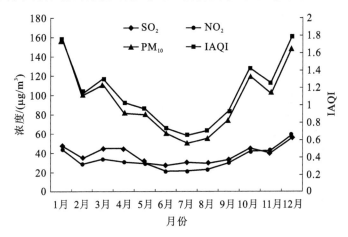

图 3.21　湖北省空气质量指数和主要空气污染物浓度的月变化特征

3.空气质量的空间分布格局

依据平均绝对污染(MAE)和均方根误差(RMSE)的检验,选用效果较优的普通克里格法的球状模型对湖北省 17 个城市的三种主要空气污染物浓度数值进行空间插值得到其浓度分布图(图 3.22),并选用2004 年、2009 年、2013 年三个截面作比较。可以发现,不同的空气污染物有着不同的空间污染分布特征,并在时间序列上表现出一定的空间转移趋势。其中,SO_2 的浓度总体有下降趋势,污染重心由鄂西的恩施和宜昌等地区,逐步向荆州、宜昌以及鄂东南的黄石、鄂州转移,而且转移比较明显。地处鄂西南的恩施,盛产含硫量较高的劣质煤炭,加上地形、空气扩散条件相对较差,2010 年以前 SO_2 污染较重;同时,由于受到当地经济、技术条件的制约,富硫煤的燃烧几乎都是在未采取任何脱硫减硫技术处理情况下直接发生的,加上城区上空大气流动速度低、扩散慢,造成城区局部空域内废气。而随着对燃煤的控制及区域社会经济发展的转型,全省 SO_2 的污染由传统的鄂西南地区转向工业经济快速发展、能源需求巨大的鄂东南地区(重点发展能源行业、钢铁行业、水泥等建筑建材产业),污染相对加重。NO_2 的污染主要集中在个别大中型城市,如武汉、宜昌、鄂州、黄石等地区,与城市氮氧化物的总体排放量密切相关,受工业污染与城市汽车尾气排放的影响比较突出。可吸入颗粒物(PM_{10})是湖北省城市空气中的首要污染物,影响范围较广,污染严重地区主要集中在武汉、黄石、襄阳、荆州、荆门等城市,鄂西的神农架、恩施、十堰相对较好。

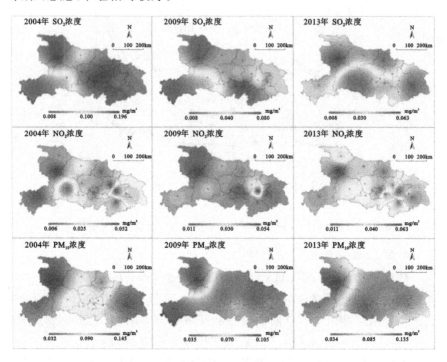

图3.22　湖北省主要空气污染物浓度空间分布

三、湖北省城市空气质量的影响因素分析

城市空气质量的演变受多种因素的共同作用影响。首先,是地形、气象条件与气候因素,下垫面的结构会影响大气环流和空气的扩散,雾霾、浮尘天气则影响空气污染物的输送和扩散。其次,则是工业污染物的排放、城市化进程加快带来的机动车尾气排放、基础设施建设等人为干扰影响。下面重点围绕这几个方面对湖北省城市空气质量的主要影响因素进行分析,以期为城市空气污染治理提供对策和建议。

1. 地形与气象条件

地形与气象条件对城市空气质量有着基础性控制作用。从所处地形来看,恩施、宜昌分别位于湖北的西南部,海拔相对较高,尤其是恩施地处武陵山脉东延部分的盆地,城区四面环山,仅南面有沿清江河的狭小出口,各季节主导风均未对盆地内气流产生较明显的影响,形成不易污染扩散的气象条件;同时,由于气温、气湿和地表温度等各方面的影响,全年晴朗时间较少,阴天较多,频繁出现大气逆温层较其他地方高的现象。相比之下,地处江汉平原的仙桃、潜江、天门等城市,经济规模相对较小的地区,因其地面平坦、湖泊密布、空气扩散条件较好,空气质量相对较优。而气象条件的变化则影响着城市空气质量的季节差异和地区差异,恩施、武汉、黄石、荆门等逆温出现频率高的城市,空气污染物扩散受影响相对较为严重。每年1月和12月的干燥少雨则形成了污染最严重的两个峰值时期,大部分城市受"二次扬尘"的影响,空气质量明显变差;而3—5月受北方"沙尘暴"影响,西北气流途经的十堰、襄阳、随州、仙桃、武汉均会受其较大影响,出现浮尘天气。

2.工业污染物排放

污染物的排放对城市空气质量变化起决定性作用。随着湖北省经济的快速发展,2004—2013年其人均GDP由9897.6元增长到了42612元,年均增长率为15.7%;同时,空气环境的压力也在逐年增大,废气排放总量由2004年的8838.13亿标立方米增长到了2013年的19986亿标立方米,年均增长约8.5%,并主要集中在电力热力生产和供应业、非金属矿物制品业和化学原料及化学制品业三个行业,减排形势依然严峻(图3.23)。从各污染物类型来看,工业SO_2和工业烟粉尘的排放总量逐年下降,但2006年以后的氮氧化物排放总量逐年递增,明显受工业排放及机动车尾气双重影响(图3.24、图3.25)。此外,湖北省各市污染排放、空气环境变化趋势不一致,主要与区域发展政策、产业结构调整方向及地区污染治理力度有关。2008年以来,湖北省重点打造"两圈一带"(武汉城市圈、鄂西生态圈和长江经济带)的经济发展格局,在此背景下以黄石、鄂州为主的鄂东南地区和仙桃、潜江、荆门等江汉平原区经济发展加快,城市空气污染排放亦加重。相反,恩施地区在鄂西生态旅游圈构建过程中,注重旅游业发展,加强对高硫煤的燃烧排放控制,以及烟气脱硫、脱硝、除尘的多污染物协同控制的技术发展,SO_2排放在迅速减少的同时,其质量浓度也得到了有效控制,减排改善效果明显优于省会的武汉市(图3.26)。

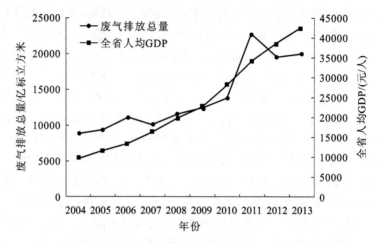

图 3.23 湖北省废气排放总量与人均 GDP 变化趋势

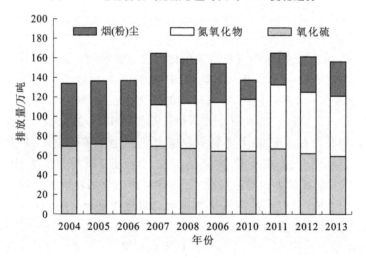

图 3.24 湖北省主要工业废气排放量

3.城市社会经济发展

应用计量经济学的分析方法对影响城市空气质量的解释变量进行拟合(回归模型的具体构建过程和处理步骤可参照第四章的详细论述)。结合前人研究所选择的解释变量,这里除了选择传统的人均 GDP 指标外,还综合考虑能够反映城市社会经济发展以及对空气环境产业潜在影响的指标,包括第二产业比重(代表工业污染和建筑业扬尘)、人口城镇化率(反映人口集聚水平)、建成区面积(反映城市建设扩张水平);考虑到汽车

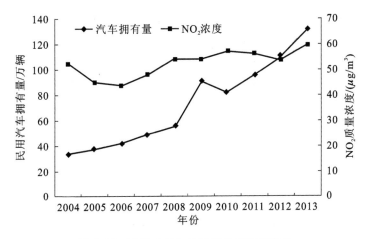

图 3.25 武汉市 NO_2 排放量与浓度的变化

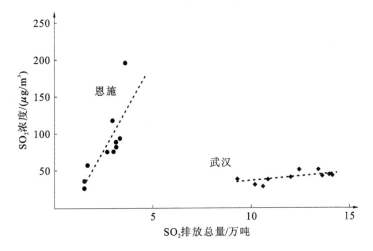

图 3.26 恩施、武汉的 SO_2 排放量与浓度关系

尾气对城市空气污染影响的日益加剧,选择民用汽车保有量作为新的解释变量。此外,加入时间变量用来表示因变量随时间推移的自发变化趋势,最终构建包括 7 个自变量的二次曲线模型:

$$\ln Air = \beta_1 \ln GDP + \beta_2 (\ln GDP)^2 + \beta_3 \ln Industry + \beta_4 \ln Urban +$$
$$\beta_5 \ln Area + \beta_6 \ln Car + \beta_7 T + \mu \qquad (3.6)$$

式中,因变量 Air 为三种污染物的年均浓度值和 IAQI 综合值;解释变量 GDP 为各个地级市的人均地区生产总值,元;Industry 为第二产业比重,%;Urban 为人口城镇化率,%;Area 为建成区面积,km^2;Car 为民用汽车保有量,万辆;T 为时间变量;μ 为常数项。在变量形式上,为降低异方差性的影响,对主要的因变量、自变量指标进行对数变换,这样自变量的系数可以看作是对因变量的弹性,有较强的应用意义。考虑到神农架林区作为一个省直辖的旅游景区,一方面受城市化作用影响较小,另一方面存在较严重的数据缺失,因而,这里在进行 16 个城市的 2004—2013 年面板检验时,未将其纳入,具体分析过程基于 Eviews7.0 软件。

从 Hausman 检验结果可知(表 3.5),IAQI 的拟合结果用固定效应更合适,而 3 种主要污染物 SO_2、NO_2 和 PM_{10} 则更适合用随机效应模型。

表 3.5　　　　城市空气质量与相关解释变量的计量检验结果

变量/模型	SO_2		NO_2		PM_{10}		IAQI
	FE	RE	FE	RE	FE	RE	FE
常数项	7.731 * * (2.107)	9.911 * * * (2.914)	−2.147 (−0.590)	−0.775 (−0.245)	3.222 * (1.810)	2.401 (1.609)	4.758 * * * (2.775)
lnGDP	−0.374 (−0.499)	−1.3004 * (−1.885)	0.3195 (0.431)	−0.426 (0.657)	0.2859 (0.788)	0.229 (0.742)	−0.831 * * (−2.377)
(lnGDP)²	0.0091 (0.220)	0.064 * (1.717)	−0.0238 (−0.580)	0.019 (0.559)	−0.0135 (−0.674)	−0.0105 (−0.639)	0.041 * * (2.129)
lnIndustry	1.2802 * * * (3.022)	0.7507 * * (2.057)	0.7738 * (1.843)	0.4346 (1.397)	0.1564 (0.761)	0.035 (0.251)	0.507 * * (2.562)
lnUrban	−0.0865 (−0.298)	−0.0782 (−0.257)	0.4005 (0.686)	1.2316 * * * (3.296)	−0.0471 (−0.165)	0.2678 (1.558)	0.467 * (1.696)
lnArea	0.0536 (0.381)	0.0697 (0.621)	0.1614 (1.1578)	0.0976 (0.962)	0.1656 * * (2.388)	0.1671 * * (2.449)	0.230 * * * (3.498)
lnCar	0.00026 (0.003)	0.1215 * (1.794)	0.3154 * * * (3.277)	0.2459 * * * (4.390)	0.0399 (0.849)	0.0777 * * * (3.069)	0.119 * * * (4.493)
ln$T$	0.0736 * (1.782)	0.0018 (0.0776)	−0.0122 (−0.297)	−0.0453 * * (−2.249)	−0.0078 (−0.390)	−0.0286 * * * (−3.072)	0.0177 (0.919)
R^2	0.589	0.106	0.591	0.337	0.298	0.113	0.520

变量/模型	SO₂		NO₂		PM₁₀		IAQI
	FE	RE	FE	RE	FE	RE	FE
F-test/λ	8.931***	2.591**	9.014***	11.038***	2.649***	2.767***	6.741***
Hausman test	—	5.34	—	7.152	—	5.87	—

注:括号内数据为 t 检验值,＊＊＊、＊＊和＊分别表示在 1％、5％和 10％的水平上显著。

(1)SO₂拟合结果。从回归系数来看,β_1 为－1.3004、β_2 为 0.064(通过 10％水平的显著性检验),说明湖北省空气中的 SO₂ 在 10 年间呈现"U"形的变化趋势,即污染先减轻,到达拐点(2010 年最低)后又有加重的趋势,其中 2013 年 11 个城市的 SO₂浓度有升高趋势,最严重的黄石市年均值达到了 63 μg/m³(超过国家二级标准),日均超标率为 6.4％;结合图 3.22 的污染物空间分布图,未来在全省 SO₂减排的大背景下,需重点加强以黄石、鄂州为核心的鄂东南和宜昌、荆州、仙桃等为主的江汉平原地区的污染控制。考虑到区域的差异性,这个正"U"形的结果与李茜等(2013)获得的全国地级市以上 SO₂的倒"U"形趋势不一致,但与王敏等(2015)的检验结果一致。第二产业比重对 SO₂浓度有正的恶化影响(通过 5％水平的显著性检验),在研究时段内湖北省工业 SO₂排放量一直占总排放量的 80％~90％,因此,未来需持续推进脱硫减排、产业转型升级工作。此外,人口城镇化率、建成区面积指标没有通过显著性检验,说明城市化扩展对 SO₂的浓度关系影响甚微。

(2)NO₂拟合结果。从回归系数来看,经济发展、第二产业比重、建成区面积对 NO₂的浓度影响不显著。但是,人口城镇化率与汽车拥有量指标对 NO₂浓度有着显著的贡献(通过 1％水平的显著性检验),全省的 NO₂污染有明显的加重趋势。Lamsal 等(2013)通过 NASA 遥感观测到的 NO₂浓度数据,并与多个国家不同城市的人口数量进行关系拟合,亦发现更多的人口意味着更严重的 NO₂污染。考虑到空气中的 NO₂主要来自重油、汽油、煤炭、天然气等矿物燃料在高温条件下的燃烧,而城市空气 NO₂的主要来源为汽车尾气排放,随着城市人口规模的不断扩大和人均收入的提高,机动车数量的迅速增加带来了氮氧化物排放的激增,以武汉市 2013 年为例,其机动车氮氧化物排放量就达到了 4.84 万吨,占总的氮氧化物的 31.1％,其浓度也在 2013 年达到了历年峰值(60μg/m³)。因此,当前对机动车尾气排放的污染控制工作日益成为城市大气污染防治工作的重中之重,淘汰黄标车、推广新能源、提升新技术势在必行。

(3)PM_{10}拟合结果。与NO_2拟合结果相似,从随机效应模型回归系数来看,经济发展、第二产业比重对PM_{10}的浓度影响不显著,可能受限于样本时间和城市的数量相对较短,两种污染物均未呈现出显著的变化规律。总的来看,只有汽车拥有量(通过1%水平的显著性检验)和建成区面积(通过5%水平的显著性检验)两个指标对PM_{10}浓度有着显著的贡献。已有研究表明,除受沙尘输送影响外,城市PM_{10}的主要来源为化石类燃料及油品燃烧以及城市建设扩张过程中的道路扬尘、建筑施工扬尘等。近年来,随着湖北省城市化进程的加快,以PM_{10}($PM_{2.5}$)为首要污染物的空气污染特征愈发明显,尤其在经济发达、城市建设密集的大中城市更为明显。武汉市近十几年来PM_{10}($PM_{2.5}$)浓度均超过国家标准,与城市大面积的土建施工所产生的二次扬尘密切相关,相类似的还有宜昌、襄阳、黄石等地区。总的来看,城市的快速扩张和机动车辆的增加极大地加剧了颗粒物的污染浓度,也表明当前对城市颗粒物的治理较为薄弱,跟不上城市快速发展的节奏,因而,相关的大气污染防治措施需切实保障和加快实施。

(4)IAQI拟合结果适合固定效应模型。从回归系数来看,β_1为-0.831和β_2为0.041(通过1%水平的显著性检验),说明湖北省空气质量综合指数与城市社会经济发展呈现“U”形曲线的变化趋势,总体空气质量有变差趋势。建成区面积、汽车拥有量两个指标影响较为显著,均通过了1%水平的显著性检验,表明控制城市规模、有序进行城市建设扩张和控制汽车尾气污染是当前湖北省城市空气环境治理的一个重要方向。第二产业比重与综合空气质量指数亦呈正相关作用(通过5%水平的显著性检验),说明加快产业结构调整、节能减排、工业污染防治是湖北省各地市需长期坚持落实的,尤其是针对武汉、黄石、鄂州、宜昌、襄阳等工业型城市。

综合来看,湖北省各地市的空气质量既与地形和气象条件相关,受工业污染废气排放的直接影响,更与快速发展的城市经济、城市化扩展密切相关。其中,鄂西南的恩施、宜昌受地形、气象影响较为显著,需严格控制高硫燃料燃烧、节能减排;鄂东南的黄石、鄂州等地区是高能耗工业区,需加强工业技术的革新,严格控制SO_2、PM_{10}($PM_{2.5}$)等污染物排放,并严格落实涉气建设项目环评区域限批等措施;武汉作为发达省会城市,面临的空气污染压力形势严峻,需加大环保投资力度,在城市建设、机动车尾气排放、工业减排等方面采取综合防治措施,在带动城市圈经济发展同时实现两型社会、生态文明的和谐发展。

四、结论和政策建议

(1)湖北省的城市环境空气质量存在显著的时空差异现象。Daniel 趋势检验表明,2004—2013 年湖北省城市空气质量指数 IAQI 总体上呈下降趋势,其中,空气质量改善的城市共有 7 个(恩施、襄阳较为显著),空气质量下降的城市有 10 个(荆门、潜江较为显著)。从月份上看,冬季的 1 月和 12 月是空气污染最严重时期,7 月为最优的谷值。

(2)湖北省的城市空气污染存在一定的空间转移趋势。SO_2 的污染重心由鄂西的恩施和宜昌等地区,逐步向荆州、宜昌以及鄂东南的黄石、鄂州转移;NO_2 的污染主要集中在个别中大型城市,如武汉、宜昌、鄂州、黄石等地区,受工业污染与城市汽车尾气排放的影响比较突出;可吸入颗粒物(PM_{10})是湖北省城市空气中的首要污染物,污染范围为主要以武汉为中心的鄂东南污染区,向江汉平原和宜昌、襄阳扩散。

(3)湖北省的城市环境空气质量主要受地形、气象控制,污染物排放和快速城市化扩展影响。SO_2 和综合空气质量指数与城市经济发展呈现"U"形曲线的变化趋势,空气污染依然严峻。面板计量检验表明,建成区面积、汽车拥有量这两个解释变量对空气环境有着显著的影响,因而,严格控制城市规模、有序进行城市建设扩张和汽车尾气污染是当前湖北省城市空气环境治理的一个重要方向。在产业结构调整、工业污染减排的大背景下,未来应当合理规划区域产业布局、严格落实涉气建设项目环评区域限批和加强区域污染联防联控。

随着区域城市经济发展重心变化以及产业结构调整,空气污染的时空分布特征也会随之改变。这里虽然利用 2004—2013 年的湖北省 17 个城市的空气污染数据进行了时空分布特征分析及面板回归模型检验,但是没有考虑到空气污染物排放的区域流动和城市间的相互作用关系,亦即在未来的模型构建中需加入空间效应的变量综合分析其影响过程(第四章将重点围绕空间计量回归模型进行系统的检验和论证比较)。此外,由于地级市层面空气污染物排放数据的缺失和不完整,关于污染物排放与城市空气质量之间的空间关系有待后期进一步探讨。

第六节　本章讨论与小结

（1）从时间演化序列来看，全国 274 个城市空气环境质量恶化总体呈现先减缓后加重的时序演化趋势，不同污染物之间的演化特征有较大差异，PM_{10} 是三种空气污染中较为普遍且危害较大的污染物。Daniel 趋势检验结果显示，全国城市空气质量指数 IAQI 总体上呈下降趋势（有相对好转趋势，改善城市主要集中在沿海地区），γ_s 秩相关系数为 −0.648（0.05 水平上显著）。

（2）从区域空间分布来看，城市空气环境质量分布呈现出显著的空间异质性，且城市空气污染空间格局未发生明显变化，华北地区（京津冀）及山东部分城市是我国空气污染相对严重地区，也是当前大气污染协同防治的关键区域。并且，在空气质量上存在着明显的南北差异和海陆差异。

（3）从城市发展关系来看，人口城镇化率、城市人口规模、建成区面积和第二产业比重对城市空气环境质量存在一定的显著影响。其中，城市人口的集聚和规模的不断扩大，会加剧空气质量的恶化，并且城市化水平提高、机动车尾气排放的增加，对 NO_2 的浓度影响更为显著；工业用地、建设用地和道路面积占比与 NO_2、PM_{10} 浓度显著正相关，这也意味着合理、有序地控制城市用地规模是未来我国新型城镇化建设所需着重考虑的。

（4）从《国家新型城镇化规划（2014—2017 年）》的在 2020 年 60% 达标城市（198 个）的目标来看，若以 2013 年的 PM_{10} 达标比例 26.6%（73 个）为参考标准（$PM_{2.5}$ 标准更严，达标情况可能更低），假定已剔除的 56 个地级市均达标，未来每年平均尚需约 10 个城市脱离空气污染困扰。未来国家在实施重点区域大气污染减排和空气质量改善的同时，需做到以下几点：① 强化沿海城市的空气质量改善，尤其是 Daniel 趋势检验中显著下降的城市，巩固空气质量改善成果；② 加强中西部地区资源型城市的产业结构升级和污染减排，在重视生产端上减排的同时，注重消费端的减排，树立绿色生活方式，降低能源消耗，进而为生产端减排腾挪出更大的调整空间。

（5）个案研究了湖北省 2004—2013 年城市环境空气质量时空演化及影响因素。湖北省的城市环境空气质量存在显著的时空差异现象。城市空气污染存在一定的空间转移趋势。SO_2 的污染重心由鄂西的恩施和宜昌等地区,逐步向荆州、宜昌以及鄂东南的黄石、鄂州转移;NO_2 的污染主要集中在个别中大型城市,如武汉、宜昌等地区,受工业污染与城市汽车尾气排放的影响比较突出;PM_{10} 是湖北省城市空气中的首要污染物,污染范围主要以武汉为中心的鄂东南污染区,向江汉平原和宜昌、襄阳扩散。未来应当合理规划区域产业布局、严格落实涉气建设项目环评区域限批和加强区域污染联防联控。

本章彩图

第四章 中国城市化对空气环境影响的演化规律——基于面板数据的 EKC 检验

从经典的以人均 GDP 指标为主要解释变量出发,众多学者开展了空气污染(空气质量)的环境库兹涅茨曲线特征或规律的相关研究。为了检验城市发展中除了经济变量之外的其他要素对环境空气质量的作用关系,完善经典的 EKC 曲线,本章在城市层面增加了一些可能影响空气质量的特征变量,并对两者的检验结果进行比较,以期获得更为全面的影响规律认识。

同时,值得注意的是,空间效应(空间变量)对于环境、社会、经济问题的相关研究具有不容忽视的作用(Anselin,2001),不少研究已发现空气污染及其治理存在较为显著的空间溢出效应。由于降雨、风(气流)等气象自然因素的存在,某一城市或者地区的环境污染某种程度上会受到邻近地区的污染物扩散等影响。此外,企业的重新选址、产业的转移、地区(国际)贸易等经济活动因素,进一步表明城市之间的环境质量与城市及邻区发展的空间相关性因素不可忽略。因此,本书在构建普遍面板回归的基础上,引入空间变量,构建了基于空间计量经济(ESDA-Spatial Econometrics)的空气质量演化的环境库兹涅茨曲线分析新框架。并在第四节从污染物排放的视角,基于空间计量经济的分析框架,针对个案研究了城市化及空间效应对其的影响。

第一节 变量选择和模型构建

一、变量选择和处理

城市空气质量的数据选择和处理过程参见前文第三章第一节。从已有研究来看,随着经济发展,城市(发展)化的相关指标开始普遍受关注被运用到空气质量/污染的 EKC 检验的模型构建过程(表 4.1)。

表 4.1 **本书解释变量的选择与近年来其他学者相关研究的比较**

来源	城市个数	时间尺度	因变量	自变量
李茜等 (2013)	237	2001—2010	SO_2、NO_2、PM_{10}	人口密度、第二产业比重、建成区面积
王敏等 (2015)	112	2003—2010	SO_2、NO_2、PM_{10}	人均 GDP、第二产业比重、人口密度、绿化覆盖率
杨素昌和马素琳 (2015)	30	2003—2012	空气质量达标天数	人均 GDP、产业结构、人口密度、公共汽车量、绿化覆盖率
杜雯翠 (2013)	11 个国家	1990—2009	PM_{10}	城市化率、人均 GDP、技术进步、能源效率
Brajer (2011)	139	1990—2006	SO_2、NO_2、TSP	人均 GDP、人口密度
He 和 Wang (2012)	74	1990—2001	SO_2、NO_2、TSP	人均 GDP、劳均资本、环境规制、外资比重、建成区面积
Hao 和 Liu (2016)	73	2013	$PM_{2.5}$	人均 GDP、第二产业比重、机动车人口、人口密度
本书	274	2004—2013	SO_2、NO_2、PM_{10}	人均 GDP、城市化率、第二产业比重、公共交通、建成区面积、绿化覆盖

已有研究表明,城市环境空气质量的变化是受多种因素共同作用的结果。除受局部地形、气象条件控制外(赵阳等,2011;周兆媛等,2014),主要受区域工业大气污染物的排放、机动车尾气排放(郭宇宏等,2014)、建筑施工扬尘、秸秆燃烧(廖志恒等,2014)等内因作用和沙尘、外源长距离输送、城市间相互扩散等外因作用。也有学者进一步研究认为这些作用归根到底取决于经济增长质量和人口集聚强度,也就是强调城市经济发展和城市化扩展对环境空气质量的影响程度和影响范围(王兴杰等,2015)。

为了考察城市发展中除了经济发展水平(GDP 的消胀调整处理过程)(王敏,2015)之外的其他因素对空气质量的影响,完善经典的 EKC,在城市发展层面控制了一些可能影响空气质量的特征变量。

(1)城市化率(Urban)。与人均 GDP 相对应,为进一步考察其对空气环境的作用特征,这里将分别以其为主要解释变量构建二次、三次回归模型。

(2)产业结构(Industry)。前文第三章第三节已经发现第二产业比重与空气质量存在一定的负相关关系(恶化作用),工业发展和污染排放是影响空气质量的重要因素,这里选取城市第二产业比重指标(工业＋建筑业)反映城市的快速发展过程。

(3)城市交通(Car)。城市居民使用的是公共交通工具还是私人拥有的交通工具对空气质量有着重要影响。一方面,公共交通工具的较多使用可以减少气体污染物的排放,提高空气质量;另一方面,大量私家车(机动车)的使用会增加气体污染物的排放,降低空气质量。由于城市数据的可得性限制,同时考虑到在单一城市包括源解析过程中机动车尾气对空气环境恶化的事实,这里仅将公共交通工具的使用情况引入模型,反映城市交通工具使用情况对空气质量的影响。

(4)建成区面积(Area)。建成区面积是代表城市化进程的重要指标,建成区面积加速增长、城市建设用地比例的加大反映了城市的扩张,以及对环境质量带来的不利影响(建筑、工地施工扬尘污染也是空气恶化的重要原因之一)。

(5)城市绿化(Green)。气体污染物的排放和环境对气体污染物的吸纳能力共同决定了空气质量的好坏,而城市环境对气体污染物的吸纳能力除了环境自身的“自净能力”外,主要靠城市的绿化建设来完成。根据数据的可得性和可比性,本书选择各城市的建成区绿化覆盖率来表示城市对气体污染物的吸纳能力。

（6）时间变量（T）。将其作为哑变量，表征因变量随时间推移的自发变化趋势（其变化见第三章第二节的分析），近似地消除了由于空气污染（排放）的累积效应和滞后效应所带来的误差干扰。各变量的统计结果见表4.2。

表4.2　　　　　　　　　　各变量的统计结果

变量	单位	数量	均值	标准差	最小值	最大值
IAQI	—	2740	1.071	0.337	0.243	3.658
ρ_{SO_2}	$\mu g/m^3$	2740	41.419	23.992	3	281
ρ_{NO_2}	$\mu g/m^3$	2740	30.230	11.202	3	73
$\rho_{PM_{10}}$	$\mu g/m^3$	2740	87.541	28.725	21	309
Area	km^2	2740	108.297	146.28	5	1350
Car	辆	2740	4234.385	8164.54	153	90638
Green	%	2740	36.258	8.525	2.41	91.03
Industry	%	2740	52.671	78.474	12.4	90.97
GDP	元	2740	39735.19	30277.72	1847	267749
Urban	%	2740	47.94	16.244	9.21	100

此外，人口的聚集是反映城市化水平的重要标志，人口密度这个指标也常常被学者采用，以反映一个地区经济活动的频繁程度和市场规模的大小。人口密度的增加会直接导致生产和生活领域所产生的气体污染物排放的增加。考虑到本书已经综合选择了常住人口城镇化率和建成区面积这两个指标，为了避免变量意义重复以及指标之间的共线性问题，本书不再将人口密度（城镇人口数/建成区面积）这一指标纳入回归模型构建中。

综上，在回归模型中，本书主要关注城市化率（Urban）和市辖区人均GDP（PGDP）对空气污染的影响（图4.1）。除这两个回归变量外，在模型中我们也考虑了其他可能对大气污染产生影响的变量，如建成区面积（Area）、建成区绿化覆盖率（Green）。在指标选择口径上，目前在我国，工业"三废"排放和大气污染物浓度监测数据的统计口径是不同的（王敏等，2015）。前者是对包括市辖区和下辖县级市在内的全（地级）市的"三废"排放进行统计。后者主要是对城区（即市辖区）的大气污染物浓度进行监测。李茜（2013）对中国237个地级市所采用的解释变量均为全市口径的。考虑到本书侧重分析的是城市化过程中的空气环境变化特征,这里采纳王敏等(2015)的市辖区口径数据进行模型构建(相应的城市特征数据将分别采用市辖区的统计口径,即市辖区人均 GDP、市辖区第二产业比重、建成区绿化覆盖率),相对而言,市辖区的各个指标具体数值均相比全市的对应指标值略大。

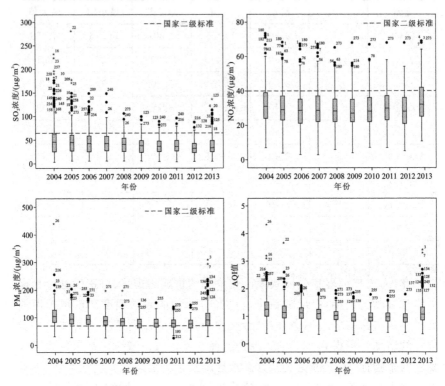

图 4.1 2004—2013 年三种主要污染物及 IAQI 值的箱图统计结果

二、普通面板回归模型构建

面板数据是由时间序列数据和横截面数据混合而成的,它同样存在用非平稳时间序列建立回归模型极有可能产生的"伪回归"问题。因此,实际操作前必须首先对面板数据进行单位根检验和协整检验。为了确定变量之间的内在因果联系,本书选择了 Hausman 检验来确定面板数据模型适合固定效应或随机效应(王立平等,2010)。王少剑和方创琳等学者进一步将此检验过程提炼成一个经济增长和污染排放的关系分析框架

(Wang et al,2016a;Zhao,Wang,2015),参照此框架,本书构建了一个城市发展与空气质量关系的分析检验框架(图 4.2)。检验步骤:先做单位根检验,观测变量序列是否平稳,若平稳,可构造回归模型;其次,若非平稳,进行差分,当进行到第 i 阶差分时序列平稳,则服从 i 阶单整;再次,若所有检验序列均服从同阶单整,可做协整检验,判断模型内部变量间是否存在协整关系,即是否存在长期均衡关系;最后,如果存在协整关系,则进行 Granger 因果检验。上述检验均运用 Eviews7.0 软件进行。

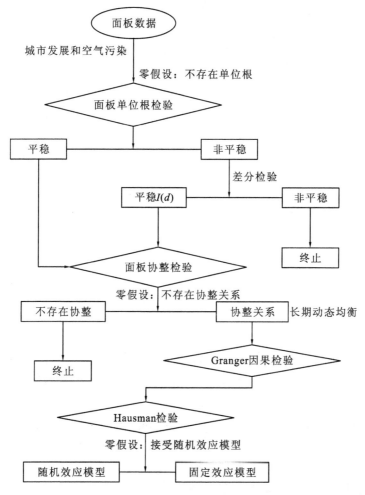

图 4.2 城市发展与空气环境关系的普通面板模型检验框架

　　在具体的模型方法上,考虑到模型应该允许个体成员存在个体影响,因而,选用变截距模型进行回归分析(包括固定效应模型和随机效应模型),并利用 Hausman 检验判断模型的最终选择。若无法拒绝个体影响与解释变量不相关的原假设,即确定为随机效应模型,反之,则为固定效应模型。在实证研究中,针对不同的数据,不同学者所选用的模型有所不同,Brajer 等(2011)认为随机效应模型更适合空气质量与经济发展的影响模拟,而 Shen(2006)则倾向于选择固定效应模型,李茜等(2013)则同时运用两者进行拟合比较。本书同时选择两种模型进行拟合比较,依据 Hausman 检验结果进行判定。

　　为探究空气污染的影响因素及演化规律,大量的研究基于 EKC 理论进行了实证分析,在变量选择上开始注重城市化过程和作用对空气环境质量的影响。结合前人研究所选择的解释变量,本书除了选择传统的人均 GDP 指标外,还综合考虑能够反映城市社会经济发展以及对空气环境产业存在潜在影响的指标,具体见前文第四章第一节第一部分所述。在变量形式上,为降低异方差性的影响,对主要的因变量、自变量指标进行对数变换,这样自变量的系数可以看作是对因变量的弹性,有较强的应用意义(Kheder,Zugravu,2012)。

　　具体构建的模型为 GEKC(以人均 GDP 为主解释变量)和 UEKC(以人口城镇化率为主解释变量)两大类,每一大类又包括四小类(二次、三次项)模型:

　　GEKC 模型体系中,构建了:

　　M1 模型:$\ln \text{Air} = \mu + \beta_1 \ln\text{PGDP} + \beta_2 (\ln\text{PGDP})^2$　　　　　　(4.1)

　　M2 模型:$\ln \text{Air} = \mu + \beta_1 \ln\text{PGDP} + \beta_2 (\ln\text{PGDP})^2 + \beta_3 (\ln\text{PGDP})^3$

　　　　　　　　　　　　　　　　　　　　　　　　　　　　(4.2)

　　M3 模型:$\ln \text{Air} = \mu + \beta_1 \ln\text{PGDP} + \beta_2 (\ln\text{PGDP})^2 + \beta_3 \ln\text{Industry} + \beta_4 \ln\text{Urban} + \beta_5 \ln\text{Area} + \beta_6 \ln\text{Car} + \beta_7 \ln\text{Green} + \beta_8 T$　　　　　　(4.3)

　　M4 模型:$\ln \text{Air} = \mu + \beta_1 \ln\text{PGDP} + \beta_2 (\ln\text{PGDP})^2 + \beta_3 (\ln\text{PGDP})^3 + \beta_4 \ln\text{Industry} + \beta_5 \ln\text{Urban} + \beta_6 \ln\text{Area} + \beta_7 \ln\text{Car} + \beta_8 \ln\text{Green} + \beta_9 T$　　　　　　(4.4)

　　同理,在 UEKC 模型体系中,构建了:

　　M1 模型:$\ln \text{Air} = \mu + \beta_1 \ln\text{Urban} + \beta_2 (\ln\text{Urban})^2$　　　　　(4.5)

M2 模型：$\ln \text{Air} = \mu + \beta_1 \ln \text{Urban} + \beta_2 (\ln \text{Urban})^2 +$
$$\beta_3 (\ln \text{Urban})^3 \qquad\qquad (4.6)$$

M3 模型：$\ln \text{Air} = \mu + \beta_1 \ln \text{Urban} + \beta_2 (\ln \text{Urban})^2 + \beta_3 \ln \text{Industry} +$
$$\beta_4 \ln \text{PGDP} + \beta_5 \ln \text{Area} + \beta_6 \ln \text{Car} + \beta_7 \ln \text{Green} +$$
$$\beta_8 T \qquad\qquad (4.7)$$

M4 模型：$\ln \text{Air} = \mu + \beta_1 \ln \text{Urban} + \beta_2 (\ln \text{Urban})^2 + \beta_3 (\ln \text{Urban})^3 +$
$$\beta_4 \ln \text{Industry} + \beta_5 \ln \text{PGDP} + \beta_6 \ln \text{Area} + \beta_7 \ln \text{Car} +$$
$$\beta_8 \ln \text{Green} + \beta_9 T \qquad\qquad (4.8)$$

式中，因变量 Air 为三种污染物的年均浓度值和 IAQI 综合值；解释变量：PGDP 为各个地级市的市辖区人均地区生产总值，元；Industry 为第二产业产值比重，%；Urban 为人口城镇化率，%；Area 为建成区面积，km²；Car 为城市交通量，万辆；T 为时间变量；Green 为城市建成区绿化覆盖率；μ 为常数项。

三、空间计量回归模型构建

空间计量经济学是计量经济学的一个分支，它可以用来处理截面数据和面板数据回归模型中存在的空间相关性和空间异质性（Anselin，1998）。它认为地区之间存在某种联系，当某个地区的某种环境特征发生变化时，会对其邻近地区产生影响，而传统计量经济学却在很大程度上忽略了数据的这种空间效应。具体利用 Matlab R2010a 软件中的 Spatial 软件包，通过构建地理矩阵权重（相邻为 1，不相邻则为 0）进行计算（丁镭等，2015b）。

空间计量回归的基本思想是将城市间的各变量的空间相关性引入回归模型，并通过对基本模型加入空间权重矩阵进行修正。当前，研究环境空气质量空间溢出效应的空间回归计量模型主要有三种：空间滞后模型（Spatial Lag Model，SLM，也称为 Spatial Auto Regressive Model，SARM）、空间误差模型（Spatial Error Model，SEM）、空间杜宾模型（Spatial Durbin Model，SDM）（Kang et al，2016）。

（1）空间滞后模型（SLM）表达式为：

$$\text{SLM-Panel:} Y_{it} = \delta \sum_{i=1}^{n} w_{ij} Y_{it} + X_{it}\beta + \mu_i + \lambda_t + \varepsilon_{it} \qquad (4.9)$$

（2）空间误差模型（SEM）表达式为：

$$\text{SEM-Panel:} Y_{it} = X_{it}\beta + \mu_i + \lambda_t + \varphi_{it},$$

$$\varphi_{it} = \rho \sum_{i=1}^{n} w_{ij}\varphi_{it} + \varepsilon_{it} \qquad (4.10)$$

式中，Y_{it} 为时间 t 的横截面个体 i 的因变量；X_{it} 为自变量；$\sum w_{ij}Y_{it}$ 为因变量的空间效应；δ 为因变量空间效应系数；μ_i、λ_t 分别为空间固定效应和时间固定效应；$\sum w_{ij}\varphi_{it}$ 为误差项空间效应；ρ 为误差项空间效应系数。

（3）空间杜宾模型（SDM）是综合考虑自变量和因变量空间效应的一个复杂计量过程，虽然也被广泛运用在环境污染的空间计量检验过程中，但是，在现实中很多解释变量尽管在数值上存在空间自相关，但却没有内在的空间效应机理，比如建成区绿化覆盖率这一指标，更多是受自身的城市建设目标需要所决定和发展的，受相邻城市的影响可以忽略不计。因此，本书在城市尺度模型检验过程中，并未开展空间杜宾模型的再次验证和比较分析。但在第四节的个案研究中，增加了 SDM 的比较验证分析。

应用空间计量经济学模型对因变量和解释变量进行拟合时，本书采用 ADF-Fisher 和 PP-Fisher 面板单位根检验方法对面板数据进行单位根检验，结果表明所有因变量和解释变量都是平稳的，可以进行回归分析。对空间计量模型的估计若采用最小二乘法，系数估计值会发生有偏或无效，因此本书采用 Anselin（2004）提出的利用空间误差和空间滞后模型的拉格朗日算子及其稳健形式来区分两种模型的检验：第一步，通过 Moran 指数（为实现更好的空间可视性表达，本书选择 Arcgis 和 Geoda 平台进行空间关系检验）判断模型是否需要引入空间变量；第二步，观察 LM-lag 和 LM-error，前者用于检验空间滞后模型，后者用于检验空间误差模型，若只有其中一个通过显著性检验，那么直接作出选择，模型选择结束。若二者均通过检验，则继续向下考察 Robust LM-lag 和 Robust LM-error，同理，Robust LM-lag 对应空间滞后模型，Robust LM-error 对应空间误差模型，值得注意的是，二者均通过显著性检验的情况很少见，如出现该情况，则需重新考察模型的设定（马丽梅，2014）。

基于此，本书构建了基于空间计量经济的城市发展和空气环境关系的空间计量模型（图4.3）。相比 Matlab 空间计量运算结果，加入 ESDA 探索性空间分析方法可以更加直观地表达变量的空间相关性和空间集聚结果。

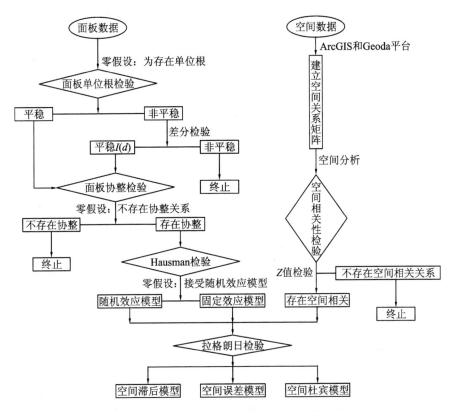

图 4.3　城市发展与空气环境关系的空间计量面板模型概念框架

四、ESDA 空间分析方法

运用探索性空间分析方法来描述空气质量浓度在空间上的分布特征及空间相关关系,该方法主要包括全局空间自相关和局部空间自相关两类,前者使用 Global Moran's I 指数对全局空间集聚特征进行分析,后者通过 Moran 散点图、Local Moran's I 等统计量来揭示局部层面各邻近地理单元的空间相互作用关系,分析局部子系统所表现出的分布特征。本书使用 Global Moran's I 指数分析全局空间聚集特征,其计算公式如下(Anselin,Kelejian,1997;Wang S J et al,2016):

$$\text{Global Moran's } I = \frac{N \sum\limits_{i} \sum\limits_{j} w_{ij} (x_i - \overline{x})(x_j - \overline{x})}{(\sum\limits_{i} \sum\limits_{j} w_{ij}) \sum\limits_{i} (x_i - \overline{x})^2} \quad (4.11)$$

式中，N 为研究区内地区总数；X_i 和 X_j 为区域 i 和 j 的 NO_x 排放量；w_{ij} 为空间权重矩阵；$\overline{X}$ 为排放量的平均值。Global Moran's I 指数处于 -1 和 1 之间，值接近 1 时，表明空间集聚性较强；接近于 0，则表明空间上随机分布，或不存在空间自相关；小于 0，表示空间负相关。

局部空间自相关可以用 Moran 散点图表示，本书为了更直观地表达各省域间的相互关系，选择进行地理可视化表达，即 Moran 散点空间分布图（蔺雪芹，2016）。将所有省域进一步分为四个类型（HH、HL、LL 和 LH），分别代表空气质量浓度与其邻近省域空气浓度的四种相互作用关系。HH 意味着自身和邻近省域都有较高的空气质量浓度；LL 代表自身和邻域空气质量浓度均较低；LH 代表被高值包围的低值区；HL 与 Ⅱ 象限相反。Local Moran's I 计算在 ArcGIS10.2 完成，Moran 散点图由 GeoDa9.5 软件完成（刁贝娣等，2016）。

第二节　普通面板回归模型的 EKC 检验

一、面板数据检验

1.单位根检验

一些非平稳的经济时间序列往往表现出共同的变化趋势，而这些序列间本身不一定有直接的关联，此时，对这些数据进行回归，尽管有较高的 R^2，但其结果是没有任何实际意义的（Choi，2001；Zilio et al，2011），这种情况称为虚假回归或伪回归。因此，为了避免伪回归的出现，确保估计结果的有效性，必须对数据的平稳性进行检验。如果检验结果表明变量是非平稳的，必须在不改变变量实际意义的前提下将其转化为平稳的，这样才能将数据在相关模型中应用于实证分析。

常用的面板单位根检验方法一般分为两类：第一类面板单位根检验方法包括 LLC（Levin-Lin-Chu）检验、Breitung 检验和 Hadri 检验，它们均假设面板数据中的不同截面单位有着共同的单位根过程；第二类面板单位根检验方法如 IPS（Im-Pesaran-Skin）检验、Fisher-ADF 检验和 Fisher-PP 检验，这些方法都允许不同截面单位有不同的单位根过程。考虑到 LLC 检验、Fisher-ADF 检验和 Fisher-PP 检验被广泛应用于面板数据的单位根检验中，因此本书也采用了这三种方法进行面板单位根检验，检验结果见表 4.3。从表 4.3 中可以看出,本书选取的变量均拒绝了"存在单位根"的原假设,序列均是平稳的,适合进行协整检验。

表 4.3 城市发展与空气环境时间序列变量的面板单位根检验结果

变量	LLC		Fisher-PP		Fisher-ADF	
	截距项	截距项和趋势项	截距项	截距项和趋势项	截距项	截距项和趋势项
IAQI	−46.69 ***	−28.93 ***	1365.64 ***	836.96 ***	1121.28 ***	684.32 ***
$\ln\rho_{SO_2}$	−17.23 ***	−25.74 ***	958.20 ***	1159.96 ***	803.43 ***	821.66 ***
$\ln\rho_{NO_x}$	−22.80 ***	−34.47 ***	953.12 ***	1009.56 ***	912.12 ***	837.99 ***
$\ln\rho_{PM_{10}}$	−21.99 ***	−30.51 ***	1029.70 ***	730.58 ***	887.01 ***	600.19 *
lnArea	−19.95 ***	−98.65 ***	787.60 ***	969.62 ***	639.53 ***	911.51 ***
lnCar	−82.70 ***	−103.37 ***	784.30 ***	925.83 ***	767.21 ***	859.09 ***
lnGreen	−96.84 ***	−38.51 ***	1229.86 ***	1120.06 ***	1016.35 ***	893.88 ***
lnIndustry	−23.50 ***	−35.99 ***	958.83 ***	1387.69 ***	834.09 ***	899.43 ***
lnPGDP	−13.64 ***	−19.13 ***	640.68 ***	1072.76 ***	372.23	745.37 ***
$(\ln PGDP)^2$	−9.43 ***	−18.49 ***	522.74	1037.62 ***	307.05	722.59 ***
$(\ln PGDP)^3$	−5.45 ***	−20.61 ***	424.98	991.83 ***	258.31	746.55 ***

变量	LLC		Fisher-PP		Fisher-ADF	
	截距项	截距项和趋势项	截距项	截距项和趋势项	截距项	截距项和趋势项
lnUrban	−14.85 ***	−77.16 ***	1049.49 ***	793.56 ***	642.86 ***	785.44 ***
(lnUrban)^2	−11.86 ***	−76.45 ***	922.09 ***	754.48 ***	578.78	781.14 ***
(lnUrban)^3	−9.07 ***	−74.91 ***	800.61 ***	726.01 ***	523.98	765.55 ***

注:***、**、*分别表示在1%、5%、10%水平上显著。

2. 协整检验

如果基于单位根检验的结果发现变量之间是同阶单整的,那么可以进行协整检验。由以上面板单位根的检验结果可知,我国 274 个城市的空气质量指数 IAQI、NO_2、SO_2、PM_{10} 浓度以及各解释变量均是平稳的,因此,为了进一步探究它们之间是否存在长期的均衡关系,我们分别对空气质量指数 IAQI,NO_2、SO_2、PM_{10} 的浓度和各解释变量进行了协整检验,以检验它们之间是否存在协整关系。

基于传统的"E-G 两步法协整检验"(Engle,Granger,1987;Pedroni,1999)将其拓展到面板数据的应用之中,通过构建 7 个检验面板协整关系的统计量,其中 4 个用的是联合组内维度描述,分别为 Panel v、Panel rho、Panel PP、Panel ADF 统计量,另外 3 个则是用组间维度描述,分别为 Group rho、Group PP、Group ADF 统计量。本书应用 Pedroni 协整检验方法对空气质量指数 IAQI,NO_2、SO_2、PM_{10} 的浓度和各解释变量进行了协整检验,检验结果见表 4.4~表 4.7。表 4.4 的结果表明空气质量指数 IAQI 与各解释变量 lnArea、lnCar、lnGreen、lnIndustry、lnPGDP、(lnPGDP)^2、(lnPGDP)^3、lnUrban、(lnUrban)^2、(lnUrban)^3 的 Panel v、Panel rho、Panel PP、Panel ADF、Group PP、Group ADF 统计量在 1%、5%、10%显著水平上均拒绝了"不存在协整关系"的原假设,因此,空气质量综合指数 IAQI 与各解释变量之间均是协整的。同样地,NO_2、SO_2、PM_{10}浓度与各解释变量也是协整的,可以用于模型中进行实证分析,不会产生伪回归问题。

表 4.4 　　　　　　　　　　　　**IAQI 协整检验**

检验统计量 / 变量	Panel v	Panel rho	Panel PP	Panel ADF	Group rho	Group PP	Group ADF
lnArea	15.956 ***	−4.840 ***	−10.361 ***	−11.690 ***	2.466	−16.919 ***	−19.092 ***
lnCar	12.216 ***	−3.591 ***	−8.935 ***	−10.695 ***	3.298	−15.903 ***	−17.840 ***
lnGreen	15.932 ***	−3.950 ***	−7.861 ***	−10.782 ***	2.836	−17.118 ***	−20.750 ***
lnIndustry	10.348 ***	−2.164 **	−8.567 ***	−12.105 ***	3.603	−16.075 ***	−20.767 ***
lnPGDP	21.958 ***	−7.184 ***	−10.463 ***	−13.069 ***	1.535	−17.956 ***	−20.369 ***
$(lnPGDP)^2$	21.499 ***	−7.018 ***	−10.514 ***	−13.034 ***	1.621	−17.948 ***	−20.247 ***
$(lnPGDP)^3$	20.929 ***	−6.886 ***	−10.587 ***	−13.034 ***	1.708	−17.823 ***	−20.264 ***
lnUrban	21.183 ***	−5.172 ***	−7.006 ***	−9.287 ***	1.682	−16.411 ***	−18.719 ***
$(lnUrban)^2$	20.901 ***	−5.088 ***	−7.046 ***	−9.254 ***	1.717	−16.362 ***	−18.664 ***
$(lnUrban)^3$	20.308 ***	−4.974 ***	−7.071 ***	−9.223 ***	1.810	−16.313 ***	−18.616 ***

注：***、**、* 分别表示在 1%、5%、10% 水平上显著。

表 4.5 　　　　　　　　　　　　**SO$_2$ 协整检验**

检验统计量 / 变量	Panel v	Panel rho	Panel PP	Panel ADF	Group rho	Group PP	Group ADF
lnArea	3.019 ***	−4.821 ***	−17.724 ***	−20.189 ***	3.135	−19.814 ***	−23.984 ***
lnCar	3.117 ***	−3.813 ***	−16.335 ***	−18.262 ***	3.770	−17.559 ***	−19.602 ***

续表

检验统计量 变量	Panel v	Panel rho	Panel PP	Panel ADF	Group rho	Group PP	Group ADF
lnGreen	2.404 ***	−3.942 ***	−14.235 ***	−15.326 ***	4.334	−14.577 ***	−17.559 ***
lnIndustry	1.100	−2.079 **	−12.850 ***	−15.005 ***	5.158	−15.333 ***	−19.447 ***
lnPGDP	6.043 ***	−7.700 ***	−20.521 ***	−20.983 ***	1.636	−23.114 ***	−25.810 ***
$(lnPGDP)^2$	5.954 ***	−7.638 ***	−20.545 ***	−20.910 ***	1.676	−23.391 ***	−25.918 ***
$(lnPGDP)^3$	5.986 ***	−7.557 ***	−20.556 ***	−20.837 ***	1.725	−23.598 ***	−25.977 ***
lnUrban	5.494 ***	−5.576 ***	−16.291 ***	−18.708 ***	2.526	−20.463 ***	−24.221 ***
$(lnUrban)^2$	5.528 ***	−5.538 ***	−16.351 ***	−18.612 ***	2.531	−20.464 ***	−23.955 ***
$(lnUrban)^3$	5.576 ***	−5.652 ***	−16.431 ***	−18.600 ***	2.513	−20.502 ***	−23.881 ***

注:***、**、*分别表示在1%、5%、10%水平上显著。

表4.6　　　　　　　　　　　　**NO_2协整检验**

检验统计量 变量	Panel v	Panel rho	Panel PP	Panel ADF	Group rho	Group PP	Group ADF
lnArea	4.465 ***	−4.124 ***	−15.357 ***	−19.481 ***	2.558	−20.695 ***	−25.413 ***
lnCar	3.370 ***	−3.420 ***	−13.305 ***	−15.793 ***	3.434	−19.010 ***	−22.505 ***

检验统计量 变量	Panel v	Panel rho	Panel PP	Panel ADF	Group rho	Group PP	Group ADF
lnGreen	4.192 ***	−3.903 ***	−13.445 ***	−16.236 ***	3.791	−16.630 ***	−19.876 ***
lnIndustry	2.851 ***	−4.422 ***	−14.993 ***	−18.817 ***	2.906	−22.186 ***	−23.959 ***
lnPGDP	5.206 ***	−5.456 ***	−17.071 ***	−20.811 ***	2.309	−23.158 ***	−25.073 ***
$(lnPGDP)^2$	5.209 ***	−5.455 ***	−17.188 ***	−20.972 ***	2.342	−23.304 ***	−25.209 ***
$(lnPGDP)^3$	5.054 ***	−5.354 ***	−17.289 ***	−21.086 ***	2.381	−23.394 ***	−25.296 ***
lnUrban	4.301 ***	−5.201 ***	−16.854 ***	−20.765 ***	2.371	−23.168 ***	−25.580 ***
$(lnUrban)^2$	4.283 ***	−5.109 ***	−16.915 ***	−20.832 ***	2.375	−23.302 ***	−25.653 ***
$(lnUrban)^3$	4.294 ***	−5.121 ***	−16.982 ***	−20.848 ***	2.362	−23.348 ***	−25.647 ***

注:***、**、*分别表示在1%、5%、10%水平上显著。

表4.7　　　　　　　　**PM$_{10}$协整检验**

检验统计量 变量	Panel v	Panel rho	Panel PP	Panel ADF	Group rho	Group PP	Group ADF
lnArea	10.711 ***	−3.288 ***	−9.469 ***	−12.448 ***	2.765	−15.152 ***	−17.383 ***
lnCar	7.784 ***	1.291 *	−6.833 ***	−9.688 ***	4.028	−11.723 ***	−13.153 ***

检验统计量 变量	Panel v	Panel rho	Panel PP	Panel ADF	Group rho	Group PP	Group ADF
lnGreen	9.065 ***	−2.553 ***	−8.446 ***	−12.261 ***	3.227	−14.420 ***	−17.651 ***
lnIndustry	6.993 ***	−1.444 *	−8.414 ***	−11.424 ***	3.953	−14.290 ***	−17.314 ***
lnPGDP	15.451 ***	−5.410 ***	−10.813 ***	−15.069 ***	2.052	−15.889 ***	−18.443 ***
$(lnPGDP)^2$	15.117 ***	−5.292 ***	−10.858 ***	−15.076 ***	2.124	−15.902 ***	−18.386 ***
$(lnPGDP)^3$	15.236 ***	−5.212 ***	−10.922 ***	−15.107 ***	2.185	−15.925 ***	−18.503 ***
lnUrban	14.642 ***	−3.969 ***	−8.313 ***	−13.021 ***	2.299	−15.144 ***	−17.221 ***
$(lnUrban)^2$	14.449 ***	−3.913 ***	−8.338 ***	−13.004 ***	2.352	−15.292 ***	−17.226 ***
$(lnUrban)^3$	14.248 ***	−3.833 ***	−8.353 ***	−12.970 ***	2.420	−15.516 ***	−17.200 ***

注:***、**、*分别表示在1%、5%、10%水平上显著。

3. Granger 因果检验

协整检验结果反映城市空气质量与城市发展、城市化之间存在长期动态均衡关系,但不意味着变量之间必然存在因果关系。因此,需进一步进行 Granger 因果检验(考虑到全书篇幅,这里仅列出 IAQI 的 Granger 因果检验结果,见表4.8)。

表4.8　　　**IAQI 与城市发展相关指标的 Granger 因果检验**

原假设	F 统计量	P 值	结论
Area 不是 IAQI 的 Granger 原因	5.74	0.00	拒绝
IAQI 不是 Area 的 Granger 原因	0.35	0.68	接受

续表

原假设	F 统计量	P 值	结论
Car 不是 IAQI 的 Granger 原因	3.87	0.05	拒绝
IAQI 不是 Car 的 Granger 原因	0.18	0.82	接受
Green 不是 IAQI 的 Granger 原因	4.27	0.03	拒绝
IAQI 不是 Green 的 Granger 原因	1.97	0.21	接受
Industry 不是 IAQI 的 Granger 原因	8.46	0.00	拒绝
IAQI 不是 Industry 的 Granger 原因	2.04	0.12	接受
PGDP 不是 IAQI 的 Granger 原因	4.76	0.01	拒绝
IAQI 不是 PGDP 的 Granger 原因	0.29	0.72	接受
Urban 不是 IAQI 的 Granger 原因	5.46	0.00	拒绝
IAQI 不是 Urban 的 Granger 原因	1.24	0.06	拒绝

注：概率是 5% 显著性水平下原假设成立的概率值。

检验结果显示，城市发展相关指标均是 IAQI 的 Granger 原因，而 IAQI 不是建成区面积、公共汽车、人均 GDP、第二产业的 Granger 原因，但是城市化率的 Granger 原因，即城市发展会导致空气环境的变化（其他三类空气指标的检验亦是如此，均至少通过 5% 水平的显著性检验，这里不再赘述），而空气环境的变化对城市经济的发展变动影响甚微，但一定程度上会影响城市化率的发展。

二、以人均 GDP 为主解释变量的 EKC 估计结果(GEKC)

1. SO$_2$ 的普通面板回归结果

从 Hausman 检验结果可以看出，二次曲线的 M1 型和三次曲线的 M2、M4 型拟合用固定效应模型更合适，M3 的多变量型更适合用随机效应模型（表 4.9）。从与人均 GDP 的拟合结果看，在模型 FE-M1 和模型 RE-M3 中，人均 GDP 这一变量层均通过了 5%、1% 的显著性检验；从二次曲线的系数看，城市空气中 SO$_2$ 浓度在 10 年间呈倒"U"形的趋势（即随着城市经济的发展，ρ_{SO_2} 先增大恶化后降低改善），两个模型拐点处的人均 GDP 分别为 2630 元和 252798 元（偏离实际状况较大）。从三次曲线来看，人均 GDP 均通过了 1% 的显著性检验，检验结果更好，并且说明城市空气的 SO$_2$ 浓度与城市经济发展状况在 10 年间表现出倒"N"形的曲线特征,在 FE-M2 模型中,两个对应拐点分别为 8049 元(由好变坏)和 190843 元(由坏转好);而在多变量的 FE-M4 模型中,两个对应拐点分别为 15444 元(由好变坏)和 74015 元(由坏转好),前者延迟、后者改善提前,这个结果验证了"十五"规划后我国所积极开展的 SO_2 总量减排等污染治理措施带来的良好成效。从显著性水平及 R^2 检验结果来看,选择三次模型(FE-M4)更为合适。

表 4.9　　　ρ_{SO_2} 与相关解释变量的固定效应模型和随机效应模型估计结果(GEKC)

估计方法 模型	RE(随机效应模型)				FE(固定效应模型)			
	M1	M2	M3	M4	M1	M2	M3	M4
常数项	1.0607 (1.03)	−28.9581 (−3.9) ***	−0.1724 (−0.16)	−30.2536 (−4.2) ***	1.6232 (1.6)	−29.2728 (−3.9) ***	1.5463 (1.4)	−30.839 (−4.2) ***
lnPGDP	0.6422 (3.2) ***	9.5784 (4.4) ***	0.5735 (2.6) ***	9.5353 (4.4) ***	0.5525 (2.7) ***	9.7498 (4.4) ***	0.4643 (2.0) **	10.1445 (4.6) ***
$(lnPGDP)^2$	−0.03848 (−3.9) ***	−0.9206 (−4.3) ***	−0.02305 (−2.2) **	−0.90814 (−4.3) ***	−0.03508 (−3.5) ***	−0.94298 (−4.4) ***	−0.01725 (−1.6) ***	−0.9783 (−4.5) ***
$(lnPGDP)^3$		0.02888 (4.1) ***		0.02897 (4.2) ***		0.02972 (4.2) ***		0.03127 (4.5) ***
lnArea			0.01558 (0.56)	0.01729 (0.63)			−0.04781 (−1.5)	−0.05004 (−1.6)
lnCar			0.00272 (0.11)	0.001968 (0.08)			−0.1048 (−3.3) ***	−0.1107 (−3.5) ***
lnGreen			−0.1314 (−3.99) ***	−0.1356 (−4.1) ***			−0.1493 (−4.4) ***	−0.15503 (−4.6) ***
lnIndustry			0.2450 (4.4) ***	0.2646 (4.8) ***			0.1728 (2.8) ***	0.2015 (3.3) ***
lnUrban			−0.01737 (−0.24)	−0.03154 (−0.44)			0.03784 (0.41)	0.004538 (0.05)

续表

估计方法 模型	RE(随机效应模型)				FE(固定效应模型)			
	M1	M2	M3	M4	M1	M2	M3	M4
T			−0.04056 (−8.6) ***	−0.03896 (−8.2) ***			−0.03668 (−5.7) ***	−0.03332 (−5.2) ***
R^2	0.050755	0.056577	0.099839	0.105474	0.779518	0.781085	0.789463	0.791153
DW	0.79277	0.794878	0.827304	0.831533	0.895961	0.898388	0.939111	0.94652
F-test/λ	73.17 ***	54.69 ***	37.86 ***	35.77 ***	31.68 ***	31.84 ***	32.80 ***	33.01 ***
Hausman	43.33 ***	44.87 ***	0	58.41 ***				

注:M1 为仅以人均 GDP 为解释变量的二次函数;M2 为仅以人均 GDP 为解释变量的三次函数;M3 为人均 GDP 的二次多变量的模型;M4 为人均 GDP 的三次多变量的模型。*** 、** 、* 分别表示在 1%、5% 和 10% 水平上显著;括号里数值为对应的 t 统计量值。

从城市的样点数量来看,大部分样点(71.4%)分布在"N"形曲线的中间段,即还处在污染加剧的阶段,但随着城市经济的发展,越来越多的城市开始跨过改善拐点(占总样本数的 11.3%),表明 SO_2 总量减排及空气质量改善将在越来越多的城市得到显现。

从其他解释变量结果看,建成区面积和城市化率没有通过显著性检验,而第二产业比重与城市空气中 SO_2 浓度均存在显著的相关关系。在 FE-M4 拟合中,第二产业比重与空气中 SO_2 浓度的拟合呈正相关关系,并通过了 1% 的显著性检验,弹性系数为 0.2015,表明随着第二产业比重的增加,空气中 SO_2 污染会随之加重,第二产业比重每增加 1%,空气中 SO_2 浓度就增加 0.2015%。可见,工业污染源排放对空气中 SO_2 的污染具有较强的正向影响;同时城市绿化覆盖率的提高以及公共交通的增多有利于 SO_2 的污染总体减轻。这意味着城市的绿化空间对 SO_2 有吸附作用,城市绿化覆盖率每提高 1%,空气中 SO_2 浓度就降低 0.1553%;而公共交通的推广可以有助于 SO_2 浓度的降低,公共交通数量每增加 1%,空气中 SO_2 浓度就降低 0.1107%。

2.NO_2 的普通面板回归结果

从 Hausman 检验结果可以看出,二次曲线的 M1 型和三次曲线的 M2、M4 型拟合用固定效应模型更合适,M3 的多变量型更适合用随机效应模型,与 SO_2 的检验结果相似(表 4.10)。在模型 FE-M1 和模型

RE-M3 中,人均 GDP 均通过了 1‰ 的显著性水平检验,从二次曲线系数看,城市空气 NO_2 污染在 10 年间呈"U"形的趋势(即随着城市经济的发展,ρ_{NO_2} 先降低改善后增大恶化),两个模型拐点处的人均 GDP 分别为 19604 元和 19909 元,两者差别较小。从三次曲线看,在 FE-M2 和 RE-M4 模型中人均 GDP 的三个系数基本不显著,这说明城市经济增长和 ρ_{NO_2} 之间并不存在三次项函数关系,也意味着在所选的 10 年尺度研究下,倒"N"形曲线的第二个拐点(改善)远没有出现,这与李茜等(2013)的三次曲线结果不一致("N"形曲线特征)。综合来看,10 年间城市空气中 NO_2 的污染呈"U"形曲线发展,并呈现质量浓度上升(污染加剧恶化)的趋势。而从其他解释变量结果看,除建成区绿化覆盖率有对污染的削减作用以外,人口城镇化率、第二产业比重、公共汽车拥有量、建成区面积均对 ρ_{NO_2} 的提升有正作用(模型 RE-M3),加剧了污染。

表 4.10　　　**ρ_{NO_2} 与相关解释变量的固定效应模型和随机效应模型估计结果(GEKC)**

估计方法 模型	RE(随机效应模型)				FE(固定效应模型)			
	M1	M2	M3	M4	M1	M2	M3	M4
常数项	5.7380 (7.08) ***	−3.5436 (−0.6)	4.9103 (5.9) ***	−2.6382 (−0.45)	6.1641 (7.4) ***	−4.1134 (−0.69)	6.6996 (7.5) ***	−2.8372 (−0.47)
lnPGDP	−0.5169 (−3.2) ***	2.2457 (1.3)	−0.6955 (−4.0) ***	1.5517 (0.90)	−0.5768 (−3.5) ***	2.4826 (1.4)	−0.9616 (−5.2) ***	1.8890 (1.1)
(lnPGDP)²	0.02738 (3.5) ***	−0.2453 (−1.4)	0.03513 (4.3) ***	−0.1867 (−1.1)	0.02918 (3.7) ***	−0.2728 (−1.6)	0.04813 (5.3) ***	−0.2334 (−1.3)
(lnPGDP)³		0.008925 (1.6)		0.007258 (1.3)		0.009888 (1.7) *		0.009209 (1.6)
lnArea			0.05284 (2.5) **	0.05364 (2.6) ***			−0.02902 (−1.1)	−0.02967 (−1.1)
lnCar			0.08103 (4.5) ***	0.08111 (4.6) ***			−0.00229 (−0.09)	−0.00403 (−0.16)

续表

估计方法 模型	RE(随机效应模型)				FE(固定效应模型)			
	M1	M2	M3	M4	M1	M2	M3	M4
lnGreen			−0.06623 (−2.5) ＊＊	−0.06718 (−2.6) ＊＊＊			−0.09332 (−3.4) ＊＊＊	−0.09501 (−3.5) ＊＊＊
lnIndustry			0.1181 (2.9) ＊＊＊	0.1221 (3.0) ＊＊＊			0.09021 (1.8) ＊	0.09864 (1.98) ＊＊
lnUrban			0.2182 (4.4) ＊＊＊	0.2149 (4.3) ＊＊＊			0.4166 (5.6) ＊＊＊	0.4068 (5.4) ＊＊＊
T			−0.01182 (−3.5) ＊＊＊	−0.0115 (−3.4) ＊＊＊			−0.01102 (−2.1) ＊＊	−0.01003 (−1.9) ＊
R^2	0.011331	0.012242	0.066091	0.06695	0.702719	0.703084	0.708305	0.708614
DW	1.069992	1.069567	1.096669	1.095767	1.209382	1.209411	1.235818	1.236174
F-test/λ	15.68 ＊＊＊	11.30 ＊＊＊	24.16 ＊＊＊	21.77 ＊＊＊	21.18 ＊＊＊	21.13 ＊＊＊	21.24 ＊＊＊	21.19 ＊＊＊
Hausman	49.24 ＊＊＊	51.74 ＊＊＊	0	62.67 ＊＊＊				

注：M1 为仅以人均 GDP 为解释变量的二次函数；M2 为仅以人均 GDP 为解释变量的三次函数；M3 为人均 GDP 的二次多变量的模型；M4 为人均 GDP 的三次多变量的模型。＊＊＊、＊＊、＊分别表示在 1％、5％和 10％水平上显著；括号里数值为对应的 t 统计量值。

从城市的样点数量来看，大部分样点（占样本总数的 72.7％）分布在"U"形曲线的右侧（浓度上升段），但城市增多的速率在 2011 年放缓，随着"十二五"国家对 NO_x 减排的控制，预计 NO_2 的改善拐点即将出现，未来需全面落实淘汰落后产能要求，加强对火电能源、钢铁水泥等行业的控制，从源头上控制 NO_x 的排放。

已有研究亦发现，2004 年之后，NO_2 污染随着城市的经济发展而加重，这与有些发达国家情况类似，即环境质量随经济发展在改善后又趋于恶化的趋势，而出现这种现象的原因可能是经济增长率的提高致使物质消耗的增加等（李茜，2013；李玉文等，2005）。空气中的 NO_2 主要来自重油、汽油、煤炭、天然气等矿物燃料在高温条件下的燃烧，而城市空气 NO_2 的主要来源为工业生产和汽车尾气排放。随着城市人均收入的提高和城市的扩张,机动车数量迅速增加,有数据显示,我国私人汽车保有量的年均增长率在 2004 年后显著增加,2004 年较 2003 年的增长率为 11.9%,而 2005 年迅速增加到 39.2%,此后一直维持在高水平。可以看到,近年来城市 NO_2 污染来源急剧增加,但我国对城市 NO_2 污染的治理力度和措施并没有跟上这种变化,在环保设施的投入及污染源控制的力度上,NO_2 污染的控制并不作为重点,这都导致了 NO_2 污染状况随着城市化的加速发展而恶化,现阶段仍处在加重状态。从各城市的 NO_2 年平均值来看,十年间 NO_2 浓度并没有显著下降,2013 年反而有所上升,这与曲线拟合的结果相符。在国家"十二五"规划中,明确提出了 NO_x 总量减排控制的目标(重点区域控制和重点行业控制),这将对今后城市空气 NO_2 污染的改善起到关键作用。

3. PM_{10} 的普通面板回归结果

从 Hausman 检验结果发现,二次曲线的 M1 型和三次曲线的 M2 型拟合用固定效应模型更合适,M3 和 M4 的多变量型更适合用随机效应模型(表 4.11)。在模型 M1 和模型 M3 中,人均 GDP 均通过了 1% 的显著性检验,与 NO_2 的检验结果相同,城市中的 PM_{10} 质量浓度在 10 年间呈"U"形发展趋势,两个模型的恶化拐点坐标对应的人均 GDP 分别为 67723 元和 40759 元,大部分样本城市位于最低点左侧(分别为 85.58%、63.87%)。其他解释变量中,城市化率与 PM_{10} 浓度没有显著的相关关系。第二产业比重和公共交通数量则通过了 1% 的显著性检验,建成区面积通过了 10% 的显著性检验。其中,第二产业比重与 PM_{10} 浓度存在显著的正相关关系的弹性系数为 0.129,表明城市第二产业比重每增加 1%,会引起 PM_{10} 的污染浓度升高 0.129%。从三次曲线看,在 FE-M2 模型和 RE-M4 模型中,人均 GDP 的三个系数基本不显著,这说明城市经济增长和 PM_{10} 浓度之间并不存在三次项函数关系,也意味着在所选的 10 年尺度研究下,倒"N"形曲线的第二个拐点(改善)并没有出现。这与李茜等(2013)的三次曲线结果不一致,且"U"形曲线的拐点也有差异(分别为 49122 元和 49288 元)。

从城市的样点数量来看,大部分样点均分布在"U"形曲线的左侧,占总样点的 85.58%,因此 10 年间,总体上我国大部分城市的 PM_{10} 污染随经济发展而呈现减轻的趋势,这与前文分析的 PM_{10} 浓度总体呈下降趋势相一致。而分布在右侧上升段的样点有 395 个,占总样点的 14.42%,从这些样点的年份看,大部分都是 2008 年之后的城市数据;而从城市的空间分布看,主要分布在东部沿海的大型城市群及周边,如京津冀、山东省部分大型城市及长三角、珠三角等部分城市。

值得注意的是,第二产业的工业、建筑业、交通、建成区面积对其污染加重有重要的影响,这与 PM_{10} 的污染来源有关,已有研究表明(Wang J et al,2013;余锡刚等,2010),除受沙尘天气影响外,城市 PM_{10} 主要来源于工业排放、道路扬尘、建筑扬尘等。近年来,大型城市的快速扩张不可避免地带来大量工业烟粉尘排放,建筑施工、机动车行驶会载带地面扬尘,这些都是城市 PM_{10} 污染的主要原因,也是 2008 年之后我国东部主要城市群及发展水平较高的城市呈现 PM_{10} 污染加重趋势的主要原因,也表明我国对空气中颗粒物污染的治理还较为薄弱,跟不上城市快速发展的步伐(当前还主要针对 $PM_{2.5}$)。因此,现阶段我国城市空气的 PM_{10} 污染,尤其是在城市化发展水平较高的地区仍是呈加重的态势,不存在 EKC。10 年间,我国城市空气中的 PM_{10} 一直以来均是首要污染物,2010 年仍有 10% 的城市 PM_{10} 年均浓度超标,颗粒物的污染改善仍面临很大压力(Liu et al,2015)。

表 4.11 **$\rho_{PM_{10}}$ 与相关解释变量的固定效应模型和随机效应模型估计结果(GEKC)**

估计方法 模型	RE(随机效应模型)				FE(固定效应模型)			
	M1	M2	M3	M4	M1	M2	M3	M4
常数项	14.3804 (21.9) ***	16.7824 (3.6) ***	12.8778 (19.1) ***	16.1065 (3.4) ***	14.916 (22.3) ***	15.8800 (3.3) ***	13.9516 (19.4) ***	15.1316 (3.2) ***
lnPGDP	−1.8182 (−14.2) ***	−2.5347 (−1.8) *	−1.7473 (−12.5) ***	−2.7142 (−1.95) *	−1.9054 (−14.6) ***	−2.1922 (−1.6)	−1.8303 (−12.3) ***	−2.1830 (−1.5)
$(lnPGDP)^2$	0.0823 (13.2) ***	0.1531 (1.1)	0.0823 (12.3) ***	0.1779 (1.3)	0.08565 (13.4) ***	0.1140 (0.8)	0.08664 (12.0) ***	0.1215 (0.87)
$(lnPGDP)^3$		−0.00232 (−0.5)		−0.00314 (−0.70)		−0.00093 (−0.2)		−0.00114 (−0.25)
lnArea			0.01124 (1.66) *	0.01104 (1.65) *			−0.00692 (−0.33)	−0.00684 (−0.33)

续表

估计方法 模型	RE(随机效应模型)				FE(固定效应模型)			
	M1	M2	M3	M4	M1	M2	M3	M4
lnCar			0.0982 (6.6) ***	0.0994 (6.8) ***			0.04238 (2.04) **	0.0426 (2.1) **
lnGreen			−0.1002 (−4.8) ***	−0.09987 (−4.74) ***			−0.1029 (−4.7) ***	−0.1026 (−4.7) ***
lnIndustry			0.1291 (3.8) ***	0.1304 (3.9) ***			0.0485 (1.2)	0.0475 (1.19)
lnUrban			−0.0283 (−0.7)	−0.02904 (−0.70)			0.0093 (0.16)	0.01051 (0.18)
T			−0.0142 (−5.0) ***	−0.01419 (−5.1) ***			−0.01334 (−3.2) ***	−0.01346 (−3.2) ***
R^2	0.141257	0.140734	0.163466	0.183778	0.715617	0.715622	0.72097	0.720977
DW	0.878914	0.877425	0.851647	0.889762	1.000779	1.001123	1.003605	1.003917
F-test/λ	225.11 ***	149.37 ***	66.7 ***	68.30 ***	22.55 ***	22.46 ***	22.60 ***	22.51 ***
Hausman	59.68 ***	67.45 ***	0	0				

注:M1为仅以人均GDP为解释变量的二次函数;M2为仅以人均GDP为解释变量的三次函数;M3为人均GDP的二次多变量的模型;M4为人均GDP的三次多变量的模型。***、**、*分别表示在1%、5%和10%水平上显著;括号里数值为对应的t统计量值。

4. IAQI 的普通面板回归结果

从 Hausman 检验结果可以发现,二次曲线和三次曲线的 M2 型拟合均用固定效应模型更合适,三次曲线的 M4 多变量型更适合用随机效应模型(表 4.12)。在二次曲线模型中,人均 GDP 的一、二次项通过了 1%的显著性检验,表明 IAQI 综合质量指数值在 10 年间呈"U"形的变化趋势(即随着城市经济的发展,城市空气综合质量指数先降低改善后增大恶化),两个模型的拐点(空气环境由好变坏)坐标对应的人均 GDP 分别为 89843 元和 44356 元。从三次曲线看,在 M2 和 M4 模型中人均 GDP 的三个系数不但不显著,而且联合不显著,这说明城市经济增长和空气综合质量指数之间并不存在三次项函数关系,也意味着在所选的10年尺度研究下,倒"N"形曲线的第二个拐点(改善)并没有出现。

表 4.12 　　**IAQI 值与相关解释变量的固定效应模型和随机效应模型估计结果(GEKC)**

估计方法 模型	RE(随机效应模型)				FE(固定效应模型)			
	M1	M2	M3	M4	M1	M2	M3	M4
常数项	9.3955 (12.3) ***	3.9268 (0.7079)	7.456 (9.64) ***	3.1821 (0.582) *	10.3328 (13.) ***	2.8094 (0.498)	9.4012 (11.1) ***	0.5273 (0.0938)
$\ln PGDP$	−1.4977 (−10.0) ***	0.1279 (0.0779)	−1.3659 (−8.56) ***	−0.0992 (−0.061)	−1.647 (−10) ***	0.5926 (0.355)	−1.5197 (−8.6) ***	1.1328 (0.678)
$(\ln PGDP)^2$	0.0666 (9.15) ***	−0.0936 (−0.58)	0.0651 (8.53) ***	−0.0597 (−0.37)	0.0722 (9.6) ***	−0.1488 (−0.907)	0.0711 (8.54) ***	−0.1895 (−1.153)
$(\ln PGDP)^3$		0.0052 (0.9927)		−0.0041 (0.7820)		0.0072 (1.348)		0.0085 (1.596)
$\ln Area$			0.0185 (0.9907)	0.0189 (1.0185)			−0.0219 (−0.9025)	−0.0226 (−0.928)
$\ln Car$			0.1080 (6.83) ***	0.1090 (6.96) ***			0.0183 (0.751)	0.0167 (0.684)
$\ln Green$			−0.1471 (−6.08) ***	−0.1478 (−6.1) ***			−0.1559 (−6.03) ***	−0.1575 (−6.09) ***
$\ln Industry$			0.1792 (4.86) ***	0.1832 (4.99) ***			0.0999 (2.14) **	0.1078 (2.30) **
$\ln Urban$			−0.0621 (−1.43)	−0.0646 (−1.50)			−0.0530 (−0.756)	−0.0621 (−0.883)
T			−0.0194 (−6.50) ***	0.0192 (−6.4) ***			−0.014 (−2.86) ***	−0.0131 (−2.66) ***

估计方法 模型	RE(随机效应模型)				FE(固定效应模型)			
	M1	M2	M3	M4	M1	M2	M3	M4
R^2	0.094899	0.094643	0.163466	0.164088	0.621853	0.622132	0.632279	0.63266
DW	0.811744	0.808724	0.851647	0.847435	0.938765	0.937134	0.957792	0.956945
F-test/λ	143.4 ***	95.3 ***	66.7 ***	59.5 ***	14.7 ***	14.7 ***	15.0 ***	15.0 ***
Hausman	100.05 ***	108.34 ***	51.18 ***	0				

注:M1 为仅以人均 GDP 为解释变量的二次函数;M2 为仅以人均 GDP 为解释变量的三次函数;M3 为人均 GDP 的二次多变量的模型;M4 为人均 GDP 的三次多变量的模型。***、**、*分别表示在 1%、5%和 10%水平上显著;括号里数值为对应的 t 统计量值。

影响综合质量指数的其他解释变量为第二产业比重和公共交通数量,均通过了 1% 的显著性检验。第二产业比重与综合污染指数呈显著的正相关关系,弹性系数为 0.179(M3)、0.108(M4),表明产业结构对城市空气污染状况有重要影响,第二产业的工业粉尘、烟尘排放和建筑所带来的道路扬尘等均为城市空气中污染物的主要来源。此外,建成区绿化覆盖率对空气综合质量指数有负作用(弹性系数为 $-0.157 \sim -0.147$),即更高的城市绿化建设对空气污染物有更好的吸附作用,降低了污染物浓度,提升了空气质量浓度。

综合来看,该结果与李茜(2013)的相比,仅以二次人均 GDP 为解释变量的(M1)经典 EKC 拟合结果一致,均为"U"形,但是出现拐点不同(51402 元和 55999 元),远低于本书的 89843 元。这首先与所选的解释指标口径差异有关,本书选择的是市辖区人均 GDP,其值总体上高于全市的人均 GDP;其次,所选的研究时间尺度也不同,由李茜的 2001—2010 年到本书的 2004—2013 年,人均 GDP 的本身数值也在增长。但有一点相同的是,均处于"U"形曲线向上线段(空气质量趋于恶化阶段),远没有迎来改善的拐点。

三、以城市化率为主解释变量的 EKC 估计结果(UEKC)

1. SO_2 的普通面板回归结果

从 Hausman 检验结果可以发现,二次曲线和三次曲线的回归拟合均用固定效应模型更为合适(表 4.13)。在二次曲线拟合中,城市化率均通过了 1% 的显著性检验,且城市空气 SO_2 污染在 10 年间呈倒"U"形的趋势(即随着城市化水平的提高,ρ_{SO_2} 先降低改善后增大恶化),两个模型拐点处的城市化率分别为 19.7% 和 32.78%。从三次曲线来看,城市化率均通过了 1% 的显著性检验,检验结果更好,并且说明城市空气的 SO_2 质量浓度与城市化水平在 10 年间存在倒"N"形的变化特征,在 FE-M2 模型中,两个对应拐点分别为 20.45%(由好变坏)和 193.4%(没有实际意义);而在多变量的 FE-M4 模型中,两个对应拐点分别为 25.7%(由好变坏)和 59.9%(由坏变好)。从综合显著性水平及 R^2 检验结果来看,选择三次模型(FE-M4)更为合适,即为倒"N"形曲线。

从城市分布样点来看,大部分样点(74.1%)分布在"N"形曲线的中间段,即还处在污染加剧的阶段,但随着城市化的发展,越来越多的城市开始跨过改善拐点(占总样本数的 21.4%),总体特征与 GEKC-SO_2 相似。

表 4.13　　　　　ρ_{SO_2} 与相关解释变量的固定效应模型和
随机效应模型估计结果(UEKC)

估计方法 模型	RE(随机效应模型)				FE(固定效应模型)			
	M1	M2	M3	M4	M1	M2	M3	M4
常数项	0.6971 (0.90)	−12.8189 (−3.9) ***	−0.5818 (−0.71)	−12.5672 (−3.8) ***	−0.4317 (−0.52)	−10.2873 (−3.0) ***	0.8659 (0.95)	−12.8207 (−3.7) ***
lnUrban	2.0902 (4.9) ***	13.9953 (4.9) **	1.4930 (3.5) ***	12.0446 (4.3) ***	2.9507 (6.3) ***	11.7024 (3.9) ***	1.5230 (3.1) ***	13.6519 (4.6) ***
(lnUrban)²	−0.34797 (−5.9) ***	−3.7919 (−4.7) ***	−0.2107 (−3.5) ***	−3.2699 (−4.0) ***	−0.4948 (−7.6) ***	−3.0496 (−3.5) ***	−0.2182 (−2.9) ***	−3.7705 (−4.3) ***
(lnUrban)³		0.3276 (4.2) ***		0.2912 (3.8) ***		0.2454 (2.9) ***		0.3425 (4.1) ***
lnArea			0.01741 (0.63)	0.01813 (0.66)			−0.05143 (−1.6)	−0.04985 (−1.6)

估计方法 模型	RE(随机效应模型)				FE(固定效应模型)			
	M1	M2	M3	M4	M1	M2	M3	M4
lnCar			0.01056 (0.42)	0.001689 (0.07) ***			−0.1056 (−3.3) ***	−0.1177 (−3.7) ***
lnGreen			−0.1296 (−4.0) ***	−0.1226 (−3.8) ***			−0.1489 (−4.4) ***	−0.1412 (−4.2) ***
lnIndustry			0.2508 (4.6) ***	0.2771 (5.1) ***			0.1810 (3.0) ***	0.2187 (3.6) ***
lnPGDP			0.1058 (3.1) ***	0.1052 (3.1) ***			0.10904 (2.8) ***	0.1068 (2.8) *
T			−0.04052 (−8.6) ***	−0.03952 (−8.4) ***			−0.03253 (−4.9) ***	−0.033 (−5.0) ***
R^2	0.043279	0.049442	0.102146	0.106772	0.781052	0.781817	0.789986	0.79142
DW	0.779586	0.7844	0.829077	0.833555	0.893203	0.895357	0.941083	0.947888
F-test/λ	61.91 ***	47.44 ***	38.84 ***	36.26 ***	31.96 ***	31.98 ***	32.90 ***	33.06 ***
Hausman	73.99 ***	65.64 ***	51.26 ***	54.75 ***				

注:M1为仅以城市化率为解释变量的二次函数;M2为仅以城市化率为解释变量的三次函数;M3为城市化率的二次多变量的模型;M4为城市化率的三次多变量的模型。***、**、*分别表示在1%、5%和10%水平上显著;括号里数值为对应的 t 统计量值。

2. NO_2 的普通面板回归结果

从 Hausman 检验结果可以看出,二次曲线和三次曲线的 M2 型拟合均用固定效应模型更合适,三次曲线的 M4 多变量型更适合用随机效应模型(表 4.14)。在二次曲线拟合中(FE-M1 和 M3),城市化率基本上没有通过显著性检验,除 M3 的二次项通过了 5% 水平的显著性检验(其拐点为 8.8%，没有实际意义），绝大多数城市处于"U"形曲线的上升阶段，即污染不断加剧的阶段；与之类似，在三次曲线中，城市化率均未通过显著性检验。表明不管是二次式还是三次式，城市化率对 ρ_{NO_2} 的影响没有呈现经典的 EKC，也没有出现其他显著的曲线规律。此外，在前文的分析中，也发现人口城镇化率对 NO_2 的浓度影响更为显著，即越高人口城镇化率的城市，其 ρ_{NO_2} 越高，远没有迎来改善拐点的出现。

表 4.14　　　　ρ_{NO_2} 与相关解释变量的固定效应模型和
随机效应模型估计结果（UEKC）

估计方法 模型	RE（随机效应模型）				FE（固定效应模型）			
	M1	M2	M3	M4	M1	M2	M3	M4
常数项	3.7768 (6.3) ***	0.7151 (0.28)	1.9728 (3.2) ***	1.1506 (0.45)	3.3289 (5.0) ***	2.1766 (0.78)	3.6706 (4.9) ***	2.3276 (0.82)
lnUrban	−0.4997 (−1.5)	2.1859 (0.99)	−0.1001 (−0.3)	0.6174 (0.28)	−0.1574 (−0.42)	0.8659 (0.36)	−0.51199 (−1.3)	0.6782 (0.28)
(lnUrban)²	0.09986 (2.2) **	−0.6736 (−1.1)	0.03787 (0.82) ***	−0.1689 (−0.27)	0.04135 (0.79)	−0.2574 (−0.37)	0.1197 (2.0) **	−0.2289 (−0.32)
(lnUrban)³		0.07325 (1.2)		0.01954 (0.33)		0.02869 (0.43)		0.033604 (0.49)
lnArea			0.059399 (2.9) ***	0.05953 (2.9) ***			−0.02147 (−0.83)	−0.02131 (−0.82)
lnCar			0.08327 (4.6) ***	0.08287 (4.6) ***			0.003661 (0.14)	0.002475 (0.095)
lnGreen			−0.080194 (−3.1) **	−0.07967 (−3.1) ***			−0.1111 (−4.1) ***	−0.1104 (−4.0) ***
lnIndustry			0.08474 (2.1) **	0.08624 (2.1) **			0.03676 (0.76)	0.04046 (0.82)
lnPGDP			0.02989 (1.2)	0.03004 (1.2)			0.02162 (0.68)	0.02139 (0.68)

续表

估计方法 模型	RE(随机效应模型)				FE(固定效应模型)			
	M1	M2	M3	M4	M1	M2	M3	M4
T			−0.01084 (−3.2) ***	−0.01077 (−3.2) ***			−0.008395 (−1.56)	−0.008441 (−1.6)
R^2	0.019002	0.019522	0.06078	0.060857	0.702207	0.702229	0.705379	0.705408
DW	1.086872	1.087209	1.096712	1.0965	1.212798	1.212649	1.232931	1.232692
F-test/λ	26.51 ***	18.16 ***	22.09 ***	19.66 ***	21.13 ***	21.05 ***	20.94 ***	20.86 ***
Hausman	12.74 ***	12.01 ***	51.45 ***	0				

注:M1 为仅以城市化率为解释变量的二次函数;M2 为仅以城市化率为解释变量的三次函数;M3 为城市化率的二次多变量的模型;M4 为城市化率的三次多变量的模型。***、**、* 分别表示在1%、5%和10%水平上显著;括号里数值为对应的 t 统计量值。

3. PM_{10} 的普通面板回归结果

从 Hausman 检验结果可以发现,二次曲线和三次曲线的 M2 型回归拟合均用固定效应模型更合适,三次曲线的 M4 多变量型更适合用随机效应模型(表 4.15)。在模型 FE-M1 和模型 M3 中,人口城镇化率通过了5%、1%的显著性检验,$\rho_{PM_{10}}$ 在 10 年间呈"U"形趋势(即随着城市化水平的提高,$\rho_{PM_{10}}$ 先降低改善后增大恶化),两个模型的拐点(空气环境由好变坏)坐标对应的城市化率分别为 805.27%(没有实际意义)和 45.75%。从三次曲线看,在 FE-M2 模型中城市化率的三个系数联合不显著;但在综合考虑其他多因素指标影响后,RE-M4 模型中城市化率的三个系数在10%、5%水平上显著,呈倒"N"形曲线特征,两个对应拐点分别为 50.7%(由好变坏)和 103.4%(没有实际意义)。从显著性水平及 R^2 检验结果来看,选择二次模型(FE-M3)更为合适。

其他解释变量中,第二产业比重和公共交通数量则通过了 1% 的显著性检验(正相关关系),建成区绿化覆盖率有显著的污染削减作用,建成区面积则没有通过显著性检验。其中,建成区绿化覆盖率与 PM_{10} 浓度存在显著的正相关关系的弹性系数为 −0.13,表明建成区绿化覆盖率比重每增加 1%,会引起 PM_{10} 的污染浓度下降 0.13%。

此外,根据杜雯翠等(2013)研究结果,城市化的"生活效应"带来了人口集聚,加速了建筑业的发展和机动车的增加,恶化了空气质量;而城市化的"生产效应",则带来了产业集聚,实现了治污减排的规模效应,缓解了空气污染。并近似认为,城市化率为59%是城市化对空气污染影响(针对PM_{10})由负变正的拐点,当城市化率高于59%时,城市化的"生活效应"大于"生产效应",城市化带来了空气质量的恶化。相比新兴经济体国家层面的回归结果,本书针对中国城市尺度的空气环境质量恶化拐点所处的城市化水平提前了13个百分点。从城市的样点数量来看,"U"形曲线左侧的城市略高于右侧城市,但随着城市化水平的提高,越来越多的城市会跨过45.75%的拐点,进入恶化阶段,改善拐点远没有出现。

表 4.15 $\rho_{PM_{10}}$ 与相关解释变量的固定效应模型和随机效应模型估计结果(UEKC)

估计方法 模型	RE(随机效应模型)				FE(固定效应模型)			
	M1	M2	M3	M4	M1	M2	M3	M4
常数项	8.5154 (17.0) ***	6.3308 (3.0) ***	7.3238 (14.1) ***	10.7819 (5.1) ***	7.6419 (13.8) ***	7.0255 (3.1) ***	8.6328 (14.2) ***	9.2428 (4.0) ***
lnUrban	−1.8733 (−6.8) ***	0.0436 (0.02)	−1.5048 (−5.5) ***	−4.5402 (−2.5) **	−1.1857 (−3.8) **	−0.6383 (−0.3)	−1.7503 (−5.3) ***	−2.2909 (−1.1)
(lnUrban)²	0.2079 (5.5) ***	−0.3450 (−0.65) ***	0.19106 (5.1) ***	1.0676 (2.1) **	0.0886 (2.0) **	−0.07118 (−0.12)	0.2289 (4.6) ***	0.3872 (0.67)
(lnUrban)³		0.05247 (1.1) ***		−0.0831 (−1.7) *		0.01535 (0.28)		−0.0153 (−0.27)
lnArea			0.02289 (1.3)	0.0225 (1.3)			0.0067 (0.32)	0.00666 (0.3)
lnCar			0.0995 (6.5) ***	0.1019 (6.7) ***			0.0530 (2.5) **	0.05354 (2.5) **
lnGreen			0.1282 (−6.00) ***	−0.1303 (−6.1) ***			−0.1344 (−6.0) ***	−0.1348 (−6.0) ***

续表

估计方法 模型	RE(随机效应模型)				FE(固定效应模型)			
	M1	M2	M3	M4	M1	M2	M3	M4
lnIndustry			0.06205 (1.8) *	0.0575 (1.7) *			−0.04689 (−1.2)	−0.04857 (−1.2)
lnPGDP			−0.0534 (−2.6) **	−0.0540 (−2.6) ***			−0.05996 (−2.3) **	−0.05986 (−2.3) **
T			−0.01167 (−4.1) ***	−0.01195 (−4.2) ***			−0.009 (−2.0) **	−0.00898 (−2.0) **
R^2	0.071133	0.071113	0.147057	0.14803	0.693915	0.693924	0.707138	0.707147
DW	0.822303	0.820945	0.886499	0.886455	0.948558	0.948495	1.001267	1.001496
F-test/λ	104.80 ***	69.82 ***	58.86 ***	52.70 ***	20.31 ***	20.23 ***	21.12 ***	21.04 ***
Hausman	91.73 ***	96.67 ***	48.64 ***	0				

注:M1 为仅以城市化率为解释变量的二次函数;M2 为仅以城市化率为解释变量的三次函数;M3 为城市化率的二次多变量的模型;M4 为城市化率的三次多变量的模型。*** 、** 、* 分别表示在 1%、5% 和 10% 水平上显著;括号里数值为对应的 t 统计量值。

4.IAQI 的普通面板回归结果

从 Hausman 检验结果可以发现,二次曲线和三次曲线的 M2 型回归拟合均用固定效应模型更合适,三次曲线的 M4 多变量型更适合用随机效应模型(表 4.16)。在模型 M1 中,城市化率仅通过了一次的 10% 水平显著,二次项未通过显著性检验;在模型 M3 中,城市化率均通过了 1% 水平的显著性检验,综合污染指数在 10 年间呈"U"形趋势(即随着城市化水平的提高,城市空气综合质量指数先降低改善后增大恶化),其拐点(空气环境由好变坏)坐标对应的城市化水平为 61%。从三次曲线看,在 M2 和 M4 模型中人均 GDP 的三个系数不但不显著,而且联合不显著,这说明城市化水平和空气综合质量指数之间并不存在三次项函数关系,也意味着在所选的 10 年尺度研究下,倒"N"形曲线的第二个拐点(改善)并没有出现。

　　与前文 GEKC 结果相似,影响综合质量指数的其他解释变量为第二产业比重和公共交通数量,均通过了 1% 的显著性检验。第二产业比重与综合污染指数呈显著的正相关关系,弹性系数为 0.0184(FE-M3)、0.133(RE-M4),表明城市产业结构对城市空气污染状况有重要影响。此外,建成区绿化覆盖率指标与空气综合质量指数有负相关关系(弹性系数为 -0.183~-0.167),即更高的城市绿化建设对空气污染物有更好的吸附作用,降低了污染物浓度,提升了空气质量浓度。

　　随着我国城市化水平的继续快速提升,越来越多的城市逐渐接近 61% 的综合拐点,还有些许时间窗口去应对城市化进程中面临的环境挑战,因此,应该充分发挥科学技术进步、能源效率提升、环境规制强化等的作用,充分利用城市化对空气质量的"生产效应",缓解"生活效应"带来的空气质量恶化,为我国城市化进程提供相应的环境支撑和保障。

表 4.16　　**IAQI 值与相关解释变量的固定效应模型和随机效应模型估计结果(UEKC)**

估计方法 模型	RE(随机效应模型)				FE(固定效应模型)			
	M1	M2	M3	M4	M1	M2	M3	M4
常数项	5.1102 (9.15) ***	-2.1103 (-0.87)	3.1061 (5.49) ***	2.1725 (0.92)	3.5718 (5.57) ***	-0.0205 (-0.0077)	4.6562 (6.60) ***	1.4605 (0.55)
lnUrban	-1.8767 (-6.1) ***	4.4350 (2.14) **	-1.2745 (-4.27) ***	-0.4618 (-0.23)	-0.6961 (-1.94) *	2.4939 (1.07)	-1.3269 (-3.44) ***	1.5051 (0.65)
(lnUrban)^2	0.2126 (5.10) ***	-1.5988 (-2.71) ***	0.1578 (3.85) ***	-0.0757 (-0.13)	0.0105 (0.21)	-0.9208 (-1.37)	0.1614 (2.79) ***	-0.6681 (-0.99)
(lnUrban)^3		0.1709 (3.07) ***		0.0220 (0.41)		0.0894 (1.38)		0.07996 (1.24)
lnArea			0.02754 (1.45)	0.0276 (1.46)			-0.01072 (-0.43)	-0.0104 (-0.42)
lnCar			0.1060 (6.60) ***	0.1056 (6.56) ***			0.0274 (1.11)	0.0246 (0.99)

续表

估计方法 模型	RE(随机效应模型)				FE(固定效应模型)			
	M1	M2	M3	M4	M1	M2	M3	M4
lnGreen			−0.1676 (−6.89) ***	−0.167 (−6.85) ***			−0.18332 (−7.06) ***	−0.1815 (−6.98) ***
lnIndustry			0.1320 (3.60)	0.133276 (3.62) ***			0.0184 (0.40)	0.0272 (0.58)
lnPGDP			−0.0234 (−1.05) ***	−0.0231 (−1.03)			−0.0410 (−1.37)	−0.0415 (−1.38)
T			−0.0180 (−5.97) ***	−0.01791 (−5.94) ***			−0.00955 (−1.86) ***	−0.00966 (−1.89) *
R^2	0.05062	0.053809	0.146473	0.146488	0.607381	0.607686	0.62256	0.622794
DW	0.780339	0.782236	0.854449	0.854377	0.91534	0.915268	0.961358	0.960955
F-test/λ	73.0 ***	51.9 ***	58.58 ***	52.06 ***	13.86 ***	13.82 ***	14.43 ***	14.39 ***
Hausman	136.24 ***	128.99 ***	41.70 ***	0				

注:M1 为仅以城市化率为解释变量的二次函数;M2 为仅以城市化率为解释变量的三次函数;M3 为城市化率的二次多变量的模型;M4 为城市化率的三次多变量的模型。***、**、*分别表示在 1%、5% 和 10% 水平上显著;括号里数值为对应的 t 统计量值。

四、模拟结果比较

根据前文分析,现将以人均 GDP 和以城市化率为主导的 EKC 检验结果总结如图 4.4 和图 4.5 所示。

从图 4.4 中可以看出,在 GEKC 体系中,不同空气污染物有着不同的环境库兹涅茨曲线特征(演化规律),10 年间,随着城市经济的发展,城市空气中的 SO_2 浓度呈现下降的趋势,并到达改善拐点,符合倒"N"形曲线;而对于 NO_2、PM_{10} 浓度及空气质量综合指数,10 年间与城市经济发展之间呈"U"形关系,即现阶段呈现污染继续加重的态势。在"U"形曲线关系中,空气质量综合指数与 PM_{10} 的城市样本分布特征基本一致,体现了以 PM_{10} 为首的污染物对空气质量的主导作用;此外,NO_2 的污染加重

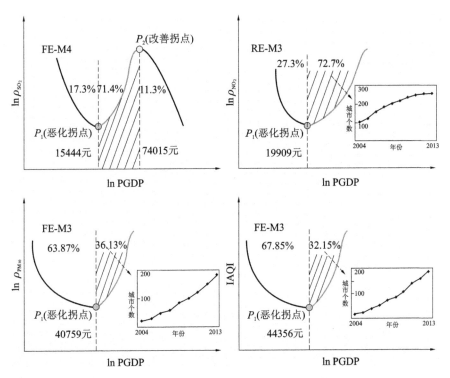

图 4.4　2004—2013 年城市空气污染的 GEKC 检验结果

城市数量总体上高于 PM_{10}，随着国家"十二五"规划对氮氧化物的总量减排控制，前者有迎来改善拐点的趋势，但 PM_{10} 的污染将持续恶化加重，并在新空气质量标准实施背景下，体现为 $PM_{2.5}$ 的污染不断加重。

从图 4.5 中可以看出，在 UEKC 体系中，不同空气污染物亦有着不同的环境库兹涅茨曲线特征（演化规律），10 年间，随着城市化水平的提升，城市空气中 SO_2 浓度呈现下降的趋势，并到达改善拐点，符合倒"N"形曲线；而对于 NO_2、PM_{10} 浓度及空气质量综合指数，10 年间与城市经济发展之间呈"U"形关系，即现阶段呈现污染继续加重的态势。在"U"形曲线关系中，NO_2 污染加重的城市数量总体上高于 PM_{10} 污染加重和空气质量综合指数高的城市数量，说明城市化发展对 NO_2 的影响更为敏感，质量恶化拐点到来较早。同时，随着国家"十二五"规划对氮氧化物的总量减排控制，NO_2 改善拐点也会提前。总体上来看，UEKC 与 GEKC 的演化规律相近，只是在所处拐点的城市样本数量（比重）上有所差别。

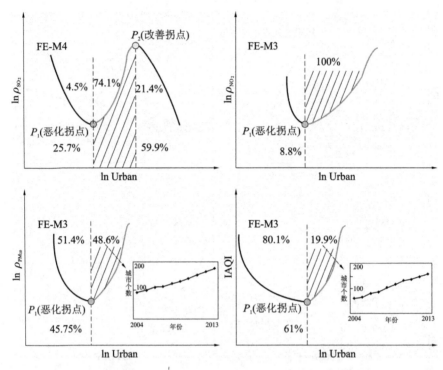

图 4.5　2004—2013 年城市空气污染的 UEKC 检验结果

此外,值得注意的是,与 GEKC 模型相同(表 4.9、表 4.13),当以人均 GDP 为主解释变量的时候,城市化率指标在四个模型中均未通过显著性检验;在 UEKC 中,当以城市化率指标为主解释变量的时候,人均 GDP 指标在四个模型中均未通过显著性检验。两者作为衡量城市经济发展和城市化水平的最主要指标,代表着 EKC 构建的两种不同思路,也即意味着,从城市化角度出发,探讨环境质量的演化特征和规律是一种值得实践验证和科学模拟的研究思路。

第三节　空间计量回归模型的 EKC 检验

考虑到空气污染物在城市间的相互流动和影响,传统的普遍面板回归忽略了污染物之间转移的空间效应(Wang S J et al,2016b;Wei et al,2011)。这使得空间计量面板回归模型成了分析过程的新选择,并在实践过程中得到广泛运用(Hao,Liu,2016;马丽梅,2014)。空间面板数据计量分析首先要进行空间相关分析(王立平等,2010)。检验区域空间相关性的统计量主要有基于极大似然估计假设检验的 Walds、Lratios 和 LM-sar、LM-error 统计量和空间相关指数 Moran's I,它们的原假设均为 $H_0: \rho = 0$ 或 $\lambda = 0$。前文利用空间插值方法近似地模拟了全局状态下的主要空气污染物浓度分布特征,为了进一步揭示不同城市间的空气污染相互作用关系及空间效应,这里利用探索性空间分析方法(ESDA)的 Moran's I 指数来检验其空间自相关关系,为空间计量经济模型的构建奠定基础。

一、因变量空间自相关检验

1. 城市尺度的 SO_2 时空演化及空间自相关检验

根据全局 Moran's I 指数时段特征(表 4.17),借助 GeoDa 软件和 ArcGIS 平台,绘制 2004 年、2008 年、2013 年中国 274 个地级市 SO_2 质量浓度的 Moran's I 散点空间分布图(附图 2),以揭示 SO_2 质量浓度分布的局部空间集聚状态。其中,附图 2 左侧为 LISA 集聚图[进行了显著性检验,与 Wang et al(2016)等展示的 LISA 集聚分类图没有进行显著性检验不同],右侧为对应的四象限 Moran 散点图。

表 4.17　　　　　　　　SO_2 的全局 Moran's I 指数检验

年份	Moran's I	$E(I)$	Std.	$P(I)$
2004	0.3662	−0.0037	0.0405	0.001
2005	0.2991	−0.0037	0.0398	0.001
2006	0.3292	−0.0037	0.0420	0.001
2007	0.3119	−0.0037	0.0412	0.001
2008	0.2988	−0.0037	0.0415	0.001
2009	0.2973	−0.0037	0.0427	0.001
2010	0.2714	−0.0037	0.0410	0.001
2011	0.2810	−0.0037	0.0406	0.001
2012	0.2970	−0.0037	0.0400	0.001
2013	0.5201	−0.0037	0.0419	0.001

从表4.17中可以看出：① 全局 Moran's I 值均大于0，并通过了1%水平的显著性检验，表明 SO_2 的质量分布存在着显著的空间正相关关系（集聚状态分布），可以引入空间计量回归检验。② 从具体数值来看，2004年的 Moran's I 值为0.366，降低到2008年的0.299，再递增到2013年的0.520，说明空间集聚水平呈现先弱化再增强的演变趋势。③ 从LISA图的集聚状态来看，大多数城市没有通过显著性检验；在通过显著性检验的城市当中，HH集聚和LL集聚是主要的空间集聚类型。结合图3.3可以发现，HH集聚在2004年主要集中在华北地区的山西阳泉、临汾、忻州、晋城等以及西南的昭通、泸州等21个城市，LL集聚区主要零散分布在东北、中部、沿海一带等27个城市，是污染最轻、SO_2 质量相对较好的区域；到了2008年，HH集聚区主要集中在西北的银川、石嘴山、鄂尔多斯、山西阳泉、大同以及山东中西部的淄博、潍坊、菏泽等25个城市，LL集聚区则依然集中在东北、中部、东南沿海一带的26个城市。到了2013年，HH集聚的区域进一步集中在华北与山东一线的30个城市，呈现块状分布，西部的集聚区已经消失，表明在 SO_2 总体好转的趋势背景下华北与山东是未来改善控制的重点；而LL集聚区在东南部进一步扩大，总数达到了32个。

2. 城市尺度的 NO_2 时空演化及空间自相关检验

根据全局 Moran's I 指数时段特征（表4.18），借助 GeoDa 软件和 ArcGIS 平台，绘制2004年、2008年、2013年中国274个地级市 NO_2 质量浓度的 Moran's I 散点空间分布图（附图3），其中，附图3左侧为LISA集聚图，右侧为对应的四象限 Moran 散点图。

表4.18　　　　　**NO_2 的全局 Moran's I 指数检验**

年份	Moran's I	$E(I)$	Std.	$P(I)$
2004	0.2367	−0.0037	0.0430	0.001
2005	0.2432	−0.0037	0.0427	0.001
2006	0.1872	−0.0037	0.0398	0.001
2007	0.1888	−0.0037	0.0413	0.001
2008	0.1421	−0.0037	0.0407	0.002
2009	0.1959	−0.0037	0.0410	0.001
2010	0.2862	−0.0037	0.0411	0.001

年份	Moran's I	$E(I)$	Std.	$P(I)$
2011	0.2342	−0.0037	0.0414	0.001
2012	0.2448	−0.0037	0.0400	0.001
2013	0.4126	−0.0037	0.0419	0.001

从表4.18中可以看出：① 全局 Moran's I 值均大于0,并通过了1%水平的显著性检验,表明 SO_2 的质量分布存在着显著的空间正相关关系(集聚状态分布),可以引入空间计量回归检验；② 从具体数值来看,2004 年的 Moran's I 值为 0.236,降低到 2008 年的 0.142,再递增到 2013 年的 0.412,说明空间集聚水平呈现先弱化再增强的演变趋势；③ 从LISA 图的集聚状态来看,大多数城市没有通过显著性检验；在通过显著性检验的城市当中,HH 集聚和 LL 集聚是主要的空间集聚类型。结合图 3.5 可以发现,HH 集聚区在 2004 年主要集中在华北地区的北京、天津、张家口、石家庄、保定、郑州、洛阳,长三角的苏州、湖州、绍兴、丽水等共 21 个城市,LL 集聚区则呈零散分布的态势,如西北的张掖、定西、平凉,西南的贵港、梧州、玉林等共 18 个城市；到了 2008 年,HH 集聚区范围有一定的缩小(在华北地区基本消失),主要集中在河南的新乡、开封、郑州、许昌及长三角的上海、湖州、绍兴等 11 个城市,LL 集聚区范围没有显著变化,并主要集中在 6 小块区域共 20 个城市；到了 2013 年,HH 集聚区进一步集中在华北地区并扩散延伸到山东的大部分城市,此外,还包括长三角的嘉兴、湖州等共 35 个城市,LL 集聚区的空间格局基本保持一致,共有 22 个城市。

3. 城市尺度的 PM_{10} 时空演化及空间自相关检验

根据全局 Moran's I 指数时段特征(表 4.19),借助 GeoDa 软件和 ArcGIS 平台,绘制 2004 年、2008 年、2013 年中国 274 个地级市 PM_{10} 质量浓度的 Moran's I 散点空间分布图(附图4),其中,附图 4 左侧为LISA 集聚图,右侧为对应的四象限 Moran 散点图。

表 4.19 **PM_{10} 的全局 Moran's I 指数检验**

年份	Moran's I	$E(I)$	Std.	$P(I)$
2004	0.1763	−0.0037	0.0413	0.001

年份	Moran's I	$E(I)$	Std.	$P(I)$
2005	0.2923	−0.0037	0.0401	0.001
2006	0.3236	−0.0037	0.0413	0.001
2007	0.2790	−0.0037	0.0415	0.001
2008	0.2581	−0.0037	0.0421	0.001
2009	0.3473	−0.0037	0.0413	0.001
2010	0.3479	−0.0037	0.0416	0.001
2011	0.3450	−0.0037	0.0425	0.001
2012	0.3803	−0.0037	0.0401	0.001
2013	0.5957	−0.0037	0.0396	0.001

从表 4.19 中可以看出：① 全局 Moran's I 值均大于 0，并通过了 1% 水平的显著性检验，表明 SO_2 的质量分布存在着显著的空间正相关关系（集聚状态分布），可以引入空间计量回归检验；② 从具体数值来看，2004 年的 Moran's I 值为 0.215，提升到 2008 年的 0.258，再递增到 2013 年的 0.596，说明空间集聚水平呈现不断增强的演变趋势；③ 从 LISA 图的集聚状态来看，大多数城市没有通过显著性检验；在通过显著性检验的城市当中，HH 集聚和 LL 集聚是主要的空间集聚类型。结合图 3.7 可以发现，HH 集聚区在 2004 年主要集中在内蒙古的巴彦淖尔、鄂尔多斯，山西的太原、阳泉、晋中、晋城，河北的邯郸、石家庄等，陕西的咸阳、铜川、渭南等，以及四川的内江、眉山、广安等共 23 个城市，LL 集聚区分布较为零散，主要集中在广东省的广州、中山、惠州、韶关、茂名等共 19 个城市；到了 2008 年，HH 集聚区呈零散集聚分布的特征，包括西北的中卫、白银、武威、平凉等，山东的聊城、莱芜、淄博、临沂等共 21 个城市，LL 集聚区城市则进一步扩大，以珠三角为中心向外扩散，共涵盖 33 个城市；到了 2013 年，空间集聚水平进一步增强，HH 集聚区集中在华北地区和山东大部分城市，共涵盖 38 个城市，而 LL 集聚区亦在进一步增多，并在西南地区呈现一定的低值集聚（广西的梧州、玉林，云南的保山、曲靖等），共涵盖 42 个城市。

4. 城市尺度的 IAQI 时空演化及空间自相关检验

根据全局 Moran's I 指数时段特征（表 4.20），借助 GeoDa 软件和

ArcGIS 平台,绘制 2004 年、2008 年、2013 年中国 274 个地级市 IAQI 综合值的 Moran's I 散点空间分布图(附图 5),其中,附图 5 左侧为 LISA 集聚图,右侧为对应的四象限 Moran 散点图。

表 4.20 　　　　　　　　IAQI 的全局 Moran's I 指数检验

年份	Moran's I	$E(I)$	Std.	$P(I)$
2004	0.3274	−0.0037	0.0406	0.001
2005	0.3159	−0.0037	0.0420	0.001
2006	0.3281	−0.0037	0.0411	0.001
2007	0.2999	−0.0037	0.0420	0.001
2008	0.2491	−0.0037	0.0403	0.001
2009	0.3091	−0.0037	0.0401	0.001
2010	0.3241	−0.0037	0.0407	0.001
2011	0.3315	−0.0037	0.0399	0.001
2012	0.3384	−0.0037	0.0402	0.001
2013	0.6059	−0.0037	0.0401	0.001

从表 4.20 中可以看出:① 全局 Moran's I 值均大于 0,并通过了 1% 水平的显著性检验,表明 IAQI 的分布存在着显著的空间正相关关系(集聚状态分布),可以引入空间计量回归检验;② 从具体数值来看,2004 年的 Moran's I 值为 0.327,降低到 2008 年的 0.249,再递增到 2013 年的最大值 0.606,说明空间集聚水平呈现先弱化再增强的演变趋势;③ 从 LISA 图的集聚状态来看,大多数城市没有通过显著性检验;在通过显著性检验的城市当中,HH 集聚和 LL 集聚是主要的空间集聚类型,其总体空间分布特征与附图 4 的 PM_{10} 格局相似。结合图 3.9 可以发现,HH 集聚区在 2004 年主要集中在华北(如北京、保定、太原、石家庄等)和西北(鄂尔多斯、石嘴山、延安等)地区共 23 个城市,空气质量相对较好的 LL 集聚区则主要集中在东南沿海的深圳、湛江、汕头,西南的玉林、普洱,中部江西的景德镇、上饶以及东北的齐齐哈尔、鹤岗等共 23 个城市;到了 2008 年,HH 集聚区范围有一定的缩小,主要集中在西北地区的平凉、武威、中卫,华北的保定、邢台、衡水等以及东部的济南、淄博、徐州等共 21 个城市,LL 集聚区则有一定的扩大,共涵盖 28 个城市;到了 2013 年,空

间集聚水平达到了最高值,其中,污染严重的 HH 集聚区连片分布在华北地区和山东大部分城市共计 37 个城市,质量较好的 LL 集聚区则主要包括 5 个连片区,范围也进一步扩大到共计 41 个城市。

二、以人均 GDP 为主解释变量的空间计量回归估计结果(SGEKC)

1. SO_2 的空间计量回归结果

由前文的 Moran 指数检验结果可知,基本的面板数据模型已不再适用,需引入空间面板数据模型。从模型的拉格朗日乘数(LM-lag、LM-error)和稳健拉格朗日乘数(Robust LM-lag、Robust LM-error)的估计结果可以看出,Robust LM-error 未通过显著性检验,因而 SLM 模型比 SEM 模型更适合(表 4.21),故在具体的模型估计结果中不再罗列 SEM 模型的结果。

表 4.21   **空间相关性诊断检验**

模型	LM-lag	RLM-lag	LM-error	RLM-error
M5	764.6125***	258.01323***	552.3833***	145.7841
M6	767.1468***	211.7473***	546.1477***	90.7755

注:***表示在 1%水平上显著。

表 4.22 给出了 SLM 模型的估计结果,由 Hausman 检验结果可以看出,选择固定效应模型更合适。从参数的显著性水平、拟合优度、Log-likelihood 来看,M6 的三次式相对 M5 模型更优。这与表 4.9 普通面板检验所选择的 FE-M4 模型一致。事实上,从空间自回归系数 ρ 来看,在几个模型中为 0.245 左右,且均通过了 1%水平的显著性检验,说明在城市之间的 SO_2 质量浓度存在显著的空间自相关性,一个城市的 SO_2 质量浓度不仅取决于自身浓度,还受到相邻城市的污染扩张作用,即一个城市 SO_2 质量浓度每提高 1%,其中约 0.245%受相邻城市的污染扩散影响,也进一步说明单一城市的空气质量改善难度极大,并有可能受外在城市干扰影响最终空气质量结果。未来的空气环境质量改善,将是一个区域性共同攻克和努力的结果。

从污染物排放拐点来看,在 SLM-FE-M6 模型中两个对应拐点分别为 12413 元(由好变坏)和 100022 元(由坏转好),相比表 4.9 普通面板检验所选择的多变量 FE-M4 模型的拐点(15444 元和 74015 元),考虑城市间相互作用因素后,由好变坏的拐点提前、由坏转好的拐点滞后,说明城市间大气污染物的扩散加速了空气质量的恶化,相应地又延缓了空气质量的改善。

表 4.22　　ρ_{SO_2} 与相关解释变量的空间计量模型
估计结果(SGEKC)

估计方法模型	SLM-FE				SLM-RE			
	M5		M6		M5		M6	
	系数	t 值	系数	t 值	系数	t 值	系数	t 值
截距项	—		—		1.3524	1.274	−31.176 ***	−4.571
lnPGDP	0.7610 ***	3.619	10.3696 ***	5.470	0.7512 ***	3.456	10.3645 ***	5.173
(lnPGDP)^2	−0.0410 ***	−4.128	−0.9827 ***	−5.314	−0.043 ***	−4.170	−0.9851 ***	−5.040
(lnPGDP)^3	—		0.0306 ***	5.100	—		0.0306 ***	4.827
lnArea	0.0803 **	2.883	0.0732 **	2.167	0.0142	0.515	0.0078	0.286
lnUrban	−0.02623	−0.369	−0.02608	−0.317	−0.0198	−0.259	−0.0199	−0.261
lnGreen	−0.1296 ***	−5.951	−0.1359 ***	−6.173	−0.1241 ***	−5.451	−0.1281 ***	−5.666
lnIndustry	0.2258 ***	5.156	0.2390 ***	5.474	0.2943 ***	6.629	0.3049 ***	6.887
lnCar	0.0140	0.441	0.0142	0.452	0.0293	1.091	0.0257	0.960

续表

估计方法模型	SLM-FE				SLM-RE			
	M5		M6		M5		M6	
	系数	t 值	系数	t 值	系数	t 值	系数	t 值
ρ	0.2490 ***	8.714	0.2430 ***	8.728	0.2495 ***	8.704	0.2452 ***	8.717
R^2	0.7661		0.7683		0.7360		0.7385	
Corr-squared	0.0907		0.0985		0.0124		0.0132	
Hausman	—		—		54.332 ***		56.418 ***	
Log-likelihood	228.600		239.317		966.380		955.249	

注:M5 模型为以人均 GDP 为解释变量的二次函数,M6 模型为以人均 GDP 为解释变量的三次函数。***、**、*分别表示在 1%、5% 和 10% 的水平上显著。

2. NO₂的空间计量回归结果

与前述的 LM-lag、LM-error 和 Robust LM-lag、Robust LM-error 的估计同理,由结果可知,SLM 模型比 SEM 模型更适合(与表 4.21 结果相似,考虑到篇幅,这里不再罗列检验过程以及模型估计结果中不再罗列 SEM 的结果)。

表 4.23 给出了 SLM 模型的估计结果,由 Hausman 检验结果可以看出,选择固定效应模型更合适。从参数的显著性水平、拟合优度、Log-likelihood 来看,M5 的二次式相对 M6 模型更优,空间效应值亦更显著。这与表 4.10 普通面板检验所选择的 RE-M3 模型有所不同。从空间自回归系数 ρ 来看,在几个模型中其值为 0.235 左右,且均通过了 1% 水平的显著性检验,说明在城市尺度 NO₂ 浓度存在显著的空间自相关性,一个城市的 NO₂ 质量浓度不仅取决于自身浓度,还受到相邻城市的污染扩张作用,即一个城市 NO₂ 质量浓度每提高 1%,其中约 0.235% 受相邻城市的污染扩散影响(略低于 SO₂ 空间效应值)。

从污染物排放拐点来看,在 SLM-FE-M5 和 SLM-RE-M5 模型中两个对应拐点分别为 18085 元和 18773 元,略低于表 4.10 普通面板检验所选择的多变量 RE-M3 模型的拐点 19909 元,考虑城市间相互作用因素后,由好变坏的拐点提前,说明城市间大气污染物的扩散加速了 NO_2 污染的恶化。

表 4.23　ρ_{NO_2} 与相关解释变量的空间计量模型估计结果(SGEKC)

估计方法模型	SLM-FE				SLM-RE			
	M5		M6		M5		M6	
	系数	t 值	系数	t 值	系数	t 值	系数	t 值
截距项	—		—		6.2731 ***	7.111	−5.5859	−0.911
lnPGDP	−0.9548 ***	−5.494	3.0500 *	1.757	−0.7518 ***	−4.425	2.7362	1.508
(lnPGDP)^2	0.0487 ***	5.515	−0.3510 *	−1.958	0.0380 ***	4.319	−0.3113 *	−1.745
(lnPGDP)^3	—		0.0130 **	2.335	—		0.0114 **	1.955
lnArea	0.0405 *	1.806	−0.0396 *	−1.771	0.0296	1.428	0.0305	1.470
lnUrban	0.3755 ***	5.567	0.3691 ***	5.474	0.2524 ***	4.634	0.2493 ***	4.575
lnGreen	−0.1088 ***	−4.251	−0.1108 ***	−4.334	−0.0902 ***	−3.438	−0.0921 ***	−3.509
lnIndustry	0.1068 ***	3.043	0.1119 ***	3.185	0.1426 ***	4.228	0.1455 ***	4.312
lnCar	0.0099	0.389	0.0119	0.469	0.0992 ***	5.337	0.0982 ***	5.281

估计方法模型	SLM-FE				SLM-RE			
	M5		M6		M5		M6	
	系数	t 值	系数	t 值	系数	t 值	系数	t 值
ρ	0.2339 ***	9.527	0.2209 ***	8.934	0.2361 ***	8.690	0.2365 ***	8.695
R^2	0.6838		0.6844		0.6443		0.6450	
Corr-squared	0.0207		0.0215		0.2345		0.2326	
Hausman	—		—		41.25 ***		43.28 ***	
Log-likelihood	248.237		253.306		966.380		955.249	

注：M5 模型为以人均 GDP 为解释变量的二次函数，M6 模型为以人均 GDP 为解释变量的三次函数。***、**、*分别表示在 1%、5%和 10%的水平上显著。

3.PM_{10} 的空间计量回归结果

与前述 LM-lag、LM-error 和 Robust LM-lag、Robust LM-error 的估计同理，由结果可知，SLM 模型比 SEM 模型更适合。

表 4.24 给出了 SLM 模型的估计结果，由 Hausman 检验结果可以看出，选择固定效应模型更合适。从参数的显著性水平(M6 模型的三次式基本不显著，即不存在三次函数关系)、拟合优度、Log-likelihood 来看，M5 的二次式相对 M6 模型更优，空间效应值亦更显著。这与表 4.11 普通面板检验所选择的 M3 第二产业模型基本一致。从空间自回归系数 ρ 来看，在几个模型中其值为 0.285 左右，且均通过了 1%水平的显著性检验，说明在城市尺度 PM_{10} 浓度存在显著的空间自相关性，一个城市的 PM_{10} 质量浓度不仅取决于自身浓度，还受到相邻城市的污染扩张作用，即意味着一个城市的 PM_{10} 质量浓度每提高 1%，其中约 0.285% 受相邻城市的污染扩散影响，其值高于 SO_2 和 NO_2 的空间效应值，也印证了颗粒物的远距离输送和扩散影响。

从污染物排放拐点来看,在 SLM-FE-M5 和 SLM-RE-M5 模型中两个对应拐点分别为 36266 元和 32624 元,略低于表 4.11 普通面板检验所选择的多变量 RE-M3 模型的拐点 40759 元,考虑城市间相互作用因素后,由好变坏的拐点提前,说明城市间大气污染物的扩散加速了 PM_{10} 污染的恶化。

表 4.24 $\rho_{PM_{10}}$ 与相关解释变量的空间计量模型估计结果(SGEKC)

估计方法模型	SLM-FE				SLM-RE			
	M5		M6		M5		M6	
	系数	t 值	系数	t 值	系数	t 值	系数	t 值
截距项	—		—		15.5139 ***	20.166	12.8749 **	2.480
lnPGDP	−2.0125 ***	−13.286	−0.6163	−0.419	−1.9655 ***	−12.844	−1.1771	−0.766
$(\text{lnPGDP})^2$	0.0911 ***	12.704	−0.0466	−0.322	0.0878 ***	12.044	0.0100	0.066
$(\text{lnPGDP})^3$	—		0.0045	0.955	—		0.0025	0.516
lnArea	0.0152	0.803	0.0149	0.787	0.0060	0.341	0.0062	0.352
lnUrban	−0.1085 *	−1.894	−0.1107	−1.931	−0.0783	−1.657	−0.0791 *	−1.669
lnGreen	−0.1224 ***	−5.656	−0.1231 ***	−5.687	−0.1242 ***	−5.576	−0.1245 ***	−5.591
lnIndustry	0.0764 **	2.572	0.0781 ***	2.626	0.1459 ***	5.061	0.1457 ***	5.046
lnCar	0.0375 *	1.742	0.0368	1.708	0.1270 ***	7.874	0.1262 ***	7.805
ρ	0.2880 ***	9.401	0.2861 ***	9.293	0.2860 ***	8.965	0.2902 ***	9.432
R^2	0.6634		0.6635		0.6219		0.6226	
Corr-squared	0.1702		0.1699		0.1301		0.1286	

估计方法模型	SLM-FE				SLM-RE			
	M5		M6		M5		M6	
	系数	t 值	系数	t 值	系数	t 值	系数	t 值
Hausman	—		—		62.5273 ***		63.3841 ***	
Log-likelihood	416.728		402.069		1148.859		1106.235	

注:M5 模型为以人均 GDP 为解释变量的二次函数,M6 模型为以人均 GDP 为解释变量的三次函数。***、**、* 分别表示在 1%、5% 和 10% 的水平上显著。

4. IAQI 的空间计量回归结果

与前述 LM-lag、LM-error 和 Robust LM-lag、Robust LM-error 的估计同理,由结果可知,SLM 模型比 SEM 模型更适合。

表 4.25 给出了 SLM 模型的估计结果,由 Hausman 检验结果可以看出,选择固定效应模型更合适。从参数的显著性水平、拟合优度、Log-likelihood 来看,M5 的二次式相对 M6 模型更优,空间效应值亦更显著。这与表 4.12 普通面板检验所选择的 M3 第二产业模型基本一致(且空间计量模型中 R^2 更优)。从空间自回归系数 ρ 来看,在几个模型中其值为 0.508 左右,且均通过了 1% 水平的显著性检验,说明在城市尺度IAQI 综合值存在显著的空间自相关性,一个城市的空气环境质量不仅取决于自身浓度(污染排放),还受到相邻城市的污染扩张作用,即一个城市IAQI 综合值每提高 1%,其中约 0.508% 受相邻城市的空气污染物扩散影响,其值高于单一污染物的空间效应值。

从污染物排放拐点来看,在 SLM-FE-M5 和 SLM-RE-M5 模型中两个对应拐点分别为 39599 元和 42316 元,略低于表 4.12 普通面板检验所选择的多变量 RE-M3 模型的拐点 44356 元,考虑城市间相互作用因素后,由好变坏的拐点提前,说明城市间大气污染物的扩散加剧了彼此间城市空气质量的恶化。

表 4.25　　　**IAQI 与相关解释变量的空间计量模型**
估计结果（SGEKC）

估计方法模型	SLM-FE				SLM-RE			
	M5		M6		M5		M6	
	系数	t 值	系数	t 值	系数	t 值	系数	t 值
截距项	—		—		7.6991 ***	11.350	−1.2176	−0.259
lnPGDP	−1.5187 ***	−11.163	1.7280	1.310	−1.4933 ***	−10.754	1.1628	0.837
$(lnPGDP)^2$	0.0681 ***	10.567	−0.2522 *	−1.946	0.0653 ***	9.870	−0.1968	−1.441
$(lnPGDP)^3$	—		0.0105 **	0.013	—		0.0086 *	1.921
lnArea	0.0359 **	2.105	0.0352 **	2.068	0.0030	0.187	0.0037	0.228
lnUrban	0.1345 ***	2.610	0.1395 ***	2.709	0.0869 **	1.976	0.0899 **	2.041
lnGreen	−0.1378 ***	−7.083	−0.1395 ***	−7.173	−0.1370 ***	−6.782	−0.1384 ***	−6.851
lnIndustry	0.1124 ***	4.212	0.1165 ***	4.362	0.1746 ***	6.626	0.1768 ***	6.703
lnCar	0.0024	0.126	0.0041	0.210	0.1138 ***	7.571	0.1127 ***	7.495
ρ	0.5079 ***	26.007	0.5077 ***	24.772	0.5069 ***	25.927	0.5091 ***	24.881
R^2	0.6960		0.6967		0.6555		0.6562	
Corr-squared	0.1806		0.1808		0.1325		0.1291	

续表

估计方法模型	SLM-FE				SLM-RE			
	M5		M6		M5		M6	
	系数	t 值	系数	t 值	系数	t 值	系数	t 值
Hausman	—		—		17.6803 ***		49.8111 ***	
Log-likelihood	693.128		692.909		1479.249		1479.666	

注:M5 模型为以人均 GDP 为解释变量的二次函数,M6 模型为以人均 GDP 为解释变量的三次函数。***、**、* 分别表示在 1%、5% 和 10% 的水平上显著。

三、以城市化率为主解释变量的空间计量回归估计结果(SUEKC)

1. SO_2 的空间计量回归结果

由前文的 Moran 指数检验结果可知,基本的面板数据模型已不再适用,需引入空间面板数据模型。从模型的拉格朗日乘数(LM-lag、LM-error)和稳健拉格朗日乘数(Robust LM-lag、Robust LM-error)的估计结果可以看出,Robust LM-error 未通过显著性检验,因而 SLM 模型比 SEM 模型更适合(表 4.26),故在具体的模型估计结果中不再罗列 SEM 模型的结果。

表 4.26 空间相关性诊断检验

模型	LM-lag	RLM-lag	LM-error	RLM-error
M5	752.7670***	256.3749***	545.3833***	145.7841
M6	754.1088***	203.8557***	546.1477***	90.7755

注:*** 表示在 1% 水平上显著。

表 4.27 给出了 SLM 模型的估计结果,由 Hausman 检验结果可以看出,选择固定效应模型更合适。从参数的显著性水平、拟合优度、Log-likelihood 来看,M6 的三次式相对 M5 模型更优。这与表 4.9 普通面板检验所选择的 FE-M4 模型一致。从空间自回归系数 ρ 来看,在几个模型中其值为 0.247 左右(其值略大于 SGEKC-SO_2 的空间效应值),且均通过了 1% 水平的显著性检验,说明在城市尺度 SO_2 浓度存在明显的空间相关性。一个城市的 SO_2 浓度会影响着与其相邻近城市的 SO_2 浓度。

从污染物排放拐点来看,在 SLM-FE-M6 模型中两个对应拐点分别为 22.85%(由好变坏)和 65.73%(由坏转好),相比表 4.9 普通面板检验所选择的多变量 FE-M4 模型的拐点(25.7% 和 59.9%),考虑城市间相互作用因素后,由好变坏的拐点提前、由坏转好的拐点滞后,说明城市间大气污染物的扩散加速了空气质量的恶化,相应地又延缓了空气质量的改善。

表 4.27　ρ_{SO_2} 与相关解释变量的空间计量模型估计结果(SUEKC)

估计方法模型	SLM-FE				SLM-RE			
	M5		M6		M5		M6	
	系数	t 值	系数	t 值	系数	t 值	系数	t 值
截距项	—		—		1.5646	1.766	−11.427 ***	−3.280
lnUrban	2.5822 ***	5.450	13.9179 ***	4.695	2.1031 ***	4.537	13.5734 ***	4.510
(lnUrban)²	−0.4067 ***	−5.861	−3.7212	−4.334	−0.3191	−4.839	−3.6482	−4.215
(lnUrban)³	—		0.3190 ***	3.873	—		0.3174 ***	3.857
lnArea	0.0787 **	2.836	0.0772 **	2.792	0.0137	0.498	0.0120	0.439
lnPGDP	−0.057 **	−2.374	−0.0598	−2.495	−0.0128	−0.568	−0.1237	−5.500
lnGreen	−0.1812 ***	−5.523	−0.1359 ***	−6.173	−0.1746 ***	−5.277	−0.1664 ***	−5.034

续表

估计 方法 模型	SLM-FE				SLM-RE			
	M5		M6		M5		M6	
	系数	t值	系数	t值	系数	t值	系数	t值
lnIndustry	0.2370 ***	5.516	0.2521 ***	5.859	0.3106 ***	7.113	0.3225 ***	7.385
lnCar	0.1388	0.452	0.0151	0.475	0.0383	1.419	0.0259	0.956
ρ	0.2470 ***	10.131	0.2390 ***	9.759	0.2483 ***	9.681	0.2460 ***	9.578
R^2	0.7880		0.7892		0.7721		0.7732	
Corr- squared	0.1030		0.1080		0.0113		0.0106	
Hausman	—		—		90.372 ***		86.513 ***	
Log- likelihood	233.626		226.952		963.78		953.383	

注:M5模型为以人均GDP为解释变量的二次函数,M6模型为以人均GDP为解释变量的三次函数。***、**、*分别表示在1%、5%和10%的水平上显著。

2. NO_2 的空间计量回归结果

与前述的 Robust LM-lag、Robust LM-error 的估计结果表明,SLM模型比 SEM 模型更适合(与表4.26结果相似,考虑到篇幅,后文不再罗列检验过程以及模型估计结果中不再罗列 SEM 的结果)。

表4.28给出了 SLM 模型的估计结果,由 Hausman 检验结果可以看出,选择固定效应模型更合适。从参数的显著性水平(M6模型的三次式基本不显著,即不存在三次函数关系)、拟合优度、Log-likelihood 来看,M5 的二次式相对 M6 模型更优,空间效应值亦更显著。这与表4.10普通面板检验所选择的 FE-M3 模型有所不同。从空间自回归系数 ρ 来看,在几个模型中其值为 0.230 左右(其值略大于 SGEKC-NO_2 的空间效应值),且均通过了 1%水平的显著性检验,说明城市的 NO_2 质量浓度不仅取决于自身因素,还受到相邻地区的影响。

表 4.28 **ρ_{NO_2} 与相关解释变量的空间计量模型估计结果(SUEKC)**

估计方法模型	SLM-FE				SLM-RE			
	M5		M6		M5		M6	
	系数	t 值	系数	t 值	系数	t 值	系数	t 值
截距项	—		—		3.0633 ***	4.627	2.1413	0.791
lnUrban	−0.3219	−0.840	0.7779	0.324	−0.0743	−0.213	0.7318	0.315
(lnUrban)²	0.0875	1.556	−0.2340	−0.336	0.0382	0.789	−0.1943	−0.293
(lnUrban)³	—		0.0309	0.464	—		0.0220	0.351
lnArea	0.0300	1.339	0.0299	1.333	0.0369 *	1.779	0.0370 *	1.786
lnPGDP	0.0125	0.613	0.0127	0.624	0.0242	1.411	0.0236	1.369
lnGreen	−0.1254 ***	−4.917	−0.1248 ***	−4.882	−0.1046 ***	−3.998	−0.1040 ***	−3.967
lnIndustry	0.0737 **	2.121	0.0752 **	2.154	0.1184 ***	3.551	0.1191 ***	3.566
lnCar	0.0009	0.035	0.0021	0.082	0.1021 ***	5.446	0.1015 ***	5.388
ρ	0.2359 ***	9.619	0.2268 ***	8.735	0.2268 ***	8.735	0.2260 ***	8.703
R^2	0.7050		0.7050		0.6776		0.6773	

估计方法模型	SLM-FE				SLM-RE			
	M5		M6		M5		M6	
	系数	t 值	系数	t 值	系数	t 值	系数	t 值
Corr-squared	0.0130		0.0130		0.2448		0.2450	
Hausman	—		—		340.6721 ***		93.7154 ***	
Log-likelihood	277.307		275.561		327.277		327.34	

注:M5 模型为以人均 GDP 为解释变量的二次函数,M6 模型为以人均 GDP 为解释变量的三次函数。***、**、* 分别表示在 1%、5% 和 10% 的水平上显著。

从污染物排放拐点来看,在 SLM-FE-M5 和 SLM-RE-M5 模型中两个拐点对应的人口城镇化率分别为 6.29% 和 5.64%,均略低于表 4-4 普通面板检验所选择的多变量 RE-M3 模型的拐点 8.88%,无实际意义,即与前文一样,从城市化率看,所有城市均进入了 NO_2 污染加剧阶段,城市化水平的提升不利于空气质量的改善,远没有迎来拐点的出现。

3. PM_{10} 的空间计量回归结果

与前述 LM-lag、LM-error 和 Robust LM-lag、Robust LM-error 的估计同理,结果表明,SLM 模型比 SEM 模型更合适。

表 4.29 给出了 SLM 模型的估计结果,由 Hausman 检验结果可以看出,选择固定效应模型更合适。从参数的显著性水平(M6 模型的三次式基本不显著,即不存在三次函数关系)、拟合优度、Log-likelihood 来看,M5 的二次式相对 M6 模型更优,空间效应值亦更显著。这与表 4.11 普通面板检验所选择的 FE-M3 模型基本一致。从空间自回归系数 ρ 来看,在几个模型中其值为 0.495 左右(其值明显大于 SGEKC-PM_{10} 的空间效应值,也明显高于前文的 SUEKC-SO_2 和 NO_2 的空间效应值),且均通过了 1% 水平的显著性检验,说明城市的 PM_{10} 质量浓度不仅取决于自身因素,还受到相邻地区的影响。

表 4.29 $\rho_{PM_{10}}$ 与相关解释变量的空间计量模型估计结果（SUEKC）

估计方法模型	SLM-FE				SLM-RE			
	M5		M6		M5		M6	
	系数	t 值	系数	t 值	系数	t 值	系数	t 值
截距项	—		—		9.2869 ***	15.645	12.2167 ***	5.204
lnUrban	−1.7138 ***	−5.186	−1.8471	−0.892	−1.6067 ***	−5.304	−4.1780 **	−2.075
(lnUrban)²	0.2261 ***	4.270	0.2462	0.410	0.2135 ***	4.666	0.9403 *	1.632
(lnUrban)³	—		−0.0037	−0.065	—		−0.0704	−1.293
lnArea	0.0040	0.210	0.0040	0.209	0.0189	1.046	0.0184	1.021
lnPGDP	−0.1262 ***	−7.116	−0.1262 ***	−7.112	−0.1436 ***	−9.423	−0.1454 ***	−9.512
lnGreen	−0.1543 ***	−7.004	−0.1544 ***	−6.996	−0.1542 ***	−6.811	−0.1561 ***	−6.882
lnIndustry	0.0143	0.476	0.0141	0.468	0.0955 ***	3.290	0.0939 ***	3.232
lnCar	0.0541 **	2.455	0.0543 **	2.449	0.1283 ***	7.761	0.1307 ***	7.886
ρ	0.4942 ***	23.681	0.5040 ***	25.684	0.4930 ***	23.632	0.4959 ***	25.041
R^2	0.7462		0.7460		0.7024		0.7026	
Corr-squared	0.1351		0.1351		0.1245		0.1292	

续表

估计方法模型	SLM-FE				SLM-RE			
	M5		M6		M5		M6	
	系数	t 值	系数	t 值	系数	t 值	系数	t 值
Hausman	—		—		120.2169 ***		330.4723 ***	
Log-likelihood	368.418		366.772		1110.7986		1110.7680	

注:M5 模型为以人均 GDP 为解释变量的二次函数,M6 模型为以人均 GDP 为解释变量的三次函数。***、**、* 分别表示在 1%、5% 和 10% 的水平上显著。

从污染物排放拐点来看,在 SLM-FE-M5 和 SLM-RE-M5 模型中两个拐点对应的人口城镇化率分别为 44.25% 和 43.07%,均略低于表 4.11 普通面板检验所选择的多变量 FE-M3 模型的拐点 45.75%,即考虑城市间相互作用因素后,由好变坏的拐点提前,说明城市间大气污染物的扩散加速了 PM_{10} 的恶化。

4.IAQI 的空间计量回归结果

与前述 LM-lag、LM-error 和 Robust LM-lag、Robust LM-error 的估计同理,由结果可知,SLM 模型比 SEM 模型更适合。

表 4.30 给出了 SLM 模型的估计结果,由 Hausman 检验结果可以看出,选择固定效应模型更合适。从参数的显著性水平(M6 模型的三次式基本不显著,即不存在三次函数关系)、拟合优度、Log-likelihood 来看,M5 的二次式相对 M6 模型更优,空间效应值亦更显著。这与表 4.12 普通面板检验所选择的 M3 第二产业模型基本一致(且空间计量模型中 R^2 更优)。从空间自回归系数 ρ 来看,在几个模型中其值为 0.518 左右(其值略大于 SGEKC-IAQI 的空间效应值),且均通过了 1% 水平的显著性检验,说明一个城市的空气环境质量不仅取决于自身因素,还受到相邻地区的影响,IAQI 综合值每提高 1%,其中就有约 0.518% 受相邻城市的空气污染物扩散影响。

从污染物排放拐点来看,在 SLM-FE-M5 和 SLM-RE-M5 模型中两个拐点对应的人口城镇化率分别为 58.48% 和 56.34%,略低于表 4.13 普通面板检验所选择的多变量 FE-M3 模型的拐点 61%,考虑城市间相互作用因素后,由好变坏的拐点提前,说明城市间大气污染物的扩散加剧了彼此间城市空气质量的恶化。

表 4.30 **IAQI 与相关解释变量的空间计量模型估计结果(SUEKC)**

估计方法模型	SLM-FE				SLM-RE			
	M5		M6		M5		M6	
	系数	t 值	系数	t 值	系数	t 值	系数	t 值
截距项	—		—		3.3518***	6.411	1.5859	0.748
lnUrban	−1.2605***	−4.275	1.4058	0.761	−1.3844***	−5.027	0.1677	0.092
(lnUrban)²	0.1549***	3.322	−0.6357	−1.188	0.1717***	4.391	−0.2791	−0.534
(lnUrban)³	—		0.0750	1.462	—		0.0426	0.861
lnArea	−0.0211	−1.223	−0.0208	−1.206	0.0127	0.774	0.0129	0.786
lnPGDP	−0.1081***	−6.808	−0.1086***	−6.845	−0.1408***	−10.096	−0.1397***	−9.989
lnGreen	−0.1618***	−8.233	−0.1602***	−8.140	−0.1583***	−7.775	−0.1572***	−7.706
lnIndustry	0.0653**	2.439	0.0688**	2.562	0.1388***	5.275	0.1399***	5.306
lnCar	0.0102	0.521	0.0073	0.372	0.1154***	7.568	0.1138***	7.420
ρ	0.5187***	25.648	0.5186***	25.635	0.5229***	27.268	0.5225	27.134
R^2	0.7820		0.7818		0.7357		0.7361	
Corr-squared	0.1575		0.1583		0.1413		0.1395	

续表

估计方法模型	SLM-FE				SLM-RE			
	M5		M6		M5		M6	
	系数	t 值	系数	t 值	系数	t 值	系数	t 值
Hausman	—		—		17.6803 **		172.8215 ***	
Log-likelihood	675.567		671.347		1423.400		1460.5156	

注:M5 模型为以人均 GDP 为解释变量的二次函数,M6 模型为以人均 GDP 为解释变量的三次函数。***、**、* 分别表示在 1%、5%和 10%的水平上显著。

四、模拟结果综合比较

根据前文分析,现将以人均 GDP 和城市化率为主导的 SEKC 检验结果总结如表 4.31 所示。

(1)不管是普遍面板还是空间面板,不同空气污染物有着不同的环境库兹涅茨曲线特征(演化规律),并且没有出现经典的倒"U"形曲线规律。10 年间,随着城市经济的发展,城市空气中 SO_2 质量浓度符合倒"N"形曲线(已经迎来改善拐点);而对于 NO_2、PM_{10} 浓度及 IAQI 综合指数,城市经济发展之间呈"U"形关系(污染加重恶化趋势)。

(2)不管是普遍面板还是空间面板,在"U"形曲线关系中,空气质量综合指数与 PM_{10} 的城市样本分布特征基本一致,体现了 PM_{10} 作为首要污染物对空气质量的主导作用;此外,NO_2 污染加重的城市数量总体上高于 PM_{10} 污染加重的城市数量,随着"十二五"期间对氮氧化物排放的总量控制,前者有迎来改善拐点的趋势,但 PM_{10} 的污染将持续加重,并在新空气质量标准实施背景下体现出 $PM_{2.5}$ 的污染不断加重。

(3)不管是 GEKC 还是 UEKC,在空间面板计量检验中,均存在正的空间效应值,空间自回归系数表现为:IAQI>PM_{10}>NO_2>SO_2(后三个较为接近),且均通过了 1%水平的显著性检验,表明城市空气环境质量的 IAQI 综合值,受相邻城市的空气污染物扩散影响高于单一污染物的空间效应值,是一个综合影响的结果。

表 4.31　**城市化对空气环境质量影响的 EKC 检验结果汇总**

回归模型	EKC 类型	回归结果	SO_2	NO_2	PM_{10}	IAQI
普通面板回归	GEKC	恶化拐点	15444 元	19909 元	40759 元	44356 元
		改善拐点	74015 元	—	—	—
		曲线特征	倒"N"形	"U"形	"U"形	"U"形
	UEKC	恶化拐点	25.7%	8.8%	45.75%	61%
		改善拐点	59.9%	—	—	—
		曲线特征	倒"N"形	"U"形	"U"形	"U"形
空间面板回归	SGEKC	恶化拐点	12413 元	18085 元	36266 元	39599 元
		改善拐点	100022 元	—	—	—
		曲线特征	倒"N"形	"U"形	"U"形	"U"形
	SUEKC	恶化拐点	22.85%	6.29%	44.25%	58.48%
		改善拐点	65.73%	—	—	—
		曲线特征	倒"N"形	"U"形	"U"形	"U"形

　　(4)不管是 GEKC 还是 UEKC,相比普通面板检验,空间计量面板考虑城市间相互作用因素后,由好变坏的恶化拐点提前、由坏转好的改善拐点滞后(图 4.6),说明城市间大气污染物的扩散加速了空气质量的恶化,相应地又在一定程度上延缓了空气质量的改善。也进一步说明单一城市的空气质量改善难度极大,并有可能受外在城市干扰,影响了最终空气质量结果。未来的空气环境质量改善,将是一个区域性共同攻克和努力的结果。

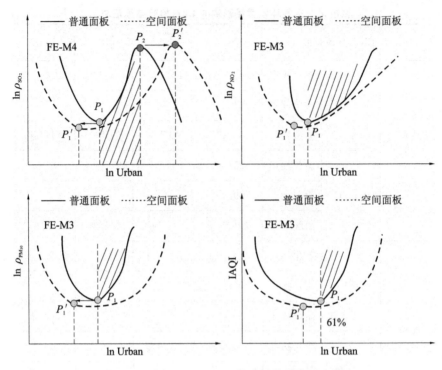

图 4.6　UEKC 和 SUEKC 的曲线检验结果比较

第四节　个案研究:空间计量视角的中国氮氧化物排放影响因素

前述三节主要讨论了传统 EKC 和空间计量经济(ESDA-Spatial Econometrics)分析框架下地级市尺度的城市化对空气环境质量的影响。进一步,这里以 NO_2 的源头污染物氮氧化物为个案,探讨省域尺度下的分布状况和影响因素。

改革开放以来,随着经济发展和城市化进程的明显加快,空气污染已逐渐成为近几十年来可持续城市化进程和生态文明建设的核心制约因素。2013 年初,中东部地区许多城市频繁爆发大规模、大范围、严重的雾霾天气,引起了社会和学界的广泛关注。因此,有效控制大气污染物排放和切实改善城市空气质量,已经成为当前中国社会经济转型,实现绿色发展的重要目标(刁贝娣等,2016)。

作为对流层臭氧和大气气溶胶的重要前体物之一,氮氧化物(NO_x)不仅是导致霾和空气污染的重要因素,还是涉及环境问题最多、最复杂的污染物(张强等,2012)。最新的关于我国雾霾成因的研究报道,亦证实大气细颗粒物上二氧化氮液相氧化二氧化硫是当前我国雾霾期间硫酸盐的重要形成机制,并认为本着由易到难的原则,应优先加强氮氧化物(NO_x $\equiv NO + NO_2$)减排控制(Wang G H et al,2016)。所以,"十二五"时期的环境保护工作重点强调了NO_x的总量控制及减排任务,要求到2015年全国排放总量减少10%;而"十三五"时期则进一步明确到2020年氮氧化物排放总量控制在1574万吨以内。在这样的背景下,我们迫切需要厘清全国各地区NO_x排放的分布特征和演化规律,深入探究NO_x排放量变化的城市化(经济)驱动因素。

已有研究表明NO_x排放存在地区差异和部门差别,不同学者从不同角度出发尝试用诸多不同方法进行其排放的影响因素研究。Shi等(2014)使用自下而上的排放清单计算方法研究了NO_x排放,发现排放量的不均衡主要是由于GDP、产业结构和能源消耗引起的。Wang K等(2016)也通过计算行业排放清单,发现钢铁行业和其他重工业的发展导致大量的NO_x排放。以英国伦敦为例,Beevers等学者(2012)使用不同的遥感数据来检查NO_x排放与道路交通和车辆数量的相关关系;Saikawa等(2011)则发现随着车辆数量的增加,NO_x排放也迅速增加。基于IPAT公式,Shi等(2014)发现人口、经济和技术手段对NO_x的排放产生了不同的影响。综合来看,目前关于NO_x排放影响因素的解释变量选择上主要集中在人口、经济、车辆数量和产业结构等方面,而较忽略能源结构或能源效率的影响。同时,从模型选择上看,使用严格的定量方法分析NO_x影响因素的研究仍然较少。早期研究使用传统的计量经济学模型,包括普通最小二乘(OLS)和广义最小二乘(GLS)(Ericsson,2001)。但是,由于大气污染物存在明显的空间溢出效应,传统的计量模型会因为忽略空间上的相关性而导致估计出现偏差。自20世纪90年代以来,一些学者开始认识到空间维度对环境问题研究的重要性(Anselin,2001;Giacomini,Granger,2004)。因此,与传统的计量模型相比,空间计量模型可以更准确地估计和分析区域大气污染物排放的驱动力问题。

基于此,这里以2006—2013年中国省域NO_x排放量为研究对象,从地理空间视角出发,利用GIS空间分析方法探究省域NO_x排放量的时空分布特征及污染排放格局变化,进而运用空间计量模型分析其主要的城市化(经济)驱动因素,并根据驱动因素不同给出有针对性的区域减排建议。

一、数据处理和研究方法

1.数据来源

数据皆为省域数据,包含全国 31 个省市自治区(暂未包括香港和澳门特别行政区、台湾地区以及钓鱼岛、三沙市等地区)。NO_x 排放量数据(年均值)来源于历年的"中国环境年鉴"和"中国环境质量报告"。由于监测条件、数据传输等原因,且考虑到面板数据的完整性和连续性,最后研究时间确定为 2006—2013 年。社会经济发展数据主要来自 2007—2014 年"中国城市统计年鉴",部分缺失数据参考各省历年统计年鉴。

选取 NO_x 排放量的影响变量指标主要为:GDP(国内生产总值)、IP(产业结构)、EI(能源效率)、PC(私家车数量)、POP(人口规模)和 UR(城市化率),各变量的描述性统计结果见表 4.32。

表 4.32　　　　　　　　**相关变量的定义及统计描述**

变量	定义	单位	平均值	标准差	变异系数	最小值	最大值
NO_x	氮氧化物排放量	吨	63.38	44.35	0.70	0.04	180.10
PGDP	人均 GDP	元	13631.34	11996.22	0.88	290.76	62474.79
IP	能源效率	吨/元	2.03	1.80	0.89	0.14	10.27
EI	产业结构	%	47.63	8.61	0.18	21.68	59.05
UR	城市化率	%	50.26	15.03	0.30	21.05	89.61
PC	私家车数量	万辆	242.73	220.93	0.91	9.82	1199.71
POP	人口	万人	17.06	15.21	0.89	0.01	84.42

2.研究方法

(1)ESDA(探索性空间分析方法):见前文第一节第四部分。

(2)STIPAT 模型构建。

由于 IPAT 方程的形式简洁、限制少,被广泛用以分析环境变化的驱动因素。该模型将对环境的所有影响因素分为三类:人口规模、财富和

技术(York et al,2012),即:

$$I = PAT \qquad (4.12)$$

式中,I 为环境的因子;P 为人口规模;A 为人均财富或产出;T 为技术水平。

Waggoner(2004)把 IPAT 模型中的 T 细分成 C 和 T,并提出了 ImPACT 等式。但是这两个模型都假设三种因素对环境的影响是同比例变化的,从模型中也无法判断哪个变量对环境的影响较大,为克服这一缺陷,Dietz 和 Rose 等(1994)学者把 IPAT 模型表示成随机形式,即

$$I = \alpha P^{\beta} A^{\gamma} T^{\lambda} \mu \qquad (4.13)$$

并称之为 STIRPAT 模型。式中,α 为模型的系数;β、γ、λ 为各个因素的指数参数;μ 为随机误差。本书利用 STIRPAT 模型对省域 NO_x 排放量进行实证检验,在对模型进行对数化处理后得到了如下的实证形式:

$$\ln(NO_{x_{it}}) = \alpha_0 + \alpha_1 \ln(PGDP_{it}) + \alpha_2 \ln(IP_{it}) + \alpha_3 \ln(EI_{it}) +$$
$$\alpha_4 \ln(PC_{it}) + \alpha_5 \ln(POP_{it}) + \alpha_6 \ln(UR_{it}) + \mu_{it} \quad (4.14)$$

式中,i 为地区;t 为时间;μ_{it} 为误差项;NO_x 为氮氧化物排放量;PGDP 为人均实际 GDP;IP 为产业结构(表示为第二产业产值占 GDP 的百分比);EI 为能源效率(表示为单位产出的煤炭消耗量);PC 为私家车数量(表示为年底的私人汽车总量);POP 为人口(表示为年末总人口);UR 为城市化率(表示为城市人口占总人口的比例)。

(3)空间计量回归模型:主要参考前文第三节部分。这里分析在 SEM 和 SLM 模型基础上增加空间 Durbin 模型(SDM),后者同时动用内生的交互效应、外生的交互效应以及具有自相关性的误差项(Elhorst,2003),其基本形式如下:

$$y = \rho Wy + X\boldsymbol{\beta} + WX\theta + \varepsilon \qquad (4.15)$$

式中,ρ 为空间滞后回归系数;W 为空间权重矩阵;y 为自变量;X 为解释变量集合;$\boldsymbol{\beta}$ 为解释变量回归系数向量;θ 为自变量空间回归系数;ε 为误差扰动项。

二、NO_x 排放量的空间检验

1. NO_x 排放量的时空演化

首先,为观测 NO_x 排放量随时间的变化特征,计算得到 2006—2013 年中国省域 NO_x 排放量的统计值,包括均值、标准差系数、变差系数及偏

度和峰度,并在箱状图基础上呈现,构成时间变化统计描述图 4.7。

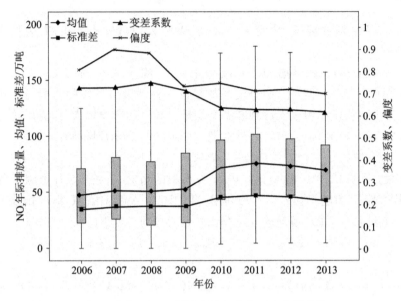

图 4.7 中国 NO_x 排放量的各省年际变化描述图

由图 4.7 可以看出,从 2006 年起,全国 NO_x 排放量整体波动上升,特别是高值区增长较为显著。2011 年后,由于"十二五"时期大气污染防治计划的实施,对 NO_x 排放总量进行有效控制,使得 NO_x 的排放量呈现出趋于稳定而后缓慢降低的趋势。由统计量变化曲线可以看出,NO_x 排放量标准差与平均值均出现先不断增加后出现缓慢下降的趋势,说明在第一阶段,排放量低值区变化不大,高值区排放量的增加导致极值增大,省域间的绝对差异增加。第二阶段,由于总量控制政策的实施,高值区的排放量开始受到控制,标准差减小,省域间的绝对差值降低。变差系数表现出波动下降的特征,说明低值区增加速度大于高值区,使得排放量在全国范围内趋近。偏度一直为正值,表现为正偏离,即开始大部分省区的排放量低于全国平均水平,高值区偏离显著。之后由于一些地区排放量的增加,全国平均水平增加,偏度值降低,使得省域排放开始偏向正态分布。

为分析各省排放量的空间变化关系,厘清省域 NO_x 的空间演化格局。利用 ArcGIS 工具将 2006—2013 年 31 个省、自治区和直辖市的 NO_x 排放量,按照自然断裂点法划分为从高到低的 5 个等级,并选择

2006 年(起始年)、2011 年(转折年)和 2013 年(结束年)作为分析断面,绘制其总体空间分布图(图 4.8)。

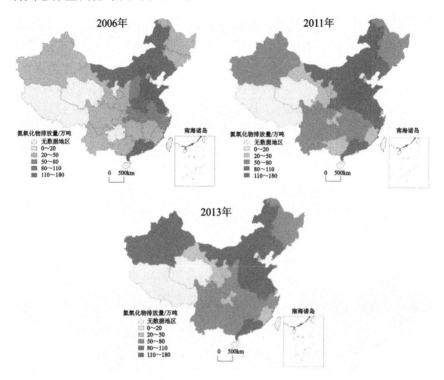

图 4.8 2006—2013 年中国省域 NO_x 排放量的空间分布差异

由图 4.8 可以看出:从空间分布特征来看,高排放量大多分布在中东部地区的河北、山东、江苏等省份,仅有广东省分布在南方地区。从动态变化角度分析,随着时间的变化,2006—2011 年,中高及高排放量包含省份在不断增加,仅高排放量的地区就从 2006 年的 4 个增加到 2011 年的 7 个,呈现出显著的空间扩张趋势。这与张强等(2012)运用遥感观测的 NO_x 浓度柱变化一致,原有的排放高值区不断扩大,东南地区的浙江、福建,西北地区的山西、陕西、内蒙古等地区排放等级增高,新的高值区不断出现,显现出明显的从东部向中西部扩张的趋势。2011 年后这种扩张趋势虽稍有缩减,但仍有部分地区排放量继续增加成为新的排放热点区。总的来说,这些热点地区是未来污染控制的关键区域,必须采取有效的预防措施防止污染扩散到中西部地区。另外,在全国排放总量开始减少的大背景下,新疆、内蒙古等地区排放量不减反增,排放等级始终处于上升的状态,这些地区需要在日后减排政策制定中给予相应的减排任务,防止成为新的排放热点区。

2. NO_x 的空间相关性检验

为探索中国省域 NO_x 的全局空间关系变化,运用 Geoda 建立空间权重矩阵,进而得出 2006—2013 年的全局 Moran's I 指数,计算结果表明:Moran's I 全为正数,即研究时期内我国的省域 NO_x 排放量呈显著正向空间自相关。各年 Moran's I 指数都位于[0.156,0.351]范围内,且蒙特卡洛检验基本在 0.05 水平上显著,表明省域 NO_x 排放量总体呈现出集聚分布,排放量在相邻省域间存在较强的空间相关性,即各省的排放量不仅受自身发展变化的影响,还受到周边省域排放量的影响。在分析局部空间相关性过程中,更为直观地显示了 NO_x 排放的集聚特征,选择绘制省域 NO_x 排放量的 Moran 散点空间分布图(图 4.9)。

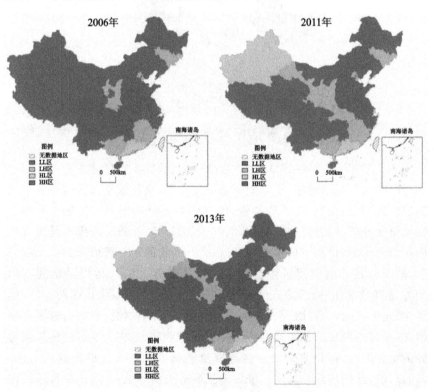

图 4.9 2006—2013 年中国省域 NO_x 排放量的 Moran 散点空间分布图

由图 4.9 可以看出：NO_x 排放的局部空间集聚特征明显，总体以 HH 集聚和 LL 集聚为主，并表现出一定程度的空间锁定。其中，HH 区主要分布在中东部的河北、山东、江苏等地，LL 区则集中分布于西部的青海、西藏以及西南的贵州、云南等地。LH 区主要分布在 HH 区与 LL 区的过渡地带。HL 区在 2006 年就仅有广东一地，后又加入新疆。从图 4.9 中还可以看出，每个省份的集群的数量和分布也显示出区域动态特征。例如，2006 年，属于空间正相关的省份占全中国省份的 71%，而到 2011 年，属于 HH 区和 LL 区的省份数量已经明显减少，NO_x 排放的空间集聚度降低。此外，NO_x 排放的空间聚集效应在 2011 年和 2013 年之间变化不大。总的来说，省域 NO_x 排放之间存在强烈的空间相关性，因此当进行面板分析时，必须考虑空间因素。

三、NO_x 排放量的空间计量回归

1. 面板数据检验

面板数据由时间序列数据和横截面数据混合而成，一些非平稳的经济时间序列往往表现出共同的变化趋势，而这些序列之间不一定有直接的关联。此时，对这些数据进行回归，其结果没有任何实际意义，这种情况称为虚假回归或伪回归。因此，实际操作前必须先对面板数据进行检验。

（1）平稳性检验。为了避免伪回归的出现，确保估计结果的有效性，必须对数据的平稳性进行检验。本书将使用三种形式的单位根检验方法：ADF 检验、PP 检验以及 LLC 检验。结果表明，并非所有的变量都在水平上平稳，但是在一阶差分时均表现平稳，且在 1% 水平上显著。

（2）协整检验。为进一步检验 NO_x 排放量与各解释变量之间是否存在稳定的长期关系，本书采用 Pedroni 协整检验，在小样本（即时间跨度小于 20）情况下，其中 Panel ADF 检验和 Group ADF 检验统计量是最有效力的。检验结果显示，每一个解释变量与 NO_x 排放量之间在 1% 的显著水平上都存在协整关系。

（3）Hausman 检验。根据面板数据的不同特性，使用合适的模型去分析 NO_x 排放量的驱动因素对实证研究的准确性是至关重要的，因此，根据 Hausman 检验来确定应该使用固定模型还是随机模型。当 Hausman 检验结果的 P 值大于 10% 时，我们就认为应该接受"建立随机

模型"的原假设,不然就应该建立固定模型。根据 Hausman 的结果($P=0$),这里选择固定模型来分析 NO_x 排放量的影响因素。

2. 普通面板回归结果

为了检测哪种模式最适合估计模型,首先选择非空间面板模型,然后使用 LM-test 来检测空间单元之间是否存在空间相关性。非空间面板数据模型的估计结果列于表 4.33 中,从模型的拉格朗日乘数和稳健性拉格朗日乘数均显著可以看出省级 NO_x 排放之间存在空间依赖性。

表 4.33 　　　　　　　　　　**传统面板数据模型估计结果**

变量	混合估计	空间固定	时间固定	双固定
lnPGDP	0.286	0.202	0.241	0.298
lnIP	0.701***	0.852***	0.666***	0.743***
lnEI	0.590***	0.561***	0.595***	0.586***
lnPC	0.024	0.035	−0.011390	0.030
lnPOP	−0.199*	−0.321***	−0.081476	−0.290*
lnUR	−0.471**	−0.722***	−0.318941	−0.532*
R^2	0.870	0.869	0.8713	0.883
DW	1.872	1.875	1.9967	1.892
σ^2	0.188	0.189	0.1757	0.181
Log-likelihood	−141.188	−142.564	−133.2596	−143.432
LM-lag	2.987***	2.893**	4.413***	6.431**
Robust LM-lag	5.649**	1.202**	3.892**	2.454**
LM-error	12.977***	11.227**	13.658***	16.547**
Robust LM-error	7.321**	9.536***	10.464***	18.534**

注:***、**和*分别表示在 1%、5%和 10%的水平上显著。

3. 空间面板回归结果

因为省域排放量之间存在显著的空间自相关性,为了减少由于忽略空间效应而产生的估计偏差,本书将使用空间计量方法进一步分析 NO_x 排放量的影响因素。在空间面板数据估计分析前,要判定哪种计量模型更合适,为此应该选择 LR 检验和 Wald 检验进行模型的判别及选择。根据 Wald 检验和 LR 检验的结果(两个零假设在 1%显著性水平被拒绝),

可以看出 SDM 模型比 SLM 模型和 SEM 模型更合适。似然比检验用于检测空间固定效应和时间段固定效应,结果表明,空间固定效应零假设被拒绝,但时间固定效应的原始假设被接受。因此,选择具有空间固定效应的面板数据模型作为最佳模型,估计结果见表 4.34。

表 4.34　　　　空间固定效应的面板数据模型估计结果

变量	SEM	SLM	SDM
PGDP	−0.002***	−0.003***	−0.006***
IP	0.006***	0.008***	0.016***
EI	0.738	1.039	5.308***
PC	0.013	0.010	0.045***
POP	−0.009	−0.013*	0.006***
UR	2.348***	1.557***	0.134**
$W \times$ PGDP	—	—	−0.010***
$W \times$ IP	—	—	0.020***
$W \times$ EI	—	—	1.837
$W \times$ PC	—	—	0.115***
$W \times$ POP	—	—	−0.004***
$W \times$ UR	—	—	0.297*
ρ	0.435***	—	—
λ	—	0.430***	0.430***
R^2	0.945	0.959	0.859

注：***、**和*分别表示在1%、5%和10%的水平上显著。

由表 4.34 可以看出,三个空间计量模型的回归系数估计分别为0.435、0.430、0.430,并通过了 1% 的显著性检验,表明各省的 NO_x 排放量之间存在明显的空间相关性,一个地区的排放量不仅取决于其自身的因素,也受邻近地区的影响。SEM 模型的空间自回归系数估计为 0.435,表明相邻区域的随机性对区域 NO_x 排放有很大影响,同时也意味着各省之间的 NO_x 排放具有空间溢出效应。SLM 和 SDM 模型的空间回归系数估计值为 0.430,即相邻省份 NO_x 排放量每增加 1% 将导致邻域排放量增加 0.430%。

从 SDM 模型的估计结果来看,不同经济因素对 NO_x 排放的影响有很大差异。首先,能源效率的估计系数最大,为 5.308,这表明每单位产量的煤炭消费量每增加 1% 将导致 NO_x 排放量增加 5.308%,这意味着化石燃料燃烧的效率对 NO_x 排放有着巨大的影响。一方面,NO_x 排放有 70% 来自煤炭的燃烧,另一方面,中国"富煤、贫油、少气"的资源禀赋结构,以及当前的工业化和城镇化进程,使得以煤炭为主的能源格局还将在未来长时间内存在(Wang S J et al,2016b)。除了较高的煤耗外,更重要的是,由于落后的生产技术,煤燃烧不够充分、效率低等原因使得大量的污染物进入大气中,造成严重的大气环境污染。

同样地,城市化率对 NO_x 排放也有较为显著的正向影响。城市化的解释系数为 0.134,这意味着城市人口比例每增加 1% 将导致 NO_x 排放量增加 0.134%。目前,中国处于工业化和城市化不断发展完善的过程,且高能耗和高污染的发展模式仍然是目前城市发展的主旋律(Kang et al,2016)。中国大部分地区处于城市人口比例不断增加的阶段,在 2015 年,我国常住人口城镇化率达 56.1%,正处于对环境影响最大的中度城市化阶段,但也未达到城市化对空气环境影响由负变正的拐点。因此,中国的大部分地区还处于随着城市人口比重的增多、环境污染加剧的阶段。此时,城市人口的增加将产生更多的资源消耗和废物排放,对环境造成巨大压力,城市空气环境进一步恶化。

近年来,私家车数量增加而引起 NO_x 排放增加的问题引起了公众的广泛关注。已有的科学研究表明,汽车尾气含有有机碳氢化合物、NO_x 和许多其他污染物(薛文博等,2014)。近 10 年来我国机动车保有量以年均 15% 的速度迅猛增长,汽车尾气排放在大中型城市已成为当地主要的大气污染源(郭宇宏等,2014)。且在此期间,中国经济保持着较高的增长速度,城市中的私家车数量迅速增长的趋势有可能在将来甚至很长一段时间内继续保持。最终,城市车辆尾气排放造成的空气污染将成为中国最重要的大气环境挑战。

相对于私家车尾气的排放,NO_x 排放的另一个重要来源是第二产业的不断发展,其解释系数为 0.016,这意味着第二产业在国内生产总值中比例的提升将增加 NO_x 的排放。第二产业的快速发展一般伴随着大量的化石能源消耗,根据中国信息产业部 2013 年的统计,中国近 70% 的能源消耗在第二产业,如电力工业、热能工业、钢铁工业等,都消耗了大量的能源物质。这些能源尤其是煤炭能源、石油能源的使用会产生较多的 NO_x 排放。考虑到煤和石油是中国第二产业的主要能源,在有效的清洁能源大量使用之前,第二产业的快速发展必然导致更多化石能源的消耗,从而增加了 NO_x 的排放。除了煤和石油等化石能源的消耗外,化工、非金属矿物冶炼也是 NO_x 排放的重要来源。

人口对 NO_x 排放的影响还需要进一步讨论,不能简单地直接判定其影响是积极或消极的。从模型估计的结果可以看出,人口的系数是正的,但是系数太小,可以忽略,即人口聚集倾向于增加 NO_x 的排放,但在统计学上不够显著。实际上,在中国快速城市化进程中,人口的高速增长可能导致大城市空气污染的快速扩张,但在不同的发展阶段,人口增长与空气的影响程度有较大的差异。最后,根据 SDM 模型系数估计,GDP 对 NO_x 的排放影响不大,且在经济发展的不同阶段,GDP 对 NO_x 的排放影响的变化同样具有较大差异。

四、结论和政策建议

近年来,频繁发生的雾霾天气对人类的生存和发展构成了严重的威胁,政策制定者必须要认识到大气环境治理的复杂性和紧迫性。从整个区域的角度来看,NO_x 的排放存在显著的空间效应,单一或少数省份的减排并不能达到空气质量转好的目的,必须考虑其周边地区所产生的影响,实现区域的联合防控和共同控制。根据空间面板模型的分析,从不同影响因子角度分别给出不同的政策建议。

在能源利用效率方面,提高总体的能源利用效率、推广化石能源的清洁技术和运用、为非化石能源的大面积推广进行铺垫是减排工作的根本原则。为了实现能源效率的提高和煤炭能源的清洁使用,政府及相关机构应该鼓励企业采用煤炭清洁技术,更新燃煤工业锅炉,提高燃烧效率等,整改或淘汰高耗能的产业、企业等;同时,为了从根源减少大气污染物的排放,调整能源结构,增加非化石能源如风能、水电、核能和太阳能等的使用占比成为能源产业调整的核心。同时,还可以在适当的时候通过税收政策抑制煤炭、石油等化石能源的消费,通过政府补贴支持清洁能源产业的发展。

2014年3月,中国出台了"国家新型城镇化规划",要求对"新型城镇化"进行科学、合理的规划。实现"新型城镇化"的规划中除了对不同区域进行划分外,还提出在改善新型城镇化进程中,必须大力节约能源。因此,在城镇化的新阶段中,应当将中小城镇的建设规划与大中型城市的结构转型结合起来,对不同级别的城市的社会经济分工与生态环境责任进行科学分配,以调控区域城镇化进程的方式缓解污染物排放过于集中带来的压力。

私家车数量的激增不仅造成严重的城市空气污染,还造成城市交通拥堵,交通拥堵又带来更多的污染物排放。政策制定者应该密切关注车辆的快速增长,制定相关的车辆数量控制措施,包括限制牌照号码的供应、执行奇偶数牌照限行规则等。同时,加大对油品质量管理、强化城市内柴油车辆管理。此外,对于各级汽车供应商应推出相关的减排准入门槛、征收车辆环保税费。从长远来看,鉴于城市居民对私家车的旺盛需求很难在短时间内得到控制,鼓励发展清洁能源、发展低排放汽车,如"绿色智能"汽车、促进混合动力公共汽车和电动出租车以及鼓励绿色通勤也成为政府政策设计的可选项。

由于目前70%的NO_x排放来自工业,因此,降低工业污染是改善城市空气质量最为有效的措施,而作为替代性产业,第三产业通过贸易手段转移污染与能耗成为发达地区的普遍选择。在目前经济快速发展的大背景下,地区的产业结构升级是一项长期而艰巨的任务,产业承接地在大量接受外来产业的同时,应对自身环境承载力做出合理预期,结合自身经济发展阶段实时淘汰落后产能,避免盲目引进项目对本地环境带来灾难性后果。而高污染、高能耗的地区,需要调整重化工业在产业结构中的主导地位,通过技术改进和经济补贴等手段提高能源使用效率,严格控制电力、热力及水泥等高污染行业的排放。此外,改进生产技术水平,实现清洁生产,推进工业企业技术升级,加强监管力度,鼓励使用高效率、低排放的新型设备,对使用清洁生产技术的企业给予经济补偿和政策优惠。

第五节 本章讨论与小结

利用 274 个城市的空气质量数据,对其进行普遍面板和空间面板的回归分析,并分别以人均 GDP 和城市化率为主解释变量构建了不同的 EKC 分析框架。有如下几个方面的结论。

(1)不管是普遍面板还是空间面板,在现阶段我国城市的人均收入、城市化发展和城市空气质量(SO_2、NO_2、PM_{10}、IAQI)之间存在倒"N"形或"U"形曲线关系,并处于环境恶化的上升阶段。

(2)不管是 GEKC 还是 UEKC,相比普通面板检验,空间计量面板考虑城市间相互作用因素后,由好变坏的恶化拐点提前、由坏转好的改善拐点滞后,说明城市间大气污染物的扩散加速了空气质量的恶化,相应地又在一定程度上延缓了空气质量的改善。也进一步表明某个单一城市的空气质量改善难度极大,并有可能受周边外在的城市干扰影响最终空气质量。未来的空气环境质量改善,将是一个区域性共同攻克和努力的结果。

(3)在其他解释变量中,不同环境指标有着不同的作用特征。总体上来看,建成区绿化覆盖率对空气污染有削减、控制作用,第二产业比重、汽车拥有量、建成区面积均对空气污染有一定的加剧作用,当然在不同的模型中显著性水平有差异。因此,未来在新型城镇化建设过程中需注重城市绿化(绿色城市)的建设,一方面要合理规划土地利用、增加绿化面积,尤其在空气污染较重的区域扩大绿化面积,丰富绿化植被类型,提高绿化生态效益;另一方面,可在有限的土地上采用立体绿化的模式(垂直绿化),提高城市的绿化水平和绿化覆盖面,改善空气质量。

(4)值得注意的是,本书在机动车对空气环境影响的指标选择过程中,由于数据的可获得性,近似地使用了公共交通和出租车总量的指标来替代城市机动车拥有量的指标(若能使用更为细致的机动车数据,其回归结果可能更显著,弹性系数亦更大)。回归结果显示,该指标对不同模型中的空气污染有多种不同的结果,或未通过显著性检验,或有正效应,或有减轻污染的负效应。但这并不意味着公共交通是城市机动车污染的主要来源,相对于日益增长的私家车而言,应当鼓励发展公共交通和绿色出行;鼓励纯电动、双源电动等清洁能源公交车辆投入运营,最大限度减少尾气排放。未来,国家需加大对柴油车的监管,还要注重提高油品质量,尽快推出柴油清洁剂的使用标准,同时加强政府社会的共同引导。

(5)以省域氮氧化物排放量为研究个案,利用空间计量模型进行回归检验,结果发现 SLM 和 SDM 模型的空间回归系数估计值为 0.430,即相邻省份 NO$_x$ 排放量每增加 1% 将导致邻域排放量增加 0.430%;产业结构、能源效率、私家车数量、城市化率对 NO$_x$ 排放量影响较大,且均为正向,而 GDP 与人口规模的影响较为模糊。因此,提高能源利用效率,优化能源结构和产业结构,鼓励绿色城市化发展,控制机动车尾气排放是实现 NO$_x$ 节能减排目标的有效途径。

本章彩图

第五章　中国城市化与环境空气的双向作用关系——基于 PVAR 模型的检验

由前文分析可知,我国现阶段经济社会与环境相关关系的研究中,大多集中在经济社会发展对环境的影响,具体包括经济增长、城市化进程、人口数量和分布等方面的状况和变化对环境系统的影响,应用的方法主要包括 EKC 的理论和实证分析等。大多数的研究忽略了环境系统和经济系统之间存在双向耦合关系,对环境系统变化作用于经济增长反向影响的研究并不多见(李茜等,2015)。从系统论的角度看,经济系统和环境系统都是开放的系统,经济和环境是相互作用、相互制约的,经济的发展不仅会带来环境质量的变化,环境质量的变化还会影响到经济增长的速度和方向。与之对应,城市(人口、经济)集聚与环境污染之间存在双向交互作用,城市化的过程中不可片面追求城市的规模和经济的高速发展而忽略环境污染对经济集聚的负面影响(张可,汪东芳,2014)。

基于此,在第四章重点分析城市(化)发展对空气环境影响的基础上,本章着重探讨空气污染对城市化的反作用。为了便于研究,这里基于 PVAR 模型,在地级市尺度上,重点探讨 SO_2、NO_2、PM_{10} 三种常规污染物及 IAQI 综合指数对人口城镇化率(代表人口规模和城市化水平)的反作用和脉冲响应过程。并在本章第四节,以中部地区武汉市为个案进行具体的双向关系作用研究,分别构建城市化和空气环境两个系统进行综合比较检验。

第一节 研究方法和数据处理

一、VAR 模型原理

向量自回归(VAR)模型是近几年来经济研究中对多个相互联系的经济变量进行综合分析运用较多的一种方法,是西姆斯在 19 世纪 80 年代首先提出的,这种模型采用多方程联立的形式,它不以经济理论为基础。在模型的每一个方程中,内生变量对模型的全部内生变量的滞后项进行回归,从而估计全部内生变量的动态关系。它不仅能考察各变量来自自身的影响,也能考察来自其他变量的影响,在 VAR 模型下可详细分析各变量之间的长期均衡和短期动态关系。VAR 模型通常用来研究相关时间序列系统的预测和随机扰动对变量系统的动态冲击,其表达式为式(5.1)。VAR 模型并不支持面板数据,主要是因为 VAR 模型对于数据的时间序列要求长度较高,而面板数据的时间跨度往往较短,VAR 模型的估计方法无法支持。同时,面板数据的截面个体会有异质性的问题,这在 VAR 模型的时间序列估计中没有考虑,因此,VAR 模型限制了数据量和数据形式。

$$y_t = A_1 y_{t-1} + \cdots + A_p y_{t-p} + Bx_t + \boldsymbol{u}_t \quad (t = 1, 2, \cdots, T) \quad (5.1)$$

式中,y_t 为内生变量;x_t 为外生变量;p 为内生变量的滞后时间间隔;T 为样本数量;$\boldsymbol{u}_t$ 为扰动向量,属于白噪声过程,不与自己的滞后值相关。

VAR 模型的主要分析过程如下所示。

(1)脉冲响应。如果一个时间序列具有单位根,那么它就是非稳定的。非平稳的时间序列不能预测其变化规律。ADF 检验通常用来检验序列的平稳性,协整检验和 $Granger$ 因果检验则可以确定相关变量的相互关系。VAR 模型建立以后,引入脉冲响应函数公式描述给随机误差项施加一个标准大小的冲击,进而估计其所产生的影响。其函数表达式为:

$$\boldsymbol{Y}_{t+s} = U_{t+s} + \boldsymbol{\Psi}_1 U_{t+s-1} + \boldsymbol{\Psi}_2 U_{t+s-2} + \cdots +$$
$$\boldsymbol{\Psi}_s U_t + \cdots \quad (t = 1, 2, \cdots, T) \quad (5.2)$$

$$\boldsymbol{\Psi}_s = \frac{\vartheta \boldsymbol{Y}_{t+s}}{\vartheta U_t} \quad (5.3)$$

式中,$\boldsymbol{Y}_{t+s}$ 为内生向量;U_t 为误差项;$\boldsymbol{\Psi}_s$ 为脉冲响应向量;ϑ 为向量的标准误差结果。

（2）预测方差分解。基于 VAR 模型的预测方差分解是将模型中内生变量的预测误差按其成因进行分解，通过分析模型中的内生变量变化（用方差来度量）对每个信息冲击的相对重要程度，然后计算每个变量的相对贡献比例。

VAR 模型的前 s 期的预测误差为：

$$M_s = \varepsilon_{t+s} + \lambda_1 \varepsilon_{t+s-1} + \lambda_2 \varepsilon_{t+s-2} + \cdots + \lambda_{s-1} \varepsilon_{t-1} \tag{5.4}$$

式中，λ_{s-1} 代表第 $s-1$ 期滞后反映。

二、PVAR 模型构建

Holtz-Eakin 等（1988）将 VAR 模型扩展到了面板数据应用中，提出了基于面板数据的向量自回归（PVAR）模型的估计方法，并得到了众多学者的改进、论证和应用（Apergis，2014；Binder et al，2005；Canova et al，2004）。相对于 VAR 模型，PVAR 模型支持面板数据分析，对于数据的时间长度有所放宽，当 T 为时间序列长度，m 为滞后阶数时，只要 $T \geqslant m+3$，就可以对方程的参数进行估计；若 $T \geqslant 2m+2$，就可以在稳态下得到滞后项参数。应用 PVAR 模型进行估计的主要步骤为：首先进行广义矩估计（GMM，generalized method of moments），得出变量之间的回归拟合结果；然后进行冲击响应函数分析，研究扰动项的影响如何传播到各变量；最后用方差分析来衡量变量的贡献度。同时，PVAR 不需要区分内生变量和外生变量，而是把所有变量都视为内生变量。

结合第三、四章的分析，为简化研究，这里构建 SO_2、NO_2、PM_{10} 三种常规污染物及 IAQI 综合指数与城市化率（Urban，代表人口规模和城市化水平）间相互关系的 PVAR 模型函数形式为：

$$Y_{it} = \sum_{j=1}^{p} \boldsymbol{\beta}_j Y_{it-j} + \boldsymbol{\eta}_i + \boldsymbol{\gamma}_t + \boldsymbol{\mu}_{it} \tag{5.5}$$

式中，$Y_{it} = [\ln \text{Urban}, \ln \text{Air}]$，内生变量为人口城镇化率及 4 种空气环境指标的对数形式。PVAR 模型是将城市（经济）增长和空气环境污染两方面的指标均作为内生变量，Y_{it-j} 则为 Y_{it} 的 j 阶滞后项，即将内生变量的滞后项作为解释变量。同时，又考虑到 PVAR 模型是一个反馈系统，内生变量 lnUrban、lnArea 和 lnAir 均受到自身和对方滞后项的影响，由一组回归方程来表示变量间的互动关系。此外，i 为各个城市；p 为滞后阶数；$\boldsymbol{\beta}_j$ 为系数矩阵；$\boldsymbol{\eta}_i$ 为个体效应向量（反映区域异质性）；$\boldsymbol{\gamma}_t$ 为时间效应向量（体现了每一个时期的特定冲击效应）；$\boldsymbol{\mu}_{it}$ 为扰动项。

三、数据处理

考虑到经济发展和环境污染的双向作用关系已有较多学者研究和讨论过(李茜等,2015),这里不再分析城市经济发展与空气环境质量的双向作用关系,仅重点探讨城市化与空气环境的冲击响应。由于所选变量与第四章 EKC 检验过程的主要变量一致,这里不再赘述变量的处理过程及描述性统计结果,具体见第四章的图 4.2 和表 4.2。

为了体现区域异质性,在 274 个城市总体分析基础上,进一步将我国分为东部、中部和西部地区,分别进行比较研究和分析。同时,考虑到海陆的区域差异,进一步将沿海城市(51 个)和内陆城市(223 个)进行对比分析。

首先,要对各变量进行单位根检验。由第四章第二节的检验结果可知,本书选取的变量均拒绝了"存在单位根"的原假设,序列均是平稳的。其次,要选择适合的滞后阶数,滞后阶数过长会损失自由度,也就是损失一部分样本,在小样本的情况下会带来明显的影响;而滞后阶数过短也会使检验结果不可靠。结合本书的样本特征,滞后阶数的选择按照以下原则进行:① 根据 AIC 信息准则(akaike's information criterion)、SC 准则(schwarz criterion)和 HQIC 准则(hannan and quinn information criterion)选择变量的滞后阶数;② 根据变量时间跨度的不同,采用适合的滞后阶数,避免滞后阶数太大影响数据的样本量,原则上最大滞后阶数不超过3 阶;③ 相同变量的 PVAR 模型在 3 个区域选择一致的滞后阶数。AIC、SC 和 HQIC 的检验结果和空气环境质量变量滞后阶数的选取如表 5.1所示。最后,需要进行长期的协整关系检验,具体可参见前文第四章第二节的面板数据检验分析过程,这里不再重复罗列。

表 5.1 滞后阶数检验结果

变量	滞后阶数	全国			沿海			内陆		
		AIC	BIC	HQIC	AIC	BIC	HQIC	AIC	BIC	HQIC
IAQI	1 阶	−4.320	−2.936	−3.809	−5.152	−4.110	−4.740	−4.466	−3.032	−3.942
SO_2	3 阶	−3.628	−1.848	−2.961	−4.577	−3.189	−4.022	−3.813	−1.972	−3.130
NO_2	3 阶	−3.434	−1.654	−2.767	−4.684	−3.296	−4.129	−3.611	−1.770	−2.929
PM_{10}	2 阶	−4.372	−2.815	−3.794	−5.375	−4.181	−4.900	−4.527	−2.916	−3.934

续表

变量	滞后阶数	东部			中部			西部		
		AIC	BIC	HQIC	AIC	BIC	HQIC	AIC	BIC	HQIC
IAQI	1 阶	−4.403	−3.213	−3.945	−4.387	−3.207	−3.932	−4.511	−3.362	−4.065
SO_2	3 阶	−4.527	−2.978	−3.923	−3.498	−1.961	−2.898	−3.357	−1.855	−2.767
NO_2	1 阶	−4.374	−3.184	−3.916	−3.359	−2.179	−2.904	−3.705	−2.557	−3.260
PM_{10}	2 阶	−4.776	−3.429	−4.255	−4.421	−3.083	−3.902	−4.205	−2.900	−3.696

第二节　城市化与空气环境的冲击响应分析

一、全国总体的脉冲响应过程分析

在进行组内均值差分和向前均值差分后,进行广义矩分析并得到空气环境质量指标与城市化率的估计结果。结果表明,不仅城市化(发展)会对空气环境产生影响,空气环境的变化对城市化发展的反向影响作用也较为显著,并且不同空气环境指标与经济增长之间的相互作用规律并不相同。广义矩分析之后进行全国 274 个城市的总体脉冲响应函数分析,具体的结果如表 5.2 所示。

表 5.2　　　　　　　　　全国脉冲响应分析结果

	变量	方向	趋势	脉冲响应累计
城市化率对环境的脉冲响应	IAQI→Urban	负向	减小→增大	−0.041
	SO_2→Urban	负向	减小→增大	−0.032
	NO_2→Urban	正向→负向	减小→增大	−0.009
	PM_{10}→Urban	负向	减小→增大	−0.086
环境对城市化率的脉冲响应	Urban→IAQI	正向	增大→减小	0.063
	Urban→SO_2	负向	减小→增大	−0.071
	Urban→NO_2	正向	增大→减小	0.077
	Urban→PM_{10}	正向	增大→减小	0.096

从城市化率对空气环境的冲击响应来看,不同空气环境指标的作用结果总体上是一致的。城市化率对四种空气环境指标的累计响应值均为负值(NO_2还经历了从初期的正到负的转变过程),表明从全国层面来看,SO_2、NO_2、PM_{10}和IAQI在不同程度上对城市化率的增长、城市化水平的提高存在制约效应,并且这种效应随着时间效应增强(表5.2,图5.1),即意味着空气质量的恶化和改变对城市化的反向作用也非常显著,传统的以快速的人口增长、盲目的土地扩张和高能源消耗为表征的城市化道路将受到制约,即新型城镇化道路是未来的必然选择。明显改善城市空气质量,成为我国"十三五"规划的一个焦点问题。从污染物类型来看,脉冲响应的累计值是$PM_{10} > SO_2 > NO_2$,说明空气污染对城市化的制约主要来自颗粒物和SO_2的压力,近几年连续的大范围雾霾天气所受到的政策关注就与之有关。

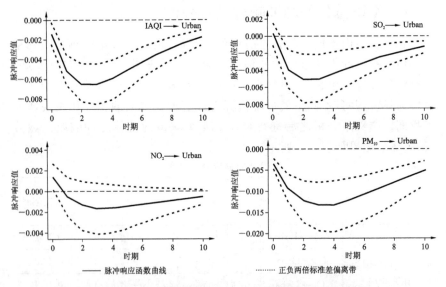

图 5.1　274 个城市的城市化率对空气环境的脉冲响应图

从空气环境对城市化率的冲击响应来看,不同空气环境指标的总体响应规律是不一致的。当人口城镇化率受到一个标准差的正向冲击时,除SO_2外,剩下的三个空气环境指标在全部响应期内均表现为正响应,这表明城市化水平的提升会促使空气环境压力显著增大,而SO_2随着城市化水平的进一步提高已经得到了有效控制。从脉冲累计响应和响应曲线的变化特征来看(图5.2),IAQI受到的正向冲击效应相对较小,NO_2和

PM_{10}的响应曲线趋势较为一致,且PM_{10}受到的冲击响应更为剧烈,表明了当前城市化水平的提升对颗粒物的污染作用略强于NO_2。

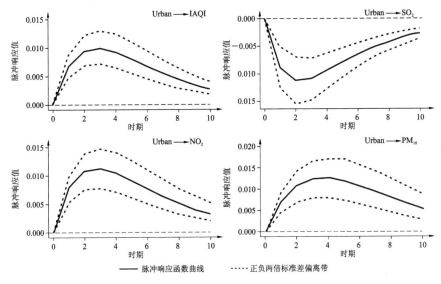

图 5.2　274 个城市的空气环境对城市化率的脉冲响应图

二、东、中、西部地区的脉冲响应过程比较

为了进一步揭示由于区域差异所带来的脉冲响应结果不同,这里将274 个城市按照前述的东、中、西部分区,依次划分为 98 个东部城市、94 个中部城市、82 个西部城市进行 PVAR 模型检验比较。

1. 东部地区

从城市化率对空气环境的冲击响应来看,东部城市的不同空气环境指标的作用结果是不一致的。除了 SO_2 以外,城市化率对其他空气环境指标的累计响应值均为负值($IAQI$ 和 NO_2 还经历了从初期的正向再到负向的转变过程),表明 NO_2、PM_{10} 和 $IAQI$ 在不同程度上对城市化率的增长、城市化水平的提高存在制约效应,并且这种效应随着时间效应增强(表 5.3)。但是,SO_2 浓度质量的变化对城市化水平的发展没有负面影响(图 5.3)。因此,对于东部城市而言,控制来自 PM_{10} 和 NO_2 的污染尤为重要,部分发达城市受到的机动车限行限购政策均与该两类污染物的反作用有密切关系。

表 5.3　　　　　　　　　东部城市脉冲响应分析结果

	变量	方向	趋势	脉冲响应累计
城市化率对环境的脉冲响应	IAQI→Urban	正向→负向	减小→增大	−0.048
	SO_2→Urban	正向	缓慢增大	0.262
	NO_2→Urban	正向→负向	减小→增大	−0.012
	PM_{10}→Urban	负向	减小→增大	−0.117
环境对城市化的脉冲响应	Urban→IAQI	正向	增大→减小	0.115
	Urban→SO_2	正向	缓慢增大	0.078
	Urban→NO_2	正向	增大→减小	0.102
	Urban→PM_{10}	正向	增大→减小	0.126

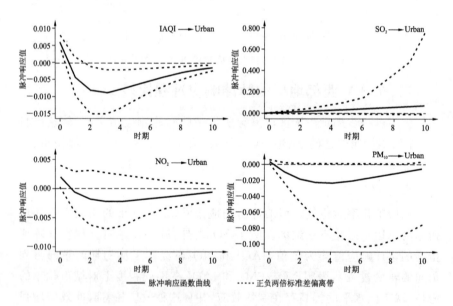

图 5.3　东部地区城市化率对空气环境的脉冲响应图

　　从空气环境对城市化率的冲击响应来看,不同空气环境指标的总体响应规律是一致的。当人口城镇化率受到一个标准差的正向冲击时,东部城市的四种空气环境指标浓度质量在全部响应期内均表现为正响应,这说明随着城市化水平的提高,空气环境压力的显著增大。从脉冲累计响应值来看,SO_2 受到的正向冲击效应是最小的和平缓的,也验证了当前随着对工业、生活 SO_2 排放的控制,其质量已经得到有效的控制(在 EKC 检验过程中则表现为有越来越多城市进入改善拐点)。从响应曲线的变化特征来看(图 5.4),NO_2 和 IAQI 的响应曲线趋势较为一致,而 PM_{10} 受到的冲击响应更为剧烈,表明了当前城市化水平的提升对颗粒物的作用强于 NO_2。

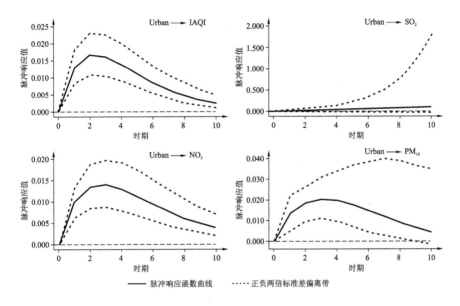

图 5.4 东部地区空气环境对城市化率的脉冲响应图

2.中部地区

从城市化率对空气环境的冲击响应来看,中部城市不同空气环境指标的作用结果是基本一致的。城市化率对四种空气环境指标的累计响应值均为负值(SO_2 和 NO_2 还经历了一定波动变化过程),表明 SO_2、NO_2、PM_{10} 浓度和 IAQI 在不同程度上对城市化率的增长、城市化水平的提高存在制约效应(受 SO_2 和 PM_{10} 的约束作用更加显著),并且这种效应随着时间效应在增强(表 5.4、图 5.5)。与东部地区不同的是,SO_2 也是影响城市化发展的一个因素,可能与中部地区的能源消耗、结构有关。李茜(2015)等研究亦表明,中部地区的废气排放量的增加会对经济增长产生显著的制约作用,并且这种作用的负效应具有持续性。

表 5.4   中部城市脉冲响应分析结果

	变量	方向	趋势	脉冲响应累计
城市化率对环境的脉冲响应	$IAQI \rightarrow Urban$	负向	减小→增大	-0.019
	$SO_2 \rightarrow Urban$	正向→负向	波动减小→增大	-0.023
	$NO_2 \rightarrow Urban$	负向	波动	-0.016
	$PM_{10} \rightarrow Urban$	负向	减小→增大	-0.029
环境对城市化率的脉冲响应	$Urban \rightarrow IAQI$	正向	增大→减小	0.099
	$Urban \rightarrow SO_2$	正向	增大→减小	0.037
	$Urban \rightarrow NO_2$	正向	增大→减小	0.081
	$Urban \rightarrow PM_{10}$	正向	增大→减小	0.092

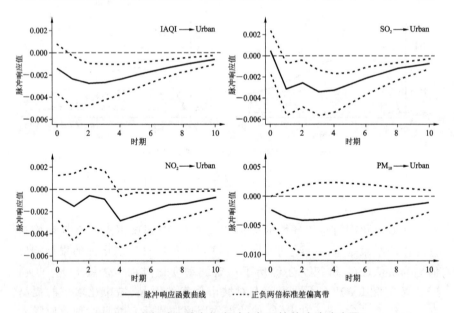

图 5.5   中部地区城市化率对空气环境的脉冲响应图

从空气环境对城市化率的冲击响应来看,不同空气环境指标的总体响应规律基本是一致的。当人口城镇化率受到一个标准差的正向冲击时,中部城市的四种空气环境指标在全部响应期内均反映为正响应(图 5.6),它说明城市化水平的提高会导致空气环境压力显著增大。从脉冲累计响应值来看,SO$_2$受到的正向冲击效应是最小的和平缓的,与东部地区的响应结果一致。

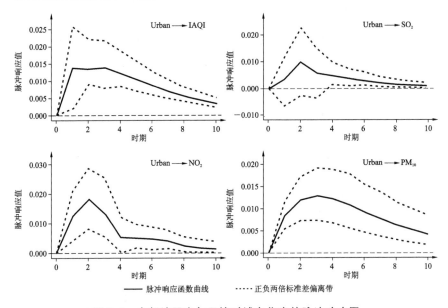

图 5.6　中部地区空气环境对城市化率的脉冲响应图

3.西部地区

　　从城市化率对空气环境的冲击响应来看,西部城市不同空气环境指标的作用结果是基本一致的。城市化率对四种空气环境指标的累计响应值均为负值(SO$_2$和NO$_2$还经历了从初期的正向再到负向的变化过程),表明SO$_2$、NO$_2$、PM$_{10}$和IAQI在不同程度上对城市化率的增长、城市化水平的提高存在制约效应(受SO$_2$和PM$_{10}$的约束作用更加显著),并且这种效应随着时间效应在增强(表 5.5、图 5.7),该变化过程与中部地区城市总体的变化趋势较为接近,但是在累计约束作用方面PM$_{10}$要明显强于中部地区,这可能与西部城市所受到的沙尘天气以及自然背景条件对颗粒物的质量浓度影响有关(新疆、甘肃地区当前在PM$_{2.5}$上的高浓度、高污染也与沙尘所提供的自然源密切相关),也对西部地区的城市化进程带来了阻碍,这也是当前"胡焕庸线"(中国人口密度对比线)突破的难点。因此,未来在西部地区的城市化进程中,一方面要防止人为污染源的迁入和转移,另一方面要采取强有力措施针对沙尘暴等自然因素进行治理,营造适合居民居住的健康、可持续的生态自然环境是城市化推进的基础保障。

表5.5　　　　　　　　　　西部城市脉冲响应分析结果

	变量	方向	趋势	脉冲响应累计
城市化率对环境的脉冲响应	IAQI→Urban	负向	减小→增大	−0.091
	SO_2→Urban	正向→负向	减小→增大	−0.047
	NO_2→Urban	正向→负向	减小→增大	−0.035
	PM_{10}→Urban	负向	减小→增大	−0.178
环境对城市化率的脉冲响应	Urban→IAQI	正向	增大→减小	0.011
	Urban→SO_2	负向	减小→增大	−0.109
	Urban→NO_2	正向	增大→减小	0.064
	Urban→PM_{10}	正向	增大→减小	0.103

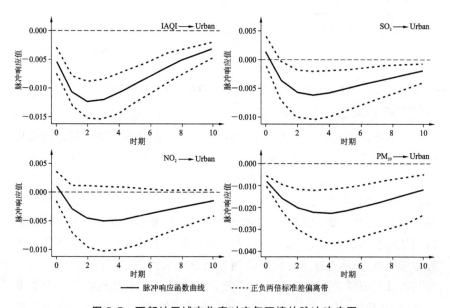

图5.7　西部地区城市化率对空气环境的脉冲响应图

从空气环境对城市化率的冲击响应来看,不同空气环境指标的总体响应规律是不一致的。当人口城镇化率受到一个标准差的正向冲击时,除 SO_2 外,其余三种空气环境指标在全部响应期内均呈现出正响应,它说明城市化水平的提高会导致空气环境压力显著增大。而 SO_2 随着城市化水平的进一步提高已经得到了有效控制,该过程与全国的总体响应特征一致,表明了当前的 SO_2 减排和污染控制效果主要体现在西部地区城市。从脉冲累计响应和响应曲线的变化特征来看(图 5.8),IAQI 受到的正向冲击效应相对较小,NO_2 和 PM_{10} 的响应曲线趋势较为一致,PM_{10} 受到的冲击响应更为剧烈,表明了当前西部地区城市化水平的提升对于颗粒物的污染影响略高于 NO_2。

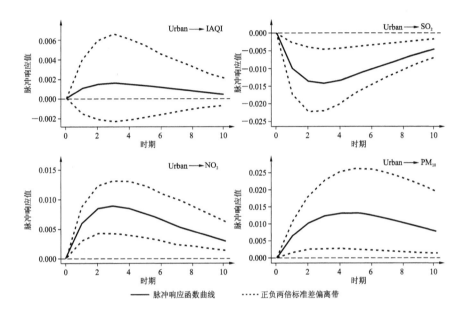

图 5.8　西部地区空气环境对城市化率的脉冲响应图

综合来看,与东、中部城市相比,西部地区城市的空气环境质量对城市化的负向反馈作用更为显著(西部＞东部＞中部),并且城市化发展对空气质量的冲击程度为东部＞西部＞中部,西部城市的空气环境质量亦不容乐观,意味着西部城市现阶段城市化发展与空气环境的矛盾较为突出。当然,也应看到西部城市在 SO_2 减排和质量改善上所取得的成效。

三、沿海、内陆城市的脉冲响应过程比较

为进一步揭示由于海陆差异所带来的脉冲响应结果不同,这里将274 个城市按照前述的分区方案,依次划分为 51 个沿海城市、223 个内陆城市进行 PVAR 模型检验比较。前文研究表明,沿海城市的空气质量总

体上比内陆地区城市优（NO_2除外）。Zhang 等（2015）对 $PM_{2.5}$ 污染时空分布研究表明，沿海地区受气象因素影响（亚洲夏季风加速了东部沿海地区的气溶胶扩散稀释），空气质量要明显优于内陆。那么，对于常规污染物，其对城市化率的冲击效果是否也受海陆差异影响呢？

1. 沿海城市

从城市化率对空气环境的冲击响应来看，沿海城市的不同空气环境指标的作用结果是不一致的，与东部城市的响应特征相似。除 SO_2 外，城市化率对其他空气环境指标的累计响应值均为负值（IAQI 还经历了从初期的正向再到负向的转变过程），表明 NO_2、PM_{10} 和 IAQI 在不同程度上对城市化率的增长、城市化水平的提高存在制约效应，并且 NO_2 和 IAQI 这种效应随着时间效应在增强，但是 PM_{10} 整体是趋于平稳和收敛的，表明其抑制作用随着时间推移而减弱（表 5.6），且 SO_2 浓度的变化对城市化水平的发展没有负面影响（图 5.9）。此外，由图 3.6 可知，NO_2 在东部沿海部分经济发达城市有较高的污染，同时，机动车尾气排放作为 NO_2 和 PM 的重要来源，控制汽车尾气排放成了当前上海、深圳、杭州沿海发达城市的一个重要方向。此外，空气质量恶化倒逼的汽车限购、限行政策以及城区人口规模控制成了约束传统城镇化发展的一大政策选择。

表 5.6　　　　　　　　　沿海城市脉冲响应分析结果

	变量	方向	趋势	脉冲响应累计
城市化率对环境的脉冲响应	IAQI→Urban	正向→负向	减小→增大	−0.032
	SO_2→Urban	正向	平稳	0.047
	NO_2→Urban	负向	减小→增大	−0.031
	PM_{10}→Urban	负向	平稳	−0.024
环境对城市化率的脉冲响应	Urban→IAQI	正向	增大→减小	0.029
	Urban→SO_2	正向	平稳	0.085
	Urban→NO_2	正向	波动	0.062
	Urban→PM_{10}	正向	平稳	0.018

从空气环境对城市化率的冲击响应来看，不同空气环境指标的总体响应规律基本是一致的。当人口城镇化率受到一个标准差的正向冲击

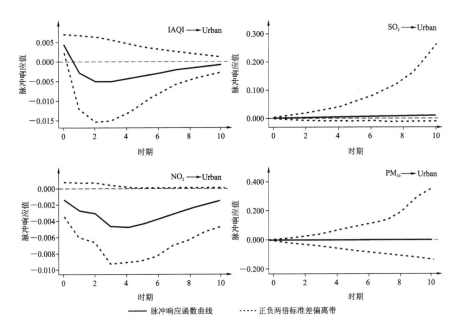

图 5.9 沿海地区城市化率对空气环境的脉冲响应图

时,沿海城市的四种空气环境指标浓度质量在全部响应期内均表现为正响应(图 5.10),并且 SO_2 和 PM_{10} 受到的影响是趋于平稳和收敛的,表明城市化发展带来的污染总体是平缓的,污染并没有展现出显著的加剧趋势,甚至在空气质量综合指数上还呈现减小的趋势,这进一步表明沿海城市的空气污染有减缓的趋势,但环渤海、长三角、珠三角地区未来仍然需重点针对 PM 和臭氧等空气环境问题进行控制。

综合来看,沿海城市集聚了当前中国经济发展最高速、城市化水平最高的城市群,包括京津冀、长三角、珠三角城市圈,这些区域的空气污染也受到了广泛的关注,并位于《重点区域大气污染防治"十二五"规划》中的关键区域。在城市产业结构上需不断优化升级,提高企业准入的环境门槛。

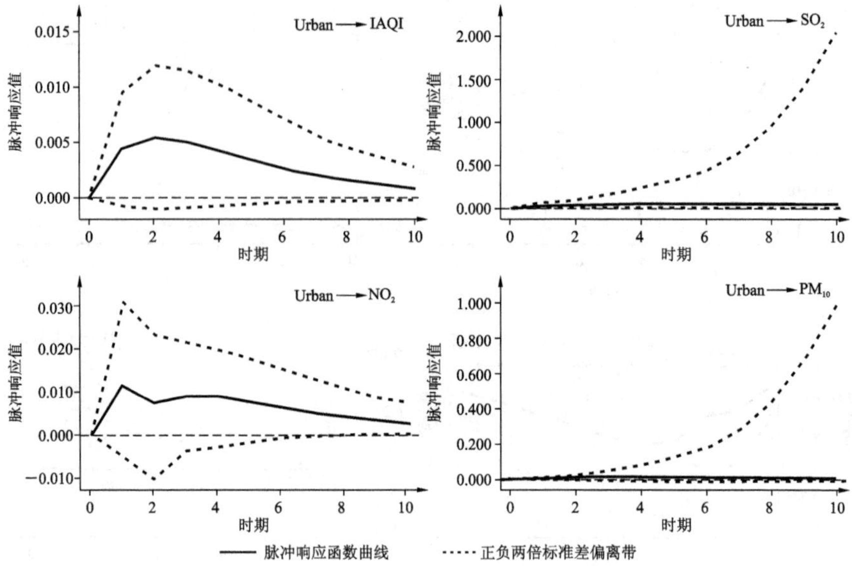

图 5.10　沿海地区空气环境对城市化率的脉冲响应图

2. 内陆城市

内陆城市在这里包含了中西部地区的所有城市以及东部的部分城市。

从城市化率对空气环境的冲击响应来看,内陆城市不同空气环境指标的作用结果是基本一致的。城市化率对四种空气环境指标的累计响应值均为负值(NO_2还经历了从初期的正向再到负向的转变过程),表明SO_2、NO_2、PM_{10}和 IAQI 在不同程度上对城市化率的增长、城市化水平的提高存在制约效应(受 SO_2 和 PM_{10} 的约束作用更加显著),并且这种效应随着时间效应在增强(表 5.7、图 5.11)。与沿海城市不同的是,内陆城市受到的累计响应值均相对较大,意味着空气质量的恶化对城市化的发展约束更为显著,即负向反馈机制更加敏感。

表 5.7　　　　　　　　　内陆城市脉冲响应分析结果

	变量	方向	趋势	脉冲响应累计
城市化率对环境的脉冲响应	IAQI→Urban	负向	减小→增大	−0.051
	SO_2→Urban	负向	减小→增大	−0.034
	NO_2→Urban	正向→负向	减小→增大	−0.014
	PM_{10}→Urban	负向	减小→增大	−0.105

续表

	变量	方向	趋势	脉冲响应累计
环境对城市化率的脉冲响应	Urban→IAQI	正向	增大→减小	0.075
	Urban→SO₂	负向	减小→增大	−0.052
	Urban→NO₂	正向	增大→减小	0.079
	Urban→PM₁₀	正向	增大→减小	0.111

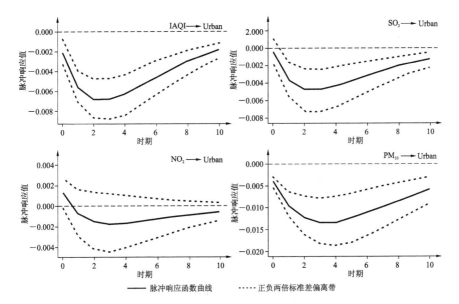

图 5.11　内陆地区城市化率对空气环境的脉冲响应图

　　从空气环境对城市化率的冲击响应来看,内陆城市不同空气环境指标的总体响应规律是不一致的,与西部地区的响应结果较为相似。当人口城镇化率受到一个标准差的正向冲击时,除 SO₂ 之外,其余三种空气环境指标浓度在全部响应期内均表现为正响应(图 5.12),这表明城市化水平的提高会导致空气环境压力显著增大,而 SO₂ 随着城市化水平的进一步提高已经得到了有效控制。李名升等(2013)对中国 SO₂ 空间分离现象研究亦发现,SO₂ 污染重心向东南方向移动。从脉冲累计响应和响应曲线的变化特征来看,IAQI 受到的正向冲击效应相对较小,NO₂ 和 PM₁₀ 的响应曲线趋势较为一致,PM₁₀ 受到的冲击响应更为剧烈,表明了当前内陆地区城市化水平的提升对颗粒物的污染影响略高于 NO₂。

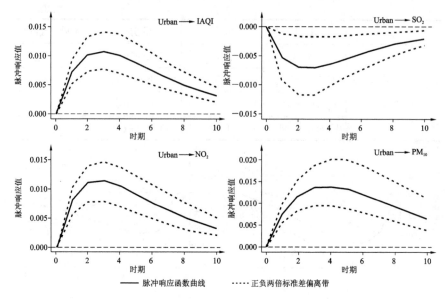

图 5.12　内陆地区空气环境对城市化率的脉冲响应图

第三节　方差预测分解与政策启示

一、方差预测分解分析

根据各类空气环境指标与人口城镇化率的预测方差分解的平均值可以看出(表5.8),虽然东、中、西部地区各类空气环境指标与人口城镇化率的方差分解值有所区别,但总的来看,不管是空气环境指标还是人口城镇化率,其自身的变化可以解释大部分的预测方差,也就是自身有显著的正反馈现象,而且这种现象比李茜等(2015)对于经济发展和(废气)污染排放相互作用关系的方差预测结果更为显著。这表明相比污染物排放的影响,空气环境质量的影响因素更为复杂,人口集聚所带来的城市化效应在全国层面上解释了约12.7%的预测方差,其他可能还受工业经济活动、污染物的长距离扩散迁移以及地形、气象等复杂的自然背景因素影响。

从表5.8中还可以看出:① 相比之下,城市化对空气环境质量的贡献度相对较为显著,而各类空气环境指标对城市化的预测方差贡献度相对较小。这正如大多数基于中国经济增长的经验研究所表明的(彭水军,

2006),改革开放以来中国城市经济增长的基本源泉仍是资本、劳动力等要素的投入。② 从区域差异来看,城市化对空气环境质量的贡献度均值分别为东部＞西部＞中部,而空气环境指标对城市化发展的预测方差贡献度分别为西部＞东部＞中部,呈现出不一致的层级性,也意味着东部、西部城市现阶段城市化发展与空气环境的矛盾较为突出。综合来看,目前我国城市化发展对空气环境质量改善带来的影响较大,人口集聚、城市扩张、经济的快速发展带来了不可逆的资源消耗、能源利用的增加,这些都给空气污染物排放和最终空气质量的改善带来影响。

表5.8　　污染排放指标与人口城镇化率的预测方程分解平均值

贡献度		平均值	IAQI	SO_2	NO_2	PM_{10}
城市化对环境贡献度	全国	12.74%	10.99%	6.02%	12.02%	21.92%
	东部	19.22%	21.22%	10.65%	10.35%	34.67%
	中部	4.12%	2.03%	4.95%	2.48%	7.01%
	西部	10.89%	11.73%	9.53%	8.45%	13.87%
	沿海	15.29%	13.52%	9.36%	11.74%	26.54%
	内陆	13.04%	11.04%	7.17%	13.11%	20.85%
环境对城市化贡献度	全国	5.75%	7.49%	8.57%	0.62%	6.34%
	东部	3.87%	3.01%	6.48%	0.38%	5.61%
	中部	1.41%	0.72%	0.33%	0.48%	4.11%
	西部	6.25%	4.30%	12.94%	0.79%	6.97%
	沿海	2.49%	2.80%	1.32%	0.45%	5.42%
	内陆	6.48%	4.08%	13.81%	5.65%	2.38%

综合来看,目前我国城市化发展对空气质量的改变影响相对较大,而空气环境质量对城市化发展的反馈和约束作用还没有完全显现,主要表现在东部沿海的经济发达、城市化水平高的地区。

二、空气环境对城市化的约束机理

通过 PVAR 模型分解,可以发现城市化发展与空气环境质量之间存在着双向互动关系,尽管这里只选择了人口城镇化率这单一指标进行具体分析,但城市化对空气(生态)环境存在胁迫效应,相反,空气(生态)环境对城市化亦存在着约束作用。前文第一章第二节的第三部分和第二章第一节的第四部分均已简要分析了两个系统之间的相互作用关系,这里重点阐述空气环境(污染)对城市化的约束效应机理,结果如图 5.13所示。

约束效应主要通过空气环境(污染)所带来的生存居住环境、政策环境、投资环境、产业环境等几个不同方面的反馈影响,并具体作用于人口、政策、产业、资本等要素上,进而对城市化的发展带来制约。当然,各个部分的约束内容不是单一、孤立的,而是各个部分的内容之间相互影响构成共同的综合约束效应和结果。

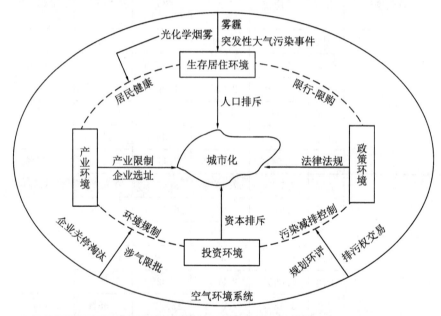

图 5.13　空气环境对城市化的反作用约束机理

(1)降低居住环境的舒适度,排斥居住人口,阻碍城市化。现代人愈来愈重视居所周围的环境质量。居民对优美环境、清新空气质量的追求是导致大城市郊区化的主要动因。一般来说,空气环境恶化会通过排斥居住人口而影响城市化。这种影响通常有三种表现:① 阻碍甚至逆转城市化。城市空气(生态)环境恶化通过"劣币驱逐良币效应",把具有良好经济实力和文化素质的居民"驱逐"出中心城区,并使技术和资金也随之流失,最终造成城市的衰退。② 改变城市空间结构。城市中心一般人口密度高,生态环境压力大,一些有钱有车的居民纷纷到郊区寻求适宜的生活环境。最终,居住地的外迁带来城市地域空间结构的改变。这也是当前西方发达国家在城市化后期成熟阶段的体现。③ 空气污染(如雾霾)严重影响城市居民的身体健康,这使得居民对自身的工作、生活环境场所进行了新的考虑(图 5.14)。

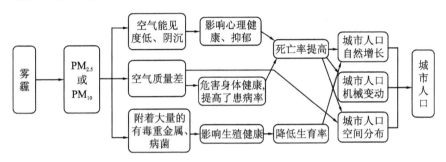

图 5.14 雾霾对城市人口的反作用机理

(2)降低投资环境竞争力、排斥企业资本,减缓城市化。生态环境是地区竞争力的重要方面,尤其是现代高科技企业对生态环境有着更高的要求。高科技企业资本和高科技企业人才具有互动效应,所以空气环境恶化将使该地区逐渐丧失科技竞争力。在知识经济逐渐占主导的今天,损失高科技企业资本无疑会给城市发展前景蒙上一层阴影。

(3)通过政策干预影响企业选址,限制城市化。一些城市通过制定环境政策限制大气污染型企业在市区落户。此类政策将迫使大批企业迁出市区,加速城市内部土地功能置换,从而改变城市地域空间结构。

(4)通过降低空气环境要素的支撑能力,抑制城市化。比如,限制燃煤等使用,推广新能源、清洁能源的使用,会提高生活和生产成本,降低城市竞争力,从而抑制城市发展。同时,由于空气污染所带来的居民健康影响,增加医疗等花费,抑制了城市居民在其他生产活动(购房、购车)上的资金投入。此外,还有运用经济手段,征收高额的停车费、牌照费与汽油费,通过约束城市居民行为影响城市化发展(曹静等,2014)。

(5)通过灾害性事件影响城市化。生态环境恶化引起的灾害性事件有些是通过影响城市周边农村区域而间接影响城市化的。比如,大范围雾霾、酸雨沉降、大气重金属沉降等造成大片农田颗粒绝收,致使农业基础受损和大批农民破产。一方面,由于农业基础支撑力降低而使城市发展受到影响;另一方面,破产农民被迫离乡涌入城市,形成所谓的假城市化。还有些恶性事件则直接对城市造成破坏,比如,光化学烟雾、突发性大气环境污染事故等影响城市居民的生命、财产安全。

(6)通过降低经济增速,放慢城市化步伐。1979年,经济学家丹尼森对美国私人部门进行的研究表明,生产率增长速度下降因素中的16%可归因于环保法规。1990年,美国巴伯瑞和麦克科钦对美国5类制造业的调查研究表明,导致美国1960—1980年间年生产率增长速度下降的因素中,10%～30%可归因于为减少污染增加了投入。保护环境的投入争夺了经济发展的有限资金,使经济增长速度下降,放慢了城市化步伐。这使得区域在经济、环保一体化过程中,需要采取必要的生态补偿(经济、财税补偿)措施。

(7)空气污染也会通过影响劳动者的消费边际效用等途径间接作用于人们的劳动供给决策(朱志胜,2015;Hanna,Oliva,2015),进而影响人口城市化。整体上,空气污染程度的加剧将会对城市就业流动人口的劳动供给时间产生显著的抑制作用,平均而言,城市空气污染程度每上升1%,将会导致城市就业流动人口的劳动供给时间相应减少0.011～0.019天/周(朱志胜,2015),并且空气污染对于流动人口劳动供给的抑制效应在"城—乡"流动人口和"城—城"流动人口之间存在差异,同时,这种效应差异也显著存在于不同性别的流动人口之间。相对而言,"城—城"流动人口和女性流动人口对于城市空气污染具有更强的敏感性,"城—乡"流动人口和男性流动人口则不太可能会因为空气污染程度的加剧而退出劳动力市场。不难理解,男性较之于女性流动人口,需要承担更多的家庭责任和社会压力,从而迫使男性流动人口尽可能多地提供劳动。同时,相比于女性,男性流动人口对于空气污染的适应能力也相对更强,对于空气污染的敏感性较弱,从而能够保证更多的劳动供给时间。

三、双向作用的政策建议和启示

1.双向作用的区域差异及政策启示

通过脉冲响应分析可以看出,我国东、中、西部地区城市化发展与空气环境之间的相互作用关系存在显著的区域差异性。东、西部地区城市化发展与空气环境之间的矛盾最为突出,中部地区相对较为弱化,这也体现了三大区域中,城市化发展与空气环境之间双向耦合关系的不同发展阶段。东、西部地区仍处在城市化发展导致空气环境污染加剧,空气环境恶化抑制城市化发展的相互抑制阶段,处在较低层次。

尽管受海陆差异影响,东部沿海城市有着相对更好的空气环境质量,但是东部(包括沿海)城市的城市化进程也是最快的,由城市化带来的空气污染物的浓度值也是相对最大的。人口集聚带来的产业集聚、机动车数量激增,加速了空气污染物的排放。其中,东部地区的生活污染排放压力巨大,东部地区分布着超大型城市,以及大型都市圈等,人口的集聚导致了生活污染排放量的增加,加大了环境改善的压力。因此,未来东部地区要继续加大生活污染治理力度,缓解生活污染带来的城市负面性,机动车尾气治理则是重中之重。从反作用来看,尽管各类空气环境指标对城市化的预测方差贡献度相对较小,但西部城市是相对最大的,这可能与西部城市所受到的沙尘天气以及自然背景条件有关;东部地区的城市次之,但是率先实施了限制大城市人口规模、汽车限行限号等约束污染产生、合理城市化发展政策。

对于相互作用较为弱化的中部城市,需注重发展中小城镇,并将空气污染减排控制的重心放在产业转型和结构升级上。中部地区的大部分省市现阶段为经济粗放型发展时期,产业结构重型化、同构化较为严重,导致了资源的高消耗和对空气环境的不利影响。中部地区要优化调整能源结构,关注生态安全和能源安全,抓住"中部崛起"的机遇大力发展高新产业,以知识和人力资本促进产业链条的延伸,以技术进步提高节能减排效益,保护生态资源,治理大气污染。

2. 负反馈作用的政策启示

彭水军等(2006)研究表明,污染排放对人均 GDP 的负值冲击影响表明污染排放量的增加将导致人们对环境质量需求偏好的改变、政府环境政策的干预,从而对经济增长方式的转变产生外在压力,但这一反馈机制往往具有一定的滞后效应,即污染排放对经济增长的反馈效应往往需要一定时期之后才能显现出来。对于空气环境质量的恶化及其倒逼的城市环境政策变革,未来的城市化发展需要注重以下几个方面。

(1)合理确定大城市落户条件、严格控制大城市人口规模,这在 2014年 7 月国务院印发的《关于进一步推进户籍制度改革的意见》中有了明确的规定。同时,应该将城市人口规模控制与产业规模控制、城市功能定位结合起来统筹考虑;并且,在外来流动人口管理上应由排斥性管理向包容性管理转变。

（2）找寻基于空气质量改善目标的城市人口规模，并注重大城市对周边城市的反哺。例如，在京津冀协同发展的国家战略指引下，北京市要重新进行城市功能定位，只作为"政治中心和文化中心"，而不再承担经济中心的主要功能，将相关产业包括技术转移到天津、石家庄、保定、廊坊等环北京的相关城市，随着产业的转移，扩大周边城市的就业需求，可以有效控制周边城市的人口流入，并适当向周边城市疏散北京市流动人口；应当拿出相应的财政收入反哺周边城市，特别是环北京的经济贫困县市，让更多的社会资源、教育资源、医疗资源流入周边城市，这样也可以缓解城市人口的不断扩张以及由此带来的巨大空气污染排放压力。

3. 不同污染指标差异的政策启示

由前文分析可知，不同污染物在不同地区的冲击响应和预测方差分解结果是不一致的。总的来看，城市化对空气环境指标的冲击影响是 $PM_{10} > NO_2 > SO_2$，除了西部地区城市随着人口城镇化率的提升对 SO_2 有一定抑制作用外（实现较好污染控制，东部地区的 SO_2 虽受到正向冲击，但效应是最小的和平缓的），其他地区的城市都在不同程度上对空气质量有恶化作用；而在反馈作用上，除了东部城市的 SO_2 以外，其他地区的城市空气环境指标累计响应值均为负值，表明 NO_2、PM_{10} 和 IAQI 在不同程度上对城市化率的增长、城市化水平的提高存在制约效应，并且这种效应随着时间效应在增强。因此，未来在空气污染的治理重点上应该因地制宜，在不同城市、不同发展阶段，对污染物的控制应有侧重点的区分，当前需在广泛重视控制 PM 的同时，注重 NO_x 的总量减排和 NO_2 浓度的降低，而在 SO_2 上继续巩固污染控制成果，并加快重点行业脱硫、脱硝、除尘改造工程建设，以减少工业污染的排放。

综合来看，城市化的过程中不可片面追求城市的人口规模和经济密度而忽略环境污染对人口、经济集聚的负面影响。未来，应建立城市人口规模与空气污染数据的动态关联监测系统，确定城市化水平和污染阈值，建立人类经济活动的空间分布和污染的联动预警机制，并注重降低空气污染对城市化发展的负面影响。从产出末端角度看，应减少大气污染类的产出，降低大气污染型产业产出的比重，优化产出结构和提升产品附加值。从要素投入角度看，虽然能源消耗可增加产出，但过多使用资源要素也会产生更多污染，应通过技术创新降低投入要素中环境要素的比例，加快技术、资本和劳动要素对环境要素的替代,提高环保标准,鼓励企业通过技术创新来减少高污染能源要素的使用。

第四节　个案研究:武汉市城市化与空气质量关系的双向作用

空气环境作为生态环境的重要一环,不仅制约着城市化的发展,还与每个人的健康生活息息相关。如20世纪40年代美国洛杉矶的光化学污染事件及宾夕法尼亚州的多诺拉烟雾事件、1952年发生在英国伦敦的烟雾事件等,都对城市和居民的生命安全造成了重大影响。因此,城市化与空气环境的协调发展,已成为当前我国新型城镇化和生态文明建设的迫切任务之一。

为了弥补由于地级市大尺度背景下的单一城市化指标与空气环境指标的双向作用关系研究缺憾,这里重点选择武汉市进行个案具体分析。作为我国中部地区的核心城市、工业和人口重镇、国家"两型社会"建设试验区,武汉市的空气环境受到了普遍的关注。本节通过构建城市化综合水平和空气环境综合水平评价指标体系,进而在 Eviews8.0 中应用协整检验、Granger 因果关系检验、脉冲响应分析以及方差分解模型对武汉市城市化与空气质量之间的关系进行计量分析,以期为城市空气环境质量管理、环保模范城市创建提供参考。

一、研究区概况

1. 研究对象

武汉市是湖北省省会所在地,位于中国腹地中心,是华中地区和长江中下游的政治、经济、科学技术、教育和文化中心,也是武汉市"1+8"城市圈的中心。地处东经 113°41′—115°05′,北纬 29°58′—31°22′,江汉平原东部,长江中下游与汉水交汇处。武汉市具有得天独厚的区位优势,其水、陆交通十分发达,自古就有"九省通衢"的美称,目前是全国第一个东南西北都通高铁或高速客运专线的城市,因而是中国重要的交通枢纽。

武汉市平均温度为 15.8~17.5℃,一年中 1 月平均气温最低,为

1℃,冬季;7、8月平均气温最高为28.7℃,夏季长达135天;春、秋两季各约60天;年无霜期一般为211~272天,近五年,年均降雨量为899.8~1572.2mm,且多集中在6—8月。根据地面观测数据统计,武汉市冬季盛行北北东风(NNE),夏季盛行南南西风(SSW),其余季节均以西南风为主导风向。全年平均风速在1.1~1.2m/s,小风和静风频率高。由于冬季受东北季风控制,东北部城市的空气污染物易随气流迁移至武汉市,加重其空气污染。因此,一年中冬季空气污染相对最重。

2. 数据来源

城市化相关指标数据主要来源于1996—2013年的武汉市国民经济和社会发展统计公报,1997—2014年的"武汉市统计年鉴";空气环境数据主要参考1996—2013年的"武汉市环境状况公报"和1997—2014年的"武汉市统计年鉴";部分年份缺失数据参考1997—2014年的"湖北省统计年鉴"、"中国城市统计年鉴"及武汉市环保局网站的相关资料。

3. 指标选择处理

城市化与空气环境两个系统的综合指标构建过程具体见第六章第一节的第一部分。各个子系统的指标权重确定以及结果计算过程的原理见第六章第一节的第二部分。这里仅给出最后的指标选择和权重结果,如表5.9和表5.10所示。

4. 研究方法

参见本章第一节第一部分VAR模型原理,具体见式(5.1)~式(5.4)。

表5.9 **武汉市城市化综合水平评价指标体系**

一级指标	SEW	MSD	w_j	二级指标	SEW	MSD	w_j	效应
人口城市化	0.338	0.200	0.269	X11 城镇人口比重/%	0.345	0.251	0.298	+
				X12 城镇人口规模/万人	0.180	0.247	0.214	+
				X13 城区人口密度/(人/km²)	0.207	0.256	0.231	+
				X14 非农产业从业人员比重/%	0.268	0.246	0.257	+

一级指标	SEW	MSD	w_j	二级指标	SEW	MSD	w_j	效应
空间城市化	0.294	0.258	0.276	X21 建成区面积/km^2	0.266	0.215	0.241	+
				X22 人均城镇道路面积/(m^2/人)	0.180	0.195	0.188	+
				X23 人均公共绿地面积/(m^2/人)	0.249	0.210	0.229	+
				X24 人均城镇住房面积/(m^2/人)	0.172	0.198	0.185	+
				X25 建成区绿化覆盖率/%	0.133	0.182	0.157	+
经济城市化	0.201	0.301	0.251	X31 人均GDP/元	0.234	0.163	0.199	+
				X32 非农产业比重/%	0.192	0.163	0.178	+
				X33 工业增加值/亿元	0.191	0.164	0.177	+
				X34 城镇固定资产投资/亿元	0.181	0.168	0.175	+
				X35 房地产投资完成额/亿元	0.087	0.184	0.135	+
				X36 单位GDP能耗/(吨标准煤/万元)	0.115	0.158	0.136	+

续表

一级指标	SEW	MSD	w_j	二级指标	SEW	MSD	w_j	效应
社会城市化	0.167	0.241	0.204	X41 城镇居民人均可支配收入/元	0.258	0.204	0.231	+
				X42 万人拥有公共交通车辆/台	0.204	0.203	0.203	+
				X43 城镇私人汽车拥有量/万辆	0.137	0.192	0.165	+
				X44 每万人大专以上学生数/人	0.193	0.204	0.198	+
				X45 城市天然气供气总量/亿立方米	0.208	0.198	0.203	+

表 5.10　　**武汉市空气环境综合水平评价指标体系**

一级指标	SEW	MSD	w_j	二级指标	SEW	MSD	w_j	效应
空气环境压力 A1	0.329	0.395	0.362	A11 废气排放总量/（亿标立方米/万人）	0.347	0.205	0.276	—
				A12 SO_2 排放总量/万吨	0.245	0.317	0.281	—
				A13 烟粉尘排放总量/万吨	0.287	0.315	0.301	—
				A14 万元工业增加值废气排放量/（万标立方米/10^4 元）	0.121	0.163	0.142	—

一级指标	SEW	MSD	w_j	二级指标	SEW	MSD	w_j	效应
空气质量水平A2	0.443	0.354	0.399	A21 城区 SO_2 浓度年均值/$(\mu g/m^3)$	0.256	0.296	0.276	—
				A22 城区 NO_2 浓度年均值/$(\mu g/m^3)$	0.326	0.340	0.333	—
				A23 城区 PM_{10} 浓度年均值/$(\mu g/m^3)$	0.418	0.364	0.391	—
空气环境抗逆能力A3	0.228	0.251	0.239	A31 废气设施运行费用占工业增加值比重/%	0.158	0.154	0.156	—
				A32 单位工业增加值的废气治理设施数/%	0.204	0.212	0.208	—
				A33 废气治理投资占 GDP 比重/%	0.137	0.071	0.104	—
				A34 SO_2 去除率/%	0.284	0.332	0.308	—
				A35 烟粉尘去除率/%	0.217	0.231	0.224	—

注：SEW 代表结构熵权法计算所得权重；MSD 代表均方差决策法计算所得权重。

二、武汉市城市化与空气环境综合水平变化

1. 城市化综合水平

从各个子系统层的指标权重加和排序来看，依次为空间城市化（0.276）、人口城市化（0.269）、经济城市化（0.251）、社会城市化（0.204），表明武汉市城市化发展以城市空间扩张和人口集聚为主要特征，其次是经济的增长，最后为社会城市化。从城市化综合水平指数变化趋势（图5.15）可以看出，武汉市城市化进程经历了稳定发展（1996—2001年）以及快速发展（2001—2013年）两个阶段，同时，推动

城市化进程最主要的经济增长也表现出同样的发展趋势。其中,城市化综合水平指数和 GDP 分别由 1996 年的 0.0421 亿元、782.13 亿元提高到 2013 年的0.9813 亿元、9051.27 亿元。进入 21 世纪以来,武汉市抓住 2001 年中国加入世界贸易组织的机遇,并在 2004 年的"中部崛起"、2007 年武汉市"两型社会"综合配套改革试验区以及 2008 年"1+8"城市圈的国家政策引导下,经济快速发展,建城区面积不断扩张,居民生活水平不断提升,城市居民人口数量也不断攀升,城市化进程得到迅猛发展(图 5.16)。

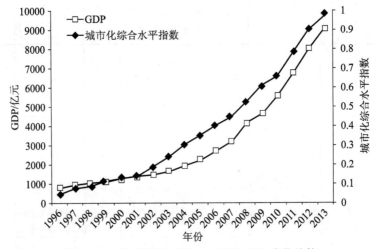

图 5.15　武汉市城市化综合水平及 GDP 变化趋势

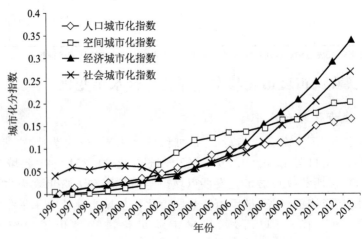

图 5.16　武汉市城市化各子系统指数变化趋势

2. 空气环境综合水平

表 5.10 给出了空气环境系统的权重指数变化,其中,空气环境质量权重为 0.399,空气环境压力的权重为 0.362,空气环境抗逆能力权重为 0.239。从图 5.17 的空气环境综合质量及其分量的演变曲线可以看出,武汉市空气环境综合质量总体上呈现出波动中线性上升趋势,但在 2012 年出现明显下降,说明武汉市近几年来在改善空气环境方面还存在着一定的压力。从各个分量指数的变化情况来看,空气环境压力指数表现为先上升后缓慢下降再上升的趋势,拐点分别在 1999 年和 2010 年;空气环境质量指数变化比较复杂,总体上在一个稳定的水平内上下波动;空气环境抗逆能力指数则呈现不断上升的趋势。

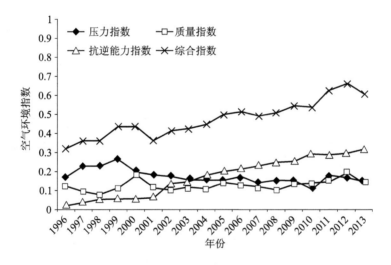

图 5.17　武汉市空气环境综合指数及其分量变化趋势

三、武汉市城市化与空气环境的双向动态计量

1. 单位根检验

首先对城市化综合水平指数(U)与空气坏境综合质量指数(A)、空气环境压力指数(A_1)、空气环境质量指数(A_2)、空气环境抗逆能力指数(A_3)的时间序列进行单位根检验,检验其时间序列的平稳性(表 5.11)。表 5.11 的结果表明水平变量的 ADF 检验值均大于 5% 的临界值,U、A、

A_1、A_2、A_3均为非平稳序列;对以上 5 个序列的一阶差分再进行 ADF 检验,检验结果表明这些序列均是平稳的,由此可知,U、A、A_1、A_2、A_3 具有一阶单整性,这些序列满足协整检验的前提条件。

表 5.11　武汉市城市化综合水平指数与空气环境综合质量指数
及其分量的 ADF 检验结果

	变量	检验形式	ADF 检验	临界值(1%)	临界值(5%)	结论
水平变量	U	$(C,T,0)$	0.122229	-4.616209	-3.710482	非平稳
	A	$(C,T,2)$	-0.144607	-3.959148	-3.081002	非平稳
	A_1	$(C,T,0)$	-1.931916	-3.886751	-3.052169	非平稳
	A_2	$(C,T,0)$	-2.760236	-3.886751	-3.052169	非平稳
	A_3	$(C,T,0)$	-1.964867	-4.616209	-3.710482	非平稳
一阶差分变量	ΔU	$(C,T,1)$	-3.935870	-4.728363	-3.759743	平稳
	ΔA	$(C,T,3)$	-3.711075	-4.057910	-3.119910	平稳
	ΔA_1	$(C,T,0)$	-5.830364	-3.920350	-3.065585	平稳
	ΔA_2	$(C,T,1)$	-4.733427	-3.959148	-3.081002	平稳
	ΔA_3	$(C,T,0)$	-4.212071	-4.667883	-3.733200	平稳

注:检验形式(C,T,L)中的 C、T、L 分别表示模型中的常数项、时间趋势项和滞后阶数;滞后期的选择以施瓦茨信息准则(SIC)为依据。

2. 协整检验

虽然时间序列 U、A、A_1、A_2、A_3 均为一阶单整 $I(1)$,但它们之间可能存在协整关系,即变量之间具有长期稳定的关系。为了对这种长期关系进行检验,根据 AIC 和 SIC 准则,分别得到 U、A、A_1、A_2、A_3 之间的 Johansen 协整检验结果(表 5.12)。通过比较迹统计量与显著性水平(5%)的临界值,U 与 A 之间存在唯一的协整关系,这表明武汉市城市化综合水平的提高与空气环境综合质量的变化之间存在长期稳定的关系。同样,U 与 A_1、A_2、A_3 之间均存在协整关系,说明武汉市城市化综合水平与空气环境压力、空气环境质量以及空气环境抗逆能力之间都存在着长期的均衡关系。

表 5.12　武汉市城市化综合水平与空气环境综合指数及其分量
之间的 Johansen 协整检验结果

类型	原假设	特征根	迹统计量	5%显著性水平临界值	显著性水平
U 与 A	None*	0.636155	24.66574	15.49471	0.0016
	At most1*	0.469192	9.500318	3.841466	0.0021
U 与 A_1	None*	0.612845	15.49599	15.49471	0.0500
	At most1	0.019378	0.313094	3.841466	0.5758
U 与 A_2	None*	0.641513	25.56196	15.49471	0.0011
	At most1*	0.435470	9.148176	3.841466	0.0025
U 与 A_3	None*	0.799388	24.11055	15.49471	0.0020
	At most1	0.000987	0.014813	3.841466	0.9030

3. Granger 因果关系检验

表 5.13 给出了 U 与 A、A_1、A_2、A_3 的 Granger 因果关系检验结果。通过检验可知,武汉市城市化综合水平是空气环境综合质量的 Granger 原因,也是空气环境压力的 Granger 原因,而与空气环境质量互不为 Granger 因果关系,但空气环境抗逆能力则是城市化综合水平的 Granger 原因,这表明了武汉市城市化在给空气环境带来压力的同时,空气环境的改善又会对城市化产生影响。烟粉尘排放量指标的权重最高(0.301),人均废气排放量从 1996 年的 2.28 亿标立方米/万人增加到 2013 年的 6.86 亿标立方米/万人,说明城市化过程中工业的快速发展,导致资源、能源物质的大量消耗,以及城市扩张引起的施工扬尘是导致武汉市空气环境压力的主要原因。SO_2 去除率(0.308)表明技术效应对提高资源、能源的利用效率有着显著效果,是提高空气环境抗逆能力的主要因素。

表 5.13　武汉市城市化综合水平与空气环境综合指数及其分量的
Granger 因果关系检验结果

因果关系类型	原假设	F 统计量	显著性水平	结论
U 与 A	U 不是 A 的 Granger 原因	9.80341	0.0074	U 与 A 互为 Granger 因果关系
	A 不是 U 的 Granger 原因	4.76044	0.0467	

续表

因果关系类型	原假设	F 统计量	显著性水平	结论
U 与 A_1	U 不是 A_1 的 Granger 原因	5.72283	0.0313	U 是 A_1 的 Granger 原因
	A_1 不是 U 的 Granger 原因	3.16909	0.0967	
U 与 A_2	U 不是 A_2 的 Granger 原因	4.51690	0.0518	U 与 A_2 互不为 Granger 因果关系
	A_2 不是 U 的 Granger 原因	2.52651	0.1343	
U 与 A_3	U 不是 A_3 的 Granger 原因	0.11032	0.9516	A_3 是 U 的 Granger 原因
	A_3 不是 U 的 Granger 原因	4.67027	0.0361	

4. 脉冲响应分析

通过以上对武汉市城市化综合水平与空气环境综合质量及其分量之间的动态计量分析发现,城市化综合水平与空气环境综合质量、空气环境压力以及空气环境抗逆能力之间存在统计意义上的因果关系。为了进一步分析它们之间的响应情况,借助脉冲响应函数进行分析;在此基础之上,又建立预测方差分解模型,深层次地分析了结构冲击对内生变量的贡献度。

建立 U 和 A、U 和 A_1 及 U 和 A_3 的 VAR 模型,然后进行脉冲响应分析。图 5.18～图 5.20 展示了 A、A_1 对 U 及 U 对 A_3 的响应情景,从图 5.18 可以发现,U 对 A 先是具有正的冲击效果,并在第 2 期变成负的冲击,即随着武汉市城市化发展,空气环境综合质量将会下降。从第 3 期开始,U 对 A 又产生持续的、正的冲击效应,说明城市化水平的提升将会促进空气环境综合质量的提升。

图 5.19 为 A_1 对 U 的响应曲线,在初期,U 对 A_1 产生正的冲击效果,并在第 2 期之后变为正的冲击效果,之后则在 0 左右小幅波动,表明城市化会先给空气环境带来压力,随后压力将会减小,最终在一定水平上小幅波动;图 5.20 揭示了 U 对 A_3 的响应情况,A_3 对 U 产生持续的、正的冲击效应并不断加强,表现为城市化在给环境带来压力的同时,人们对环境的应对措施使环境状况得到改善,并促进了城市化的发展。

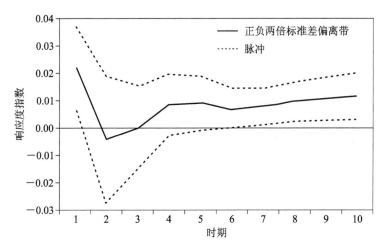

图 5.18 武汉市空气环境综合质量对城市化综合水平的响应

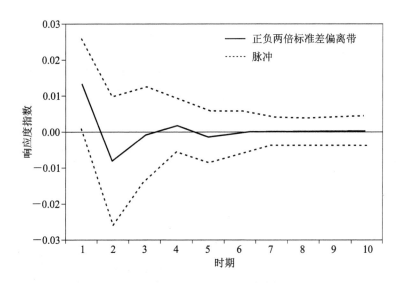

图 5.19 武汉市空气环境压力对城市化综合水平的响应

5.脉冲响应分析

预测方差分解结果如表5.14所示,武汉市空气环境综合质量和空气环境压力从第1期开始就均受到自身及城市化综合水平的影响。其中,空气环境压力受城市化综合水平的影响要小于自身波动的影响,而空气环境综合质量从第9期开始受城市化综合水平的影响要大于自身波动的

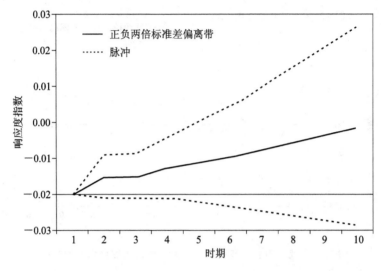

图 5.20 武汉市城市化综合水平对空气环境抗逆能力的响应

影响。从 A、A_1 的分解结果来看,U 对 A 的贡献率呈现出先小幅下降后不断上升的趋势,从第 1 期的 43.03% 增长到第 10 期的 54.733%,对 A_2 的贡献率则不断下降,其变化率则越来越小;从 U 的分解结果来看,A_3 对 U 的贡献率从第 1 期的 0 快速上升,并超过其对自身波动的影响,达到第 10 期的 54.29%,并且仍有上升的趋势。

表 5.14   武汉市空气环境综合指数、空气环境压力受城市化及
城市化受空气环境抗逆能力冲击的预测均方误差分解结果

时期	空气环境综合指数 方差分解			空气质量指数 方差分解			空气压力指数 方差分解		
	S.E.	U/%	A/%	S.E.	U/%	A_1/%	S.E.	A_3/%	U/%
1	0.0191	43.0323	56.9677	0.0170	24.743	75.256	0.0188	0.0000	100.00
2	0.0246	43.9956	56.0044	0.0200	23.202	76.797	0.0263	13.215	86.784
3	0.0321	39.3320	60.668	0.0262	21.672	78.327	0.0334	17.208	82.791
4	0.0395	41.7309	58.2692	0.0347	19.922	80.077	0.0408	23.703	76.297
5	0.0467	44.8263	55.1737	0.0438	18.966	81.033	0.0485	29.566	70.433
6	0.0541	46.3741	53.6259	0.0541	18.435	81.564	0.0569	35.349	64.650
7	0.0624	47.6101	52.3899	0.0653	18.025	81.974	0.0659	40.726	59.273

续表

时期	空气环境综合指数方差分解			空气质量指数方差分解			空气压力指数方差分解		
	S. E.	$U/\%$	$A/\%$	S. E.	$U/\%$	$A_1/\%$	S. E.	$A_3/\%$	$U/\%$
8	0.0714	49.6893	50.3107	0.0772	17.766	82.233	0.0756	45.689	54.310
9	0.0811	52.2382	47.7618	0.0899	17.604	82.395	0.0861	50.206	49.793
10	0.0918	54.7313	45.2687	0.1033	17.495	82.504	0.0974	54.290	45.709

四、结论和政策建议

通过构建武汉市 1996—2013 年城市化综合水平与空气环境综合质量的评价体系,应用协整检验、Granger 因果关系检验、脉冲响应分析以及方差分解模型,对武汉市城市化与空气环境之间的关系进行了动态计量研究,得到如下结论。

(1)城市化综合水平指数表明,21 世纪以后,武汉市的城市化水平进入快速增长的态势,以"中部崛起"的国家战略为契机,进入了一个快速发展的时期。空气环境综合质量表现为波动中上升的态势,空气环境质量总体上出现好转,空气环境压力缓慢上升,空气环境抗逆能力则不断加强。

(2)协整检验表明,武汉市城市化综合水平与空气环境综合质量及其分量均存在着长期的动态均衡关系。Granger 因果关系检验进一步证明了武汉市城市化综合水平是空气环境综合质量和空气环境压力的 Granger 原因,而空气环境抗逆能力则是城市化综合水平的 Granger 原因,表明城市化进程与空气环境之间存在着既相互胁迫又相互促进的动态耦合关系。

(3)脉冲函数分析及方差分解模型结果显示,武汉市城市化综合水平的提高对空气环境综合质量和空气环境压力均具有正的冲击效果,空气环境抗逆能力则对城市化产生正的冲击效果,即随着城市化水平的不断提升,武汉市空气环境总体上将会得到改善,但是空气环境压力也会越来越大,而空气环境抗逆能力的提高又会促进城市化的发展。武汉市在城市化快速推进的过程中,一方面要注意污染物排放的增加对空气环境带来的负面作用,另一方面城市化综合水平的提升对空气环境也有一定的正面作用,因此应理性看待城市化发展推动空气环境改善的措施。

同时,我们必须认识到,城市空气环境质量改善是一个漫长的过程,需要在减小空气污染排放压力的同时,调整产业结构、节能减排,并要积极预防城市化扩张过程中的建设施工、道路、裸露地面等扬尘污染。为此建议:① 加大工业污染的防治投入,有计划地搬迁主城区的污染企业,加强技术改造、推行清洁生产,以减轻空气的负荷压力。② 控制机动车尾气污染,一方面,要控制新车源头污染,设置运营车辆环保准入关,推广使用清洁能源的机动车,降低机动车污染物排放量;另一方面,要加强用车污染控制,完善路检、抽检排气超标车辆和被举报冒黑烟车辆的跟踪处理机制,强化行政约束措施,建立汽车环保标志管理制度。③ 积极、有效控制建筑工地和道路交通扬尘污染,加强监督宣传,对大型建设工地采取自动监控措施;加强拆迁工地管理,改进洒水方式,尽可能减少城市扩张过程中的空气质量影响。

第五节　本章讨论与小结

(1)基于 PVAR 模型,发现东、中、西部地区以及沿海和内陆的空气环境质量与城市化发展的双向动态耦合特征。结果表明,城市化发展与空气环境质量之间存在着双向互动关系,不仅城市化发展是空气质量变化的重要原因,空气质量的恶化对城市化发展的反向作用也较为显著。

(2)东、中、西部地区城市化发展与空气环境之间的相互作用关系存在显著的区域差异性。东、西部地区城市化发展与空气环境之间的矛盾最为突出,中部相对较弱。

(3)不同污染物在不同地区的冲击响应和预测方差分解结果是不一致的。总的来看,城市化对空气环境指标的冲击影响是 $PM_{10} > NO_2 > SO_2$,除了西部地区城市随着人口城镇化率的提升对 SO_2 有一定抑制作用外,其他地区的城市都在不同程度上对空气质量有恶化作用;而在反馈作用上,除了东部城市的 SO_2 以外,其他地区的城市空气环境指标累计响应值均为负值,表明 NO_2、PM_{10} 和 IAQI 在不同程度上对城市化水平的提高存在制约效应,并且这种效应随着时间效应在增强。

综合来看,城市化的过程中不可片面追求城市的人口规模和经济密度而忽略空气环境污染对人口、经济集聚的负面影响。未来,需注重降低空气污染对城市化发展的负面影响,在规划、产业、技术等方面制定相应的宏观调控策略。

(4)以武汉市为具体案例,对城市化与空气环境之间的双向作用关系进行计量分析。发现城市化进程与空气环境之间存在着既相互胁迫又相互促进的动态作用关系。脉冲函数分析及方差分解模型结果显示,武汉市城市化综合水平的提高对空气环境综合质量和空气环境压力均具有正的冲击作用,空气环境抗逆能力则对城市化产生正的冲击作用。

当然,PVAR模型的脉冲响应和方差分解可以定量地评价城市(社会经济)系统和(空气)环境系统之间的双向动态作用关系,但是并不能判定某一城市或者区域所处的两个系统之间的动态耦合或者协调程度,进而不好判定和比较不同城市或者区域所处的耦合协调阶段。因而,在第六章,引入耦合协调度模型(coupling coordination degree model,CCDM)来进一步分析。

第六章 中国城市化与环境空气的耦合协调作用机制——基于CCDM模型

城市化与生态环境是一种相互作用、交互耦合的关系。伴随工业化和城市化的快速推进,空气环境作为生态环境的重要组成,与城市化的响应关系变得愈为复杂。一方面,城区土地面积的扩张、人口增长、经济的发展、工业化水平的提高,带来了能源消耗、工业企业废气污染物排放、汽车尾气排放等的增加,会对空气环境产生胁迫;另一方面,城市化进程的加速,城市环保投入的增加、绿化覆盖的提高以及技术进步革新,将带来空气污染物控制和治理能力的提高。当然,空气环境的恶化,会对居民的健康和生活方式、城市的产业结构布局带来影响,对城市的发展产生约束(丁镭等,2015)。

空气环境与快速城市化过程的交互耦合关系是未来城市环境地理研究的重要内容并受到关注(Ding et al,2015;Wang et al,2012a,2012b,2013;王振波等,2015)。从已有研究来看:① 在空气环境系统指标选择方面相对单调,主要为空间质量方面的指标,而缺乏反映城市化过程中空气污染排放压力和污染控制的综合指标;② 城市化与空气环境交互作用的耦合协调阶段讨论较少涉及,缺乏一个对不同区域的耦合协调模式不同判别的比较,即意味着缺乏一个明确的空气环境控制或改善目标(针对不同的城市化发展阶段)(Ding et al,2015);③ 已有的研究尺度主要集中在个别发达省份(山东省)或个别经济发达的大城市(武汉、西安等)。基于此,本章在前文城市尺度的分析基础上,构建了省级尺度的城市化综合水平和空气环境综合指数的评价指标体系,从系统理论出发,利用CCDM

模型分析和比较 2000—2013 年省域城市化与空气环境交互作用的耦合协调关系,进而为制订可持续的城市发展规划和环境政策提供依据。

第一节　指标选取和模型构建

一、评价指标选取

1. 城市化综合水平

城市化是指人口向城市地区集中和农村地区转变为城市地区的过程(刘耀彬等,2008),它具有多维含义,反映了人口、社会、经济、生态、土地、文化及公共设施等多个子系统的复杂变化过程(黄金川等,2003;陈明星等,2009)。因而,对于城市化水平的测度方法开始倾向于使用综合指标代替原来的单一指标。

不同学者对城市化综合水平的指标选取和测度方法有不同的观点。在指标选取上,主要有人口城市化、经济城市化、空间城市化、生活方式城市化、地域景观城市化、基础设施城市化等,虽然各个子系统的命名有所不同,某些具体指标也会有不同的划分方案,但人口、空间、经济和社会城市化的四个子系统划分是被广泛接受的。本书主要根据以上 4 个方面的涵义选取指标,并参考 Ding 等(2015)所选的指标,来构建城市化综合指数的评价指标体系,依照科学性、整体性、获得性、操作性和数据连续性等原则,筛选出 26 个指标构成城市化综合指数的初选库,再经过共线性处理剔除变量间的多余信息,最终形成包含 20 个指标的精选库,见表 6.1。

表 6.1　　　　　　城市化综合水平评价指标体系及权重

一级指标	SEW	MSD	w_j	二级指标	SEW	MSD	w_j	效应
人口城市化	0.336	0.220	0.278	X11　城镇人口比重/%	0.335	0.277	0.306	+
				X12 城镇人口规模/万人	0.188	0.228	0.208	+

一级指标	SEW	MSD	w_j	二级指标	SEW	MSD	w_j	效应
人口城市化	0.336	0.220	0.278	X13 城区人口密度/（人/km²）	0.216	0.226	0.221	+
				X14 非农产业从业人员比重/%	0.261	0.269	0.265	+
空间城市化	0.301	0.245	0.273	X21 建成区面积/km²	0.276	0.190	0.233	+
				X22 人均城镇道路面积/（m²/人）	0.195	0.159	0.177	+
				X23 人均公共绿地面积/（m²/人）	0.252	0.192	0.222	+
				X24 人均城镇住房面积/（m²/人）	0.144	0.258	0.201	+
				X25 建成区绿化覆盖率/%	0.133	0.201	0.167	+
经济城市化	0.298	0.302	0.250	X31 人均GDP/元	0.231	0.175	0.203	+
				X32 非农产业比重/%	0.189	0.169	0.179	+
				X33 工业增加值/亿元	0.191	0.165	0.178	+
				X34 城镇固定资产投资/亿元	0.189	0.147	0.168	+
				X35 房地产投资完成额/亿元	0.086	0.166	0.126	+
				X36 单位GDP能耗/（吨标准煤/万元）	0.114	0.178	0.146	—

续表

一级指标	SEW	MSD	w_j	二级指标	SEW	MSD	w_j	效应
社会城市化	0.165	0.233	0.199	X41 城镇居民人均可支配收入/元	0.256	0.214	0.235	+
				X42 万人拥有公共交通车辆/台	0.224	0.180	0.202	+
				X43 城镇私人汽车拥有量/万辆	0.159	0.181	0.170	+
				X44 每万人大专以上学生数/人	0.133	0.249	0.191	+
				X45 城市天然气供气总量/亿立方米	0.228	0.176	0.202	+

注:SEW 代表结构熵权法计算所得权重;MSD 代表均方差决策法计算所得权重。

与已有研究不同的是本书在经济城市化指标构建过程中强调了房地产投资指标、能耗指标,在社会城市化子系统中增加了城市天然气指标(没有采纳与空气环境响应关系较小的体现社会保障的卫生技术人员、人均电话数量等评价指标)。

2. 空气环境综合水平

依据生态环境指标的 PSR 模型,认为某一类生态环境问题,可以由三个不同但又相互联系的指标类型来表达。基于此,本书构建了城市空气环境的综合指数模型,它包括空气环境压力指数、空气质量水平指数和空气环境抗逆能力指数(丁镭等,2015)。其中,空气环境压力指数(压力指标)反映人类活动给空气环境造成的负荷;空气质量水平指数(状态指标)表征空气环境质量、自然资源与生态系统的状况,这里以城市三种主要空气污染物指标的质量浓度进行表征(随着新空气质量标准实施以及所监测的污染物指标范围的扩大,未来的质量指标构建可以进一步向 $PM_{2.5}$、CO、O_3 等进行完善,由于大范围数据的缺失,本书未将此类指标纳入);空气环境抗逆能力指数(响应指标)表征人类面临空气环境问题所采取的对策与治理措施等。具体构建的 12 个反映空气环境综合水平的评价指标见表 6.2。

表 6.2　　　　　　　　　　**空气环境综合水平评价指标体系**

一级指标	SEW	MSD	w_j	二级指标	SEW	MSD	w_j	效应
空气环境压力	0.306	0.326	0.316	Y11 废气排放总量/(亿标立方米/万人)	0.347	0.205	0.276	—
				Y12 单位面积 SO_2 排放总量/万吨	0.245	0.317	0.281	—
				Y13 单位面积烟粉尘排放总量/万吨	0.287	0.315	0.301	—
				Y14 万元工业增加值废气排放量/(万标立方米/10^4元)	0.121	0.163	0.142	—
空气质量水平	0.441	0.343	0.392	Y21 城区 SO_2 浓度年均值/($\mu g/m^3$)	0.256	0.296	0.276	—
				Y22 城区 NO_2 浓度年均值/($\mu g/m^3$)	0.326	0.340	0.333	—
				Y23 城区 PM_{10} 浓度年均值/($\mu g/m^3$)	0.418	0.364	0.391	—
空气环境抗逆能力	0.253	0.331	0.292	Y31 废气设施运行费用占工业增加值比重/%	0.158	0.154	0.156	—
				Y32 单位工业增加值的废气治理设施数/%	0.204	0.212	0.208	—
				Y33 废气治理投资占 GDP 比重/%	0.137	0.071	0.104	—
				Y34 SO_2 去除率/%	0.284	0.332	0.308	—
				Y35 烟粉尘去除率/%	0.217	0.231	0.224	—

注:SEW 代表结构熵权法计算所得权重;MSD 代表均方差决策法计算所得权重。

　　为了消除各个指标不同数量级、量纲的影响,在分析数据之前对数据进行比例相除的极值标准化处理(赵艳等,2011),计算公式为:

$$Y_{ij} = X_{ij}/X_{i\max} \tag{6.1}$$

$$Y_{ij} = X_{i\min}/X_{ij} \tag{6.2}$$

式中,Y_{ij} 为样本城市 j 第 i 个指标的标准化值;X_{ij} 为样本城市 j 第 i 个指标的原始数值;$X_{i\max}$、$X_{i\min}$ 分别为样本城市指标 i 的最大值和最小值。标准化后的 Y_{ij} 越大,则其产生的影响也就越大,研究中所选取的指标正逆向皆有,正向指标采用式(6.1),负向指标采用式(6.2)。

二、指标权重确定

　　目前,量化赋权方法主要有主观赋权法(包括层次分析法、TACTIC法、Deiphi法、结构熵权法)和客观赋权法(包括主成分分析法、均方差决策法、熵值法等)。主观赋权法主观性较强,是依据专家的经验认为指标对系统的影响程度,程度越大,权重越大。客观赋权法不依赖人们的主观判断,依据较强的理论方法(李磊等,2014)。

　　在数据处理时,每一种权重计算方法都有自身的优点与弊端,为了能减小每种方法所带来的影响,本书选择了相对客观的结构熵权法和均方差决策法进行有限方法多目标决策法,接着求每个权重均值得出综合权重。综合权重在一定程度上降低了单一赋权法所带来的局限性。

1. 结构熵权法 SEW

　　结构熵权法可以克服多指标变量间信息的重叠和人为确定权重的主观性,是主观和客观确定权重系数的结构方法,利用模糊分析法与德尔菲专家调查法,得到"典型排序",进行熵值计算和"盲度"分析,对偏差数据统计处理后的值即为权重值(程启月,2010)。具体过程如下:

　　① 通过"德尔菲法"收集专家意见,将专家意见排为"典型排序";

　　② "典型排序"进行量化,转化的隶属函数为:

$$\mu(a_{ij}) = -\frac{\ln(m-I)}{m(m-1)} \tag{6.3}$$

式中,a_{ij} 为 i 个专家对 j 个指标的评价;m 为转化参量,数值上等于 $j+2$;记 b_{ij} 为 a_{ij} 定量转化值,并求得指标的平均认识度:

$$b_j = \frac{b_{1j} + b_{2j} + \cdots + b_k}{k} \tag{6.4}$$

③ 定义专家对因素 j 由认知产生的不确定性为"认识盲度"$Q_j(\geqslant 0)$：

$$Q_j = \left| \frac{\max(b_{1j}, b_{2j}, \cdots, b_{kj} + \min(b_{1j}, b_{2j}), \cdots, b_{kj})}{2} - b_j \right| \quad (6.5)$$

④ 对每一个因素，定义 k 个专家的"总体认识度"x_j：

$$x_j = b_j(1 - Q_j) \quad (x_j > 0) \quad (6.6)$$

⑤ 归一化处理。由式(6.6)得到全体专家对指标的评价向量 $\boldsymbol{X} = (x_1, x_2, \cdots, x_j)$ 归一化处理：

$$\alpha_j = \frac{x_j}{\sum\limits_{i=1}^{m} x_j} \quad (6.7)$$

最后得到权重向量 $\boldsymbol{W} = (\alpha_1, \alpha_2, \cdots, \alpha_j)$。

依据上述公式，具体通过采集 20 位(分四组)相关专家意见，形成"典型排序"，最终的综合指数为各个指标权重。

2. 均方差决策法 MSD

均方差决策法是确定权重系数的另一种客观赋权法。反映随机变量离散的程度，离散程度越大权重系数越大(戴全厚等，2005；Li, Heap, 2011)。均方差决策法是以两个大系统中的单一指标为随机变量，取出单一指标的均方差，把均方差归一化处理，结果就是单一指标的权重系数(梁振民等，2013)。此方法的计算步骤为：

① 变量的均值：

$$E(Q_i) = \frac{1}{n} \sum_{i=1}^{n} y_{ij} \quad (6.8)$$

② 求 Q_i 的均方差：

$$\sigma(Q_i) = \sqrt{\sum_{i=1}^{n} [y_{ij} - E(Q_i)]^2} \quad (6.9)$$

③ Q_i 的权系数：

$$w_j = \frac{\sigma(Q_j)}{\sum\limits_{j=1}^{m} \sigma(Q_j)} \quad (6.10)$$

④ 多指标决策与排序：

$$D_i(w) = \sum_{j=1}^{m} y_{ij} w_j \quad (6.11)$$

式中，Q_i 为某个研究区域；y_{ij} 为对应的指标变量的标准化结果；n 为指标个数；E 为均值；σ 为均方差；w 为权重系数；D_i 为指标排序结果。

即求得各子系统（即三级指标）的权重系数。再计算城市化与生态环境的四个维度即二级指标，采用多目标线性加权函数法计算：

$$B_i = \sum_{j=1}^{m} D_i(w) w_k \qquad (6.12)$$

式中，$D_i(w)$ 为三级层次指标属性值；B_i 为二级层次指标属性值；w_k 为三级层次指标权重；w_j 为单项指标权重。

3. 综合权重 w_3

根据前述两种方法，本书在具体计算过程中，采用两者的平均值计算各个评价指标的权重，即：

$$w_j = \frac{\text{SEW} + \text{MSD}}{2}$$
$$w_J = \frac{\text{SEW} + \text{MSD}}{2} \qquad (6.13)$$

根据上述权重确定方法，获得本次研究的城市化、空气环境各项评价指标权重值，如表 6.1、表 6.2 所示。

4. 指标得分计算

标准化值乘以权重值，获得单一子系统得分，然后不同层级叠加，得到综合水平得分。

单一指标得分，计算公式为：

$$C_{\lambda i} = w_j x_{\lambda ij} \qquad (6.14)$$

子系统综合得分，计算公式为：

$$C_{ij} = \sum_{j=1}^{n} C_{\lambda i} \qquad (6.15)$$

系统综合得分，计算公式为：

$$C_{iJ} = \sum_{J=1}^{n} C_{iJ} w_J \qquad (6.16)$$

式中，$C_{\lambda i}$ 为第 λ 年第 i 个城市单一指标得分；w_j 为单一指标权重；$x_{\lambda ij}$ 为第 λ 年第 i 个城市第 j 个指标的标准值；C_{ij} 为子系统的综合得分；C_{iJ} 为城市化与空气环境两个系统的综合得分；w_J 为每个子系统的权重。

三、耦合协调模型

耦合度是两个及两个以上的系统受自身与外界的相互作用而产生影

响的现象,下式为耦合度模型(Tang,2015;Li Y et al,2014):

$$C_n = \left\{ \frac{m_1, m_2, \cdots, m_n}{\prod (m_i + m_j)} \right\}^{\frac{1}{n}} \qquad (6.17)$$

式中,m 代表各个子系统。

本书利用耦合度模型分析城市化与空气环境交互胁迫关系,模型公式为:

$$C = \left\{ \frac{f(U) \cdot g(E)}{\left[\frac{f(U) + g(E)}{2} \right]^2} \right\}^{\frac{1}{2}} \qquad (6.18)$$

为了进一步判别省域城市化与空气环境的协调程度,进一步构造耦合协调度模型:

$$T = \alpha f(U) + \beta g(E) \qquad (6.19)$$

$$D = \sqrt{C \cdot T} \qquad (6.20)$$

式中,C 为城市化与空气环境的耦合度;$f(U)$ 为城市化子系统;$g(E)$ 为空气环境子系统;D 为二者的耦合协调度;α 与 β 分别为城市化与空气环境的贡献份额、待定权数;T 为城市化与空气环境综合调和指数。通过 D、$f(U)$ 和 $g(E)$ 的大小,构建城市化与空气环境的耦合协调类型,如表 6.3 所示。

表6.3　　　　　　　城市化与空气环境的耦合协调类型划分
（据 Ding et al,2015）

类型		亚类型	子类型		状态
不协调期	$0 < D \leqslant 0.3$	严重不协调	$0 \leqslant \lvert a \rvert \leqslant 0.1$	严重不协调	空气环境滞后 城市化受阻
			$a > 0.1$	严重不协调	
			$b > 0.1$	严重不协调	
	$0.3 < D \leqslant 0.5$	基本不协调	$0 \leqslant \lvert a \rvert \leqslant 0.1$	基本不协调	空气环境滞后 城市化受阻
			$a > 0.1$	基本不协调	
			$b > 0.1$	基本不协调	
转型期	$0.5 < D \leqslant 0.8$	基本协调	$0 \leqslant \lvert a \rvert \leqslant 0.1$	基本协调	空气环境滞后 城市化受阻
			$a > 0.1$	基本协调	
			$b > 0.1$	基本协调	

类型		亚类型	子类型		状态
高度 协调期	$0.8<D\leq1$	高级 协调	$0\leq|a|\leq0.1$	高级协调	空气环境滞后 城市化受阻
			$a>0.1$	高级协调	
			$b>0.1$	高级协调	

注:$a=f(U)-g(E)$,$b=g(E)-f(U)$。

(1)不协调期:城市化发展初期阶段,城市化总体水平低,发展缓慢,抗干扰能力较弱,大气环境依靠自身净化能力,维护大气环境质量,两者整体上表现为低水平协调,系统要素之间的耦合协调程度较差。同时,部分区域进入城市工业经济快速发展时段,以高能耗、高污染排放为代价,使得空气环境系统受损,系统之间出现严重不协调现象。

(2)转型期:一般处于城市化加速发展阶段。城市化快速推进,空气环境压力明显增大,空气质量不断恶化,两个系统之间存在错综复杂的协同或拮抗作用,累积环境效应响应呈现急速加剧的趋势特性。同时,由于空气质量恶化的加剧,政府及企业相关部门开始注重对污染治理的投入,经济发达的部分城市大气环境质量逐渐好转,并有波动的变化特征,系统之间相互抵抗、相互磨合。

(3)高度协调期:一般处于城市化的成熟发展阶段,由于技术进步、结构转型、投入增加和意识的强化,空气污染物排放得到有效控制,空气质量稳步改善,矛盾逐步缓和,累积环境效应呈现平稳下降的趋势特性。

当然,以上是一种理想的划分方法,现实中有时候两者尽管进入了高度协调阶段,但由于环境治理不善,可能又会进入不协调的发展阶段。因此,以上划分方法仅仅是提供理论上的一种参考,具体区域还应具体分析、具体对待。

第二节　城市化与空气环境综合指数时空演化分析

一、城市化综合水平发展及其时空演化格局

1.人口城镇化率的时空演化

1949年以来,中国的城市化建设经历了不同时期的曲折发展历程,

但城市化水平总体上呈上升趋势,尤其是改革开放后的 30 多年,伴随经济的快速发展,中国的城市化水平也取得了飞快的提升(陆媛媛,2016;Fang et al,2015;Yin et al,2014),人口城镇化率的水平由 1978 年的17.9％增长到了 2013 年的 53.73％,年均增长约 0.99％(图 6.1)。诺贝尔奖得主 Joseph Stiglitz 甚至将中国的快速城市化发展列为 21 世纪人类发展的两个重要体现之一(News B,2013)。

依据方创琳等(2008)对中国城市化发展阶段的修正及规律性分析,以人口城镇化率为参考将不同城市化阶段划分为:<30％,城市化初期的起步阶段;30％～60％,城市化中期的成长阶段;60％～80％,城市化后期的成熟阶段;>80％,城市化终期的顶级阶段。考虑到中国地域辽阔,各省、自治区、直辖市城市化进程各不相同,导致在全国总体处于城市化成长阶段的大背景下,部分省区率先进入城市化中期阶段,甚至进入城市化后期阶段。分析中国城市化发展阶段性的动态差异性,有助于因地制宜地选择差异化和多样化的(新型)城镇化发展道路。这里选取了 2000 年、2004 年、2008 年、2013 年四个时间断面进行不同省域的城市化水平时空演化格局分析(图 6.2)。

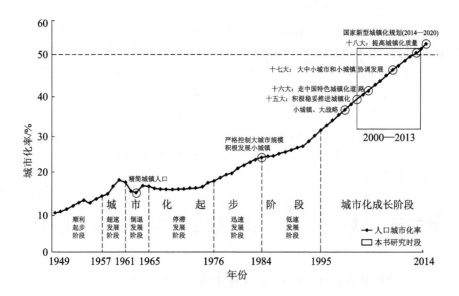

图 6.1　中国城市化发展历程及阶段划分

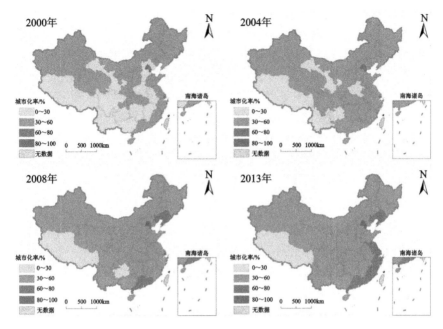

图 6.2 省域城市化率的时空演化格局

由图 6.2 可以看出,2000—2013 年全国大部分省区处于城市化中期阶段,部分经济发达省区率先进入成熟的城市化后期阶段。其中:① 处于城市化初期的省份主要集中在中西部地区,其数量由 2000 年的 11 个,减少到 2004 年的 5 个,2013 年的 1 个(西藏),呈现逐渐减少的趋势。② 处于城市化后期的省份数量逐年增多并主要集中在东部沿海地区,2004 年之前主要为北京、上海、天津三个直辖市,2008 年则扩展到广东省和辽宁省,到了 2013 年则增加了江苏、浙江、福建。此外,进入城市化终期的顶级阶段的为北京、上海、天津三个经济发达的直辖市。③ 从变异系数(CV 值)结果来看,2000 年的 CV 值为 0.419 并逐渐减小到 2013 年的 0.256,这表明省份间的人口城市化差距在缩小,区域协调共同发展水平在提升。其中,2000 年城市化水平最高的上海市(88.31%)是最低的西藏(18.93%)的 4.67 倍,2006 年则降为 4.21 倍,2013 年则进一步降到3.78 倍。未来,随着西藏、新疆、青海等西部就近城市化步伐的加快,以及在东中部打工的一代农民工向西部地区的回流,建议采纳"大集中、小分散"的方针,引导人口向资源环境承载力较好的城市群地区集聚,在城市群内部促进人口主要向中心城市以外的中小城市分散,避免中心特大城市过度超载,适度向沿边口岸城镇集聚。

此外,"十三五"时期需进一步提高西部地区城市群人口等综合集聚承载能力,引导人口与产业向城市群地区集聚,提升城市综合承载能力,有序扩大人口规模,提高建成区人口密度,强化产业功能和服务功能,全面提升经济实力和现代化水平,发展壮大西部地区城市群,提高其人口比重和经济比重。当然,促进西部地区城市群发展也应符合西部特色,而不是盲目地与东部城市群进行攀比,西部不适合大规模、巨型的城市连绵区式的开发方式,必须实施集聚式、紧凑型的城镇化模式,促进城镇化的集约、集聚、集中发展。

2.城市化子系统得分的演化比较

由表6.1的城市化子系统指标权重结果来看,人口城市化(0.278)对整个城市化综合系统的贡献最大,其次为空间城市化(0.273)>经济城市化(0.250)>社会城市化(0.199),基本诠释了实现以"人"的城镇化为主要目标的城市化发展道路。该结果与Li等(2012)、Wang S J等(2014)、Ding等(2015)、刘艳(2015)等学者们报道的结果基本一致,不同研究由于所选用的指标权重方法、研究区域尺度不同(带来数据量的不同),在具体的贡献度上稍有差别。如刘耀彬等(2008)利用主成分分析计算的结果更倾向于空间城市化、人口城市化来表征综合水平;欧向军(2008)、王长建(2012)等与本书的研究结果在四个子系统上的权重差异较小,人口集聚和空间扩张是城市化进程的主要推动力。不同学者关于城市化子系统权重比较的结果如表6.4所示。

表6.4　　**不同学者城市化测度子系统权重值和评价方法比较**

研究者	人口城市化	空间城市化	经济城市化	社会城市化	评价方法
刘耀彬(2008)	0.310	0.360	0.110	0.220	主成分分析
曾浩(2012)	0.200	0.300	0.300	0.200	AHP法
欧向军(2008)	0.246	0.257	0.258	0.239	熵值法
王长建(2012)	0.206	0.256	0.294	0.244	AHP和熵值法
丁镭(2015)	0.224	0.264	0.283	0.229	结构熵权法
本书	0.278	0.273	0.250	0.199	均方差决策法+结构熵权法

2000年、2004年、2008年、2013年的具体各省份城市化子系统得分见图6.3。

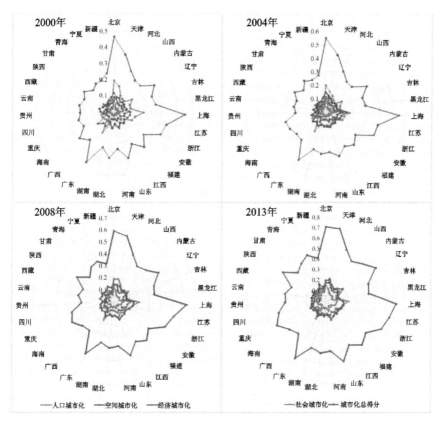

图6.3 省域城市化子系统得分的比较及演化

由图6.3可知：① 人口城市化是主要驱动力，但是其贡献值在逐渐缩小，到了2013年经济城市化和空间城市化均已接近或超过人口城市化的贡献份额，体现了近几年来，由于城市大规模扩张建设、房地产市场的投资刺激，空间城市化和经济城市化的拉动作用较为显著；② 各个子系统的得分均呈稳定增长的趋势，但彼此间的差距在缩小，表明子系统内部的协调水平在增强；③ 各个省份之间的城市化水平差异在逐渐缩小，表现在综合得分上，其闭合曲线变得更加圆滑。表6.5的结果亦表明，四个子系统及城市化综合得分的省区间的CV值均在显著减少。

3.城市化综合水平得分的时空演化

为了进一步揭示不同省份城市化综合水平得分的时空差异,这里利用全局 Moran's I 指数对四个截面年份的空间分布特征进行检验,结果见图 6.4 和表 6.5。

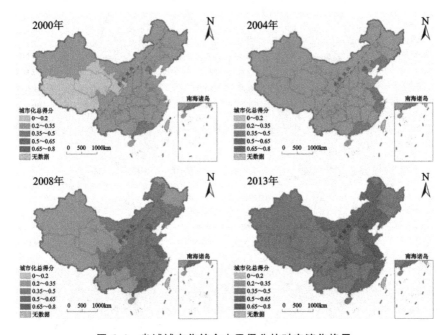

图 6.4 省域城市化综合水平得分的时空演化格局

从空间分布特征来看,各个省份的城市化综合水平得分均呈现递增趋势。① 高得分值(>0.5)的省区由 2004 年的 2 个(北京、上海),增加到了 2008 年的 5 个,并在 2013 年进一步扩张到 13 个;低值区主要集中在西藏、青海、甘肃等经济发展水平较为落后的西部省区。② 城市化综合水平得分与"胡焕庸线"的规律基本一致,即中、西部地区的城市化水平远低于东南省区的城市化水平。2014 年 11 月 27 日,李克强总理在国博参观人居科学研究展时强调要打破"胡焕庸线",中、西部如东部一样也需要城市化,强调中、西部区域的城市化水平与东部省区还有较大差距,但是这种差距也是中、西部发展的潜力,中、西部省份要大力发展城市化建设(张永岳等,2015;贾康和苏京春,2015)。同时,还强调城市和区域环境的科学规划和统筹创新,并注重保护环境,保持乡土田园风光和地方特色。

　　此外,还应该注意到,中华人民共和国成立以来,东、西两侧人口分布的整体差异性趋于下降,两侧内部人口集聚模式发生了明显变化。东南区域人口分布由改革开放之前和初期的相对均衡状态,在 20 世纪 90 年代以后迅速转变为以长三角、珠三角等少数区域为中心的集聚模式;西北区域人口分布则由于克拉玛依等一些新兴城市的发展,使得人口集聚程度有所下降。未来,随着中西部地区经济的崛起、人口的回流、"二胎"政策的逐步放开,以及信息化时代对时空的压缩,"胡焕庸线"两侧的人口分布及集疏格局将进一步演化,东南区域应关注内陆腹地及中小城镇对人口的吸纳作用,西北半壁应关注将分散的人口增长优势向少数城镇进行集聚(戚伟等,2015)。从人口空间分布的影响因素看,经济发展类因素对人口空间分布影响不断增强,而自然环境类、社会历史类因素影响降低,而且制度等约束在减弱。可能的原因是交通技术、信息化等条件的改善在一定程度上克服或降低了自然地理要素影响。尽管总体上城市经济发展类因素对人口空间分布影响不断增强,但三大阶梯等自然地理本底条件依然对中国人口分布有着重要影响(李佳洺等,2017)。

表 6.5　　　　　　　　省域城市化综合水平得分的全局状态检验

年份	变异系数(CV 值)					城市化综合水平的全局空间关系检验			
	人口	经济	空间	社会	综合	Moran's I	$E(I)$	$Z(I)$	$P(I)$
2000	0.372	0.210	0.227	0.427	0.253	0.34319	−0.03333	3.58225	0.00034
2001	0.376	0.191	0.232	0.414	0.249	0.30997	−0.03333	3.29980	0.00096
2002	0.345	0.204	0.242	0.439	0.260	0.32304	−0.03333	3.42520	0.00061
2003	0.337	0.197	0.256	0.448	0.261	0.30318	−0.03333	3.24771	0.00116
2004	0.320	0.204	0.265	0.407	0.255	0.32239	−0.03333	3.42918	0.00060
2005	0.318	0.183	0.253	0.371	0.246	0.36050	−0.03333	3.72728	0.00019
2006	0.321	0.164	0.250	0.361	0.235	0.36561	−0.03333	3.76726	0.00016
2007	0.315	0.148	0.249	0.322	0.222	0.38211	−0.03333	3.88517	0.00010
2008	0.308	0.146	0.242	0.323	0.221	0.39190	−0.03333	3.95574	0.00007
2009	0.299	0.145	0.238	0.316	0.214	0.39062	−0.03333	3.94193	0.00008
2010	0.302	0.144	0.227	0.287	0.209	0.41553	−0.03333	4.15108	0.00003
2011	0.229	0.133	0.221	0.276	0.202	0.41697	−0.03333	4.14508	0.00003

年份	变异系数（CV 值）					城市化综合水平的全局空间关系检验			
	人口	经济	空间	社会	综合	Moran's I	$E(I)$	$Z(I)$	$P(I)$
2012	0.294	0.128	0.211	0.274	0.196	0.41280	−0.03333	4.09821	0.00004
2013	0.286	0.121	0.207	0.267	0.189	0.39050	−0.03333	3.89697	0.00010

从全局空间关系来看，全局 Moran's I 指数均为正值，并全部通过1‰水平上的显著性检验，其值总体上呈现增加的趋势，表明省域城市化水平呈空间集聚分布，空间同质性在增强，意味着城市化在毗邻省区存在一定的空间相互作用关系，高值区域的北京、上海、广东等通过自身城市化的发展可以带动周边地区的协同发展，尤其是在京津冀、长三角、珠三角等一体化建设过程影响下。因此，未来的城市化发展过程中需注重区域间的协调和空间扩散，以实现区域协调发展、缩小地区差异。通过新型城市化建设，增加中小城市的吸引力，提高这些城市吸引投资的能力，创造更多就业机会，增加农民工返乡的吸引力，以此推动人口和投资，实现区域更合理、均衡的发展。

同时，西部地区要坚持走大、中、小城市和小城镇协调发展的城市化道路。不同类型、不同等级规模的城市各有其不同的地位、功能和作用，城市之间的发展，既相互制约，也相互促进。西部地区中小城市面临着缺乏活力的现象，中小城市和小城镇在推进西部农业转移人口就地市民化过程中优势明显，其优势就在于准入门槛低，特别是生活成本、居住成本和社会成本低。而且中小城市和小城镇自身发展通过吸纳农业转移人口，扩大城镇规模，能发挥出基础设施投资的效益，能更好地提供公共服务。

二、空气环境综合水平发展及其时空演化格局

1.废气排放总量的时空演化

第三章重点讨论了城市空气质量浓度的时空变化，因而这里主要从大气污染物排放量的角度阐述不同区域的环境压力。图 6.5 给出了几种主要废气的排放量变化。从工业废气排放总量来看，总体呈现稳定增长的态势（2011 年以后趋于平稳）；SO_2 排放量、烟粉尘排放量总体呈现先增长后减缓的趋势，说明"十五"规划后纳入的 SO_2 总量控制减排取得一定成效，但是污染物排放的总体压力依然巨大。

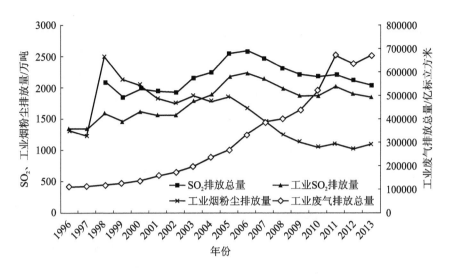

图 6.5　1996—2013 年全国主要废气排放的变化特征

为了进一步揭示区域废气排放压力的时空变化特征,这里以工业废气排放总量为指标进行分析,按照自然断点法划分成五个等级(极高排放区 4 万亿标立方米以上、高排放区 2 万亿～4 万亿标立方米、中高排放区 1 万亿～2 万亿标立方米、中低排放区 0.5 万亿～1 万亿标立方米、低排放区 0.01 万亿～0.5 万亿标立方米、极低排放区 0～0.01 万亿标立方米),并选取 2000 年、2004 年、2008 年、2013 年作为分析断面,结果见图 6.6。

从图 6.6 中可以看出:① 除西藏外,绝大部分省区的工业废气排放总量均出现了明显的增加,表明了工业废气排放压力的持续增大以及大气污染物减排面临的巨大困难和挑战(河北的排放总量一直最大)。② 极高值工业废气排放的省区数量在增多,2007 年河北省的工业废气排放总量达到 48036 亿标立方米的极高值,到了 2013 年则有河北、山西、江苏、山东 4 个省进入极高值压力区,这些区域也是当前我国大气污染治理的关键区域和空气污染最为严重的区域。此外,南部地区的广东、广西、贵州,中东部的河南、安徽、浙江以及内蒙古在 2008 年工业废气排放总量亦逐渐进入高值污染区,需引起污染物减排的重视。

为具体阐述某一种大气污染物排放的时空演化特征,下面以省域烟粉尘排放为例进行具体研究。

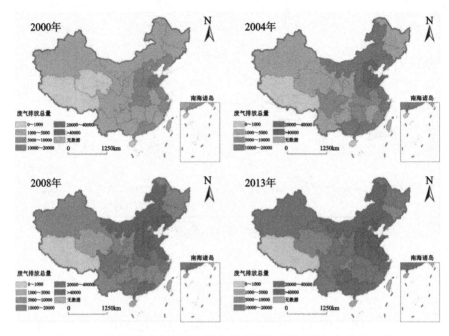

图 6.6　省域工业废气排放总量的时空演化格局(单位:亿标立方米)

2.烟粉尘排放的时空演化

随着每年冬春季各大城市不同程度的雾霾天气越来越被人们关注，社会与学界均呼吁在"十三五"规划中明确制定另一类主要大气污染物——烟粉尘的减排目标。雾霾的形成与空气中的颗粒物浓度有关,已有对于 $PM_{2.5}$ 的源解析表明,化石燃料燃烧产生的废气是其主要的来源,目前人类活动排放的烟粉尘是其直接来源(Hua et al,2015;Yao et al,2016)。要控制和减少雾霾天气的发生,就必须对包括工业烟粉尘在内的相关污染物进行严格控制。根据国家环境保护部公开的 2011—2013 年环境年报显示,工业烟粉尘是我国烟粉尘排放的主要来源,占总量的比例分别为 86.1%、83.4%、85.6%。因此,对工业烟粉尘区域排放特征的研究是制订烟粉尘减排控制计划的重要基础工作。

(1)时间变化特征。

从整体变化的趋势上看(图 6.7),1998—2013 年我国烟粉尘排放量总体呈下降趋势,其中工业烟粉尘排放占总排放量的比例大致相当。1998—2002 年,工业烟粉尘排放量持续下降,减少了 26.26%;2002—2006 年则呈现平稳波动的状态,排放量维持在 1.8×10^7 吨左右;2006—

2009 年再次出现下降,降幅达 32.57%;2009 年后则基本保持平稳。据此可以将这一时期工业烟粉尘的排放量划分为四个阶段:1998—2002 年为"第一减排期",2002—2006 年为"第一平稳期",2006—2009 年为"第二减排期",2009—2013 年为"第二平稳期"。从各阶段的时间节点上看,1998 年我国制定了一系列的大气污染物控制规定,2006 年则是我国五年规划中首次明确大气污染物减排的目标,这些事件都促进了环保减排技术的推广与应用,从而形成了两个工业烟粉尘减排期。2002 年是我国"西部大开发"战略的启动年份,2009 年则是为应对全球金融危机而开始"四万亿投资"的时期,两个阶段共同的特点是经济快速发展,各地区的工业发展加快,而环保技术均出现退步(张伟等,2015),工业烟粉尘减排的阶段性停滞,可见不同时期制定的发展目标对各阶段的减排控制任务有重大影响。

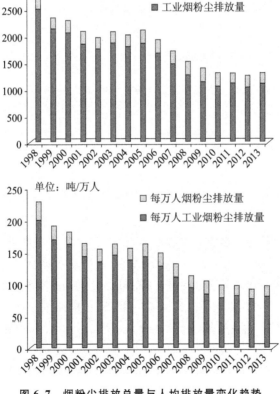

图 6.7　烟粉尘排放总量与人均排放量变化趋势

（2）空间分布特征。

将 1998—2013 年全国各省区的工业烟粉尘排放量按照自然断点法划分成五个等级（＞100 万吨、50 万～100 万吨、25 万～50 万吨、10 万～25 万吨、0～10 万吨），并选取 1998 年、2002 年、2006 年、2009 年、2013 年作为分析断面，绘制工业烟粉尘排放量的空间分布图（图 6.8）。

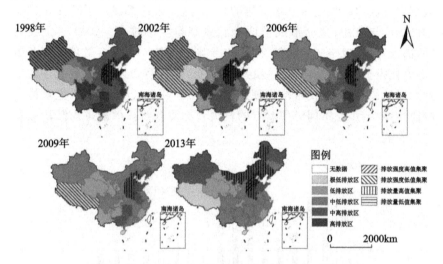

图 6.8 区域工业烟粉尘排放量及集聚情况变化趋势示意图

从图 6.8 可以看出：① 从排放总量上看，5 个分析断面年份工业烟粉尘排放超过 100 万吨的省区分别有 11、5、4、0、1 个，总体上看高排放区在减少，其中，河北在 2002—2013 年从高排放区变为中高排放区又转为高排放区，新疆和内蒙古都出现了先降低再升高的情况，显示这三个地区的工业烟粉尘控制效果不明显。② 高排放区和中高排放区在华北地区和西北地区数量较多，华东和华南地区的各省区则呈现普遍的下降趋势，其中广东、广西、湖南三省的总量控制效果最为显著。值得注意的是，云南的排放等级在 2009—2013 年间出现上升。③ 从时间序列上的变化看，1998—2009 年全国的工业烟粉尘的高排放区向华东、华北地区聚集，其后向西北地区扩散；在全国排放总量持续减少的情况下，河北和新疆出现了排放量的反弹，这一时期新疆、内蒙古、青海、宁夏、山西五地区的第二产业产值均上升超过 50%，属于第二产业发展最迅速的地区，正是这种第二产业爆发式增长给工业烟粉尘的减排工作带来了压力。

（3）空间关系变化。

通过计算 1998—2013 年区域工业烟粉尘排放总量和人均排放量的全局 Moran's I 指数，测度其全局空间关系，结果见表 6.6。其中 $E(I)$ 为数学期望值，$P(I)$ 为显著性水平。从区域总排放量上看：区域排放总量的 Moran's I 指数由 1998 年的 0.1248 上升到峰值 0.2618（2007 年），再下降到 0.1620，出现了先集聚后扩散的情况，这与对图 6.8 的分析基本相同（先向华北集聚再向西北扩散）。其间指数值虽然有波动，但总体仍表现为高排放区呈现 HH 集聚态势（山东），低排放区呈现 LL 集聚态势（贵州）；从 Moran's I 指数的整体变化上看，指数始终为正值，且在 $[0.1248, 0.2618]$ 间变化，呈现出正相关并趋于集聚（除个别年份外，P 值均小于0.05，显示结果在 0.05 的水平上显著）。1998—1999 年，排放量出现了一次显著的集聚，此后始终保持较高的空间相似性，说明工业烟粉尘排放在邻近省区存在一定的空间相互作用。从人均排放量方面看，除 1998 年外 Maran's I 均大于 1.2 且显著，显示地区工业烟粉尘的人均排放量在 1999—2013 年空间相关性较为明显；高人均排放量区呈现 HH 集聚（内蒙古），低人均排放量区呈现 LL 集聚（浙江、云南、贵州）。

表 6.6　　　　　　　　工业烟粉尘排放量及人均排放量的
全局 Moran's I 估计值比较

年份	区域总排放量				区域人均排放量			
	Moran's I	$E(I)$	$Z(I)$	$P(I)$	Moran's I	$E(I)$	$Z(I)$	$P(I)$
1998	0.1248	−0.0333	0.1104	0.079	0.0621	−0.0333	0.0875	0.130
1999	0.2131	−0.0333	0.1152	0.032	0.2230	−0.0333	0.1072	0.023
2000	0.1925	−0.0333	0.1113	0.036	0.1224	−0.0333	0.1039	0.069
2001	0.1811	−0.0333	0.1191	0.054	0.1308	−0.0333	0.0983	0.058
2002	0.1976	−0.0333	0.1124	0.033	0.1364	−0.0333	0.1053	0.062
2003	0.2024	−0.0333	0.1113	0.033	0.1539	−0.0333	0.1053	0.052
2004	0.1771	−0.0333	0.1092	0.031	0.2100	−0.0333	0.1074	0.020
2005	0.2309	−0.0333	0.1155	0.020	0.2636	−0.0333	0.1062	0.009
2006	0.2332	−0.0333	0.1141	0.025	0.2368	−0.0333	0.1110	0.018
2007	0.2618	−0.0333	0.1123	0.010	0.2420	−0.0333	0.1130	0.016
2008	0.2582	−0.0333	0.1133	0.015	0.1974	−0.0333	0.1112	0.034

年份	区域总排放量				区域人均排放量			
	Moran's I	E(I)	Z(I)	P(I)	Moran's I	E(I)	Z(I)	P(I)
2009	0.2152	−0.0333	0.1140	0.024	0.1430	−0.0333	0.1138	0.070
2010	0.1853	−0.0333	0.1142	0.037	0.1757	−0.0333	0.1053	0.030
2011	0.2345	−0.0333	0.1085	0.019	0.2671	−0.0333	0.1128	0.013
2012	0.1899	−0.0333	0.1092	0.033	0.2229	−0.0333	0.1157	0.033
2013	0.1620	−0.0333	0.1066	0.046	0.2335	−0.0333	0.1125	0.027

此外,为进一步测度我国工业烟粉尘排放的空间集聚情况,对五个时间断面的数据绘制 LISA 图,将排放量与人均排放量的 HH 型和 LL 型以不同线条填充类型表示,结果汇总至图 6.8。通过图 6.8 中集聚类型的分析可知:区域排放总量的 HH 地区从 1998 年的 2 个增加到 2013 年的 6 个且集中在北方地区,显示华北地区和东北地区的排放量 HH 集聚现象显著。而新疆由 LL 型变为 HL 型,其区域排放量在 8 年间增加了一倍,远超过周围省区排放的增加。人均排放量的聚集类型方面,1998—2002 年,HH 型地区由内蒙古扩张到陕西,2006 年后陕西的人均排放量有所减少,高值集聚区仅剩内蒙古地区;低值集聚地区则从东部沿海变为西南地区,显示西南地区的人均排放量控制水平整体优于其他地区。

(4)污染重心转移。

为进一步探究我国工业烟粉尘人均排放量的时空演化过程,利用加权重心点和标准差椭圆绘制人均排放量的重心转移轨迹曲线(丁镭等,2015b),结果见图 6.9,并计算连续性时间序列的重心转移距离,表 6.7 给出了等间隔的 6 个年份的计算结果。

由图 6.9 可知:中国工业烟粉尘的人均排放量加权重心点分布于东经 110.980°—113.456°,北纬 33.256°—35.899°之间,其位置处于中国几何中心(103.50°E,36°N)的东南方向到正东方向,表明华中地区、华东地区和华南地区是高人均排放量地区,且人均排放量逐步向华东、华北集中。南方地区工业烟粉尘排放量占全国总排放量的比重逐渐减小,西北地区的人均排放量有一个相对的增长;从工业烟粉尘重心转移的速度来看,1998—2001 年和 2010—2013 年两个时间段明显高于其他时间段(高出约 20%),与西部经济快速发展阶段在时间上吻合。

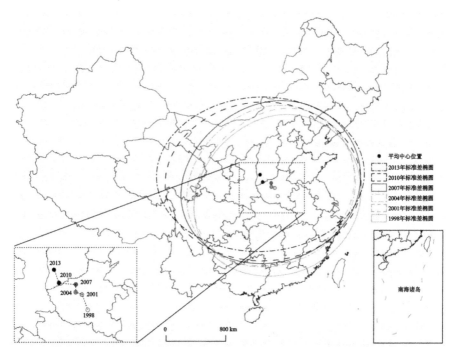

图 6.9　工业烟粉尘人均排放量重心转移及标准差椭圆变化趋势

从标准差椭圆的变化情况来看,1998—2007 年,椭圆的长轴为东北-西南向,显示这一阶段我国工业烟粉尘排放量在东北-西南方向上极化程度较高,重心东北方向的华北地区和东北地区是人均排放量密集的区域;2010—2013 年,椭圆的长轴为东西向,显示这一时期我国在东西方向上的极化情况明显,华北、华东地区和西北地区的新疆是人均排放量的重心。

表 6.7　　　　　　　　**工业烟粉尘人均排放量重心转移情况**

年份	重心坐标		方向	重心移动	
	经度	纬度		距离/km	速率/(km/a)
1998	113.456°	33.256°	—	—	—
2001	113.096°	34.270°	西北	157.9911	52.66370
2004	112.592°	34.431°	西北	112.0530	37.35100
2007	112.599°	34.898°	北	122.6362	40.87874

续表

年份	重心坐标		方向	重心移动	
	经度	纬度		距离/km	速率/(km/a)
2010	111.336°	35.041°	西	111.0077	37.00256
2013	110.980°	35.899°	西北	146.1344	48.71146

3. 空气环境子系统得分的演化比较

由表 6.2 的空气环境子系统指标权重结果来看,空气质量水平 (0.392)对整个空气环境系统的贡献最大,其次为空气环境压力 (0.316)>污染控制水平(0.292)。该结果与丁镭等(2015a)、Ding 等 (2015)报道的结果基本一致。2000 年、2004 年、2008 年、2013 年的具体 各省份空气环境子系统得分见图 6.10。

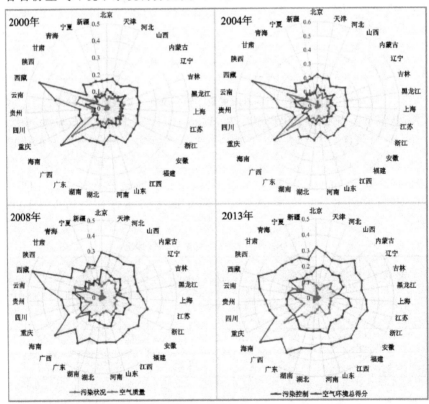

图 6.10 省域空气环境子系统得分的比较及演化

从图 6.10 中可以发现:① 空气环境质量是主要驱动力,但是其贡献值在逐渐缩小,到了 2013 年其贡献份额已经被空气污染控制子系统所超越,说明近几年随着空气污染的加重,各个省区在大气污染防治和抗逆响应投资上在加大,相比之下,污染控制能力在提升;② 各个子系统的得分均有一定的波动趋势,表明了子系统内部的不稳定;③ 各个省份之间的空气环境水平差异在逐渐缩小,表现在综合得分上,其闭合曲线变得更加圆滑。表 6.5 的结果亦表明三个子系统及空气环境综合得分的省区间的 CV 值均在显著减少。

为进一步揭示不同省份空气环境综合水平得分(得分越高,空气质量越好,系统越佳)的时空差异,这里利用全局 Moran's I 指数对四个截面年份的空间分布特征进行检验,结果见图 6.11 和表 6.8。

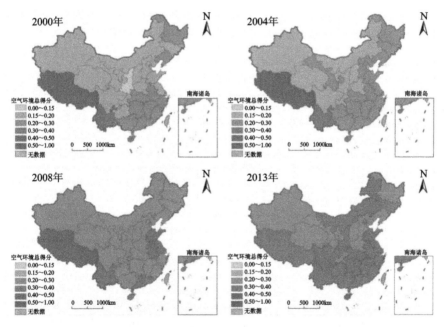

图 6.11 省域空气环境综合水平得分的时空演化格局

从空间分布特征来看,各个省份的空气环境综合水平得分均呈现波动增长并在 2013 年下降恶化的变化特征。① 高值得分(>0.4)的省区主要有 2 个(西藏、海南),其中,西藏总体污染排放量最少,空气质量相对较优,海南的废气污染排放量相对较少,而且受频繁的海陆交互作用加速污染物扩散,空气质量较优。② 低值区主要集中在华北地区的河北、山西,中部的河南以及西北的新疆、青海、甘肃等地,与图 3.10 的空气质量污染最严重的区域类似。

表 6.8　　省域空气环境综合水平得分的全局状态检验

年份	变异系数(CV 值)				空气环境综合水平的全局空间关系检验			
	污染	质量	控制	综合	Moran's I	$E(I)$	$Z(I)$	$P(I)$
2000	2.256	0.435	0.169	0.301	0.1353	−0.033333	1.7531	0.0796
2001	2.142	0.470	0.152	0.327	0.1263	−0.033333	1.7189	0.0857
2002	2.143	0.420	0.151	0.274	0.1184	−0.033333	1.6143	0.1065
2003	2.075	0.436	0.160	0.299	0.0936	−0.033333	1.4156	0.1569
2004	1.943	0.434	0.177	0.285	0.0711	−0.033333	1.1340	0.2568
2005	1.832	0.295	0.176	0.207	0.1068	−0.033333	1.3910	0.1642
2006	1.929	0.317	0.184	0.218	0.0415	−0.033333	0.7521	0.4520
2007	1.940	0.307	0.180	0.209	−0.0016	−0.033333	0.3176	0.7508
2008	1.907	0.262	0.188	0.194	−0.0070	−0.033333	0.2676	0.7890
2009	1.775	0.304	0.177	0.188	−0.0103	−0.033333	0.2262	0.8210
2010	1.695	0.323	0.153	0.174	−0.0454	−0.033333	−0.1220	0.9029
2011	0.840	0.274	0.149	0.120	0.1176	−0.033333	1.4653	0.1428
2012	1.373	0.355	0.151	0.157	0.0542	−0.033333	0.9067	0.3646
2013	1.351	0.347	0.142	0.134	0.1273	−0.033333	1.5555	0.1198

从全局空间关系来看,全局 Moran's I 指数开始为正值后变为负值再转为正值,2000—2001 年通过 1‰ 的显著性水平检验,但其值在变小,表明省域间空气环境的综合水平虽有一定的空间集聚趋势,但集聚水平在减弱,异质性在增强;2007—2010 年,全局 Moran's I 指数变为负值,表明省域间的区域异质性进一步加强,省域间的空气环境系统协同控制能力较差;2011 年全局 Moran's I 指数再变为正值,且值有增大的趋势(但未通过显著性检验),开始呈现新的相互作用关系,即意味着从系统角度来看,省域间的空气污染排放、质量改善、污染控制协同能力仍有待进一步加强和提升。

第三节 城市化与空气环境系统的耦合 协调作用测度

一、耦合协调度的测算及区域差异

已有研究表明,城市化子系统与生态环境子系统对二者的耦合协调度有不一样的影响,但是不同贡献份额[式(6.19)中 α 和 β 的不同取值]类型的耦合协调度的变化趋势是一致的,仅是大小略有不同(陆嫒嫒等,2016;王少剑等,2015;Ding et al,2015)。在本书的研究中,分析了常规所有的 5 种不同的情形(第一种为 $\alpha=4/5,\beta=1/5$;第二种为 $\alpha=2/3,\beta=1/3$;第三种为 $\alpha=\beta=1/2$;第四种为 $\alpha=1/3,\beta=2/3$;第五种为$\alpha=1/5,\beta=4/5$),进而比较了城市化与空气环境所占贡献份额的不同结果,考虑到整体的篇幅,这里最终选择最具代表性和典型性的情形($\alpha=\beta=1/2$)进行具体分析,结果见图 6.12。

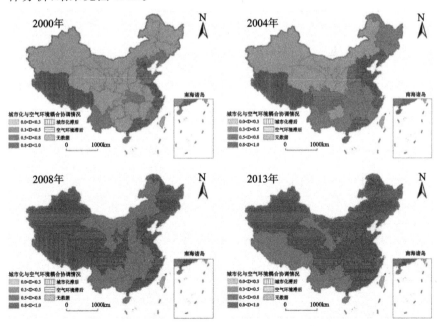

图 6.12 省域城市化与空气环境耦合协调度的时空演化格局

从图6.12中可以看出,① 随着城市化的快速推进,城市化与空气环境两个综合系统之间的耦合协调度水平在不断提高,其值主要分布在[0.42～0.70]之间,并逐渐实现由不协调期向转型期的转变(2007年后全部省区进入转型期)。② 耦合协调度水平较高的省区主要为广东、上海、北京、江苏、天津、浙江、海南等城市化水平高(经济发达)或空气质量相对较好的沿海地区,其中,北京、天津、山东虽然处于空气污染最为严重的分布区域(受区域性空气污染影响),但也应该看到这些地区在大气污染治理、工业节能减排上的努力,比如,北京市2013年的工业废气排放总量为3692亿标立方米,相比2008年(奥运期)下降了14.5%,同样天津市2013年的工业废气排放总量相比2011年下降了9.4%。

二、耦合协调模式的判定及区域演化

结合表6.3的城市化与空气环境的耦合协调类型结果划分方案,对各时期及四个主要截面的31个省区具体协调类型进行判定,结果见表6.9和表6.10。

表6.9　　**不同省域城市化与空气环境耦合协调阶段的数量比较**

年份	不协调期			转型期	
	基本不协调	基本不协调-城市化滞后	基本不协调-空气滞后	基本协调	基本协调-空气滞后
2000	17	2	5	1	6
2001	18	1	4	1	7
2002	16	1	5	2	7
2003	15	2	5	2	7
2004	7	4	9	2	9
2005	6	2	10	0	13
2006	1	2	12	0	16

年份	不协调期			转型期	
	基本不协调	基本不协调-城市化滞后	基本不协调-空气滞后	基本协调	基本协调-空气滞后
2007	0	0	13	1	17
2008	0	0	12	1	18
2009	0	0	12	2	17
2010	0	0	8	2	21
2011	0	0	8	0	23
2012	0	0	0	6	25
2013	0	0	0	6	25

从表 6.9 中可以看出：① 总体上，各省区的城市化与空气环境的耦合协调模式经历了从不协调期向转型期发展的过程，并没有出现高度协调阶段，说明当前我国城市化过程中的空气环境问题依然比较突出。② 从时间序列上看，不协调期主要集中在 2005 年以前，2006 年以后则有半数以上省区进入了转型期发展阶段，两个系统之间存在错综复杂的协同或拮抗作用，污染物排放居高不下，空气质量趋于恶化，城市居民的健康及生活也受空气污染的干扰或影响（雾霾导致的能见度降低及呼吸相关疾病增加），但同时空气污染的治理投资也越来越受到重视，但并未取得实质性的改善。③ 从类型上来看，2006 年后，越来越多的省区（大于 16 个）逐渐进入系统间基本协调-空气环境滞后的转型发展期，并于 2012 年后摆脱不协调期，这也意味着"十二五"后，随着国家对空气污染的重视以及包括 NO_x 减排在内的污染治理的投入，城市化的发展与空气环境系统间逐渐保持基本协调的发展态势。如果保持这种势头，随着新型城镇化建设的推进，系统间的高度耦合协调期也即将到来。

表 6.10　　　省域城市化与空气环境耦合协调模式比较

地区	2000 年	2004 年	2008 年	2013 年
北京	基本协调-空气环境滞后	基本协调-空气环境滞后	基本协调-空气环境滞后	基本协调-空气环境滞后
天津	基本协调-空气环境滞后	基本协调-空气环境滞后	基本协调-空气环境滞后	基本协调-空气环境滞后
河北	基本不协调-空气滞后	基本协调-空气环境滞后	基本协调-空气环境滞后	基本协调-空气环境滞后
山西	基本不协调	基本不协调-空气滞后	基本协调	基本协调-空气环境滞后
内蒙古	基本不协调	基本不协调	基本协调	基本协调-空气环境滞后
辽宁	基本协调	基本协调-空气滞后	基本协调-空气环境滞后	基本协调-空气环境滞后
吉林	基本不协调	基本协调	基本协调-空气环境滞后	基本协调-空气环境滞后
黑龙江	基本不协调	基本协调	基本协调-空气环境滞后	基本协调-空气环境滞后
上海	基本协调-空气环境滞后	基本协调-空气环境滞后	基本协调-空气环境滞后	基本协调-空气环境滞后
江苏	基本协调-空气环境滞后	基本协调-空气环境滞后	基本协调-空气环境滞后	基本协调-空气环境滞后
浙江	基本协调-空气环境滞后	基本协调-空气环境滞后	基本协调-空气环境滞后	基本协调-空气环境滞后
安徽	基本不协调	基本协调	基本协调	基本协调-空气环境滞后
福建	基本协调	基本协调	基本协调-空气滞后	基本协调-空气环境滞后
江西	基本不协调	基本协调	基本协调	基本协调-空气环境滞后
山东	基本不协调-空气滞后	基本协调-城市化滞后	基本协调-空气滞后	基本协调-空气环境滞后
河南	基本不协调	基本不协调-空气滞后	基本协调	基本协调-空气环境滞后
湖北	基本协调	基本协调	基本协调	基本协调-空气环境滞后
湖南	基本不协调	基本协调	基本协调	基本协调-空气环境滞后
广东	基本协调-空气环境滞后	基本协调-空气环境滞后	基本协调-空气环境滞后	基本协调-空气环境滞后

续表

地区	2000 年	2004 年	2008 年	2013 年
广西	基本不协调	基本协调	基本协调	基本协调
海南	基本协调	基本协调-城市化滞后		
重庆	基本不协调	基本不协调-空气环境滞后	基本协调-空气环境滞后	基本协调-空气环境滞后
四川				
贵州		基本不协调	基本协调	基本协调
云南	基本协调	基本协调		
西藏	基本协调-城市化滞后			
陕西	基本不协调	基本不协调	基本协调-空气环境滞后	基本协调-空气环境滞后
甘肃			基本协调	基本协调
青海				
宁夏			基本协调-空气环境滞后	基本协调-空气环境滞后
新疆				

　　此外,从四个截面的区域演化来看(图 6.12、表 6.10),中国各个省区的城市化与空气环境交互作用的耦合度存在着明显的地域差异,且表现出东、西部大部分省区的耦合协调程度普遍高于中部地区的规律。

　　主要表现为以下几个特征。

　　(1)经济发达省区的基本协调-空气环境滞后型,包括北京、上海、天津、广东、江苏、浙江,在整个研究期间内均稳定地处于转型发展空气环境问题相对较为突出的磨合过程,这些区域代表着当前中国城市化、经济发展的最高水平,城市发展由于受到前期环境破坏的制约,生态文明的城市化已经成为人们生活的基本目标和追求。这些区域未来在加强本地自身的污染源控制基础上,需注重大区域协调发展和污染的共同防治。

　　(2)经济相对落后空气质量较优的转型期阶段省区,包括广西、海南、云南、西藏,这些区域城市化发展和资源开发的历史都不长,受季风等自然因素影响,这些省区的空气质量也相对较优,城市化发展所带来的空气污染基本还没有涉及环境承载力问题,相对而言表现在耦合度上也较高。

(3)传统的工业型省区的不稳定拮抗型耦合区域,这些区域的经济与城市化水平参差不齐,但或者由于经济主导产业(高燃煤能耗)发展的作用、空气污染排放对城市化的制约、限制和负反馈也日益突出,这些省区徘徊于城市化与空气环境作用的拮抗、限制阶段,并且耦合协调模式有不同层级的跳跃。

(4)剩余的资源型或者经济发展较为落后的磨合型区域,与(2)相似的省区亦主要集中在中西部地区,城市化及经济发展相对落后、空气污染排放的压力也较小,总体上该区域城市化与空气环境出现较高层次的适应与磨合,反映在耦合度上缓慢递增。

三、空气治理视角下的新型城镇化协调发展建议

第二章第一节第三部分已简要分析了新型城镇化与空气环境治理的关系,这里结合两个系统之间的耦合协调关系分析提出若干发展建议。

1.适度规模的人口城镇化

首先,新型城镇化的核心是要实现人的城镇化。国家新型城镇化规划明确提出城镇化侧重质量的提升,将有序推进农业转移人口市民化作为主要任务,不要搞刻意的人为城镇化,要水到渠成地推进城镇化,地方政府淡化城镇化率的增长指标,更不能列为约束性考核指标。走新型城镇化道路的核心是扎实、有序推进农业转移人口市民化。按照尊重意愿、自主选择,因地制宜、分步推进,存量优先、带动增量的原则,以农业转移人口为重点,统筹推进户籍制度改革和基本公共服务均等化。

其次,传统的、快速的不合理人口集聚不可避免地带来了产业的盲目发展和生活、生产的污染集聚,进而带来空气污染物的超标排放和空气质量的恶化。因此,也正如第五章第三节第二部分中所指出的,未来的新型城镇化的关键是要找寻适度的人口规模、满足空气质量改善目标的城市化速率。一方面,推进新型城镇化,要引导优质公共服务向中小城镇配置,加大力度完善基础设施,提高人民生活质量。另一方面,在空间上,要通过建设产业区、特色商业区吸引产业聚集;在结构上,要大力发展新兴产业、生态农业,带动农业人口向城镇转移,促使资源环境和经济社会发展更协调。由于人口密度对城市空气质量的作用明显,因此缩小城乡差距,从而控制人口在城市的过度集中,将是改善空气质量的有效措施。

2.完善城市的功能结构

既实现全面建成小康社会的宏伟目标和新型城镇化的规划目标,又显著改善城市环境质量,保障公众环境健康,必须从环境影响源头入手,控制经济增速和要素投入增速,调整政府投资导向,优化重点产业布局、结构和规模,严格空间准入、环境准入和效率准入,以创新支撑技术经济水平整体提升,推动经济转型升级;必须完善城镇体系和功能布局,加强城镇基础设施建设,加大城镇生态建设和环境保护力度,创新城镇化模式,以资源承载力和环境容量为约束条件,适度、有序地推进人口城镇化。

在全国各城市都积极建设城市公共交通的同时,尽量在城市公共交通工具的燃料使用上实现以清洁能源为主,实现低污染、零污染。抓好机动车尾气治理,重点整治黄标车、老旧车、重型柴油车等重污染车辆,提高油品质量等级,优化城市交通路网,大力发展公共交通。

在城市绿化建设方面,可以利用广泛的民间资本对城市绿化建设进行企业化管理,从而使城市绿地最大限度地发挥其对城市污染气体的吸纳能力。

3.空气质量改善的区域协同

经济活动是污染的主要来源,经济发展协同是污染联合治理的根本,应形成以地区经济协同为主、政策管理协同为辅的联合治污格局。政策和管理上的联动可取得治污短期效果,从长期看,协调地区间的产业结构、发展规划等经济因素才是污染治理的根本。因此,应成立国家、城市群(经济带)层面的协调组织,全面协调各地的发展规划、发展战略和环保政策,制定区域内部的经济发展和环保共同行动纲领,如建立污染排放交易市场编制资源和生态环境资产负债表等。例如,当前的京津冀协同,可进一步迈向泛京津冀协同(联合山西、陕西、内蒙古和山东、河南)。具体策略如下。

(1)政策联控层面:进一步加强治污的区域联防联控。"阅兵蓝""APEC蓝"的实践证明,区域协同减排是关键。应尽快出台与国家政策相适应的具有可操作性的"区域大气污染协同防治法",有效约束各地的经济产业以及城市化建设无序化发展;实行区域能源消耗总量和工业排放总量控制,执行严于国家标准的特别排放限值,建立可持续发展为导向的地方绩效考核激励机制等。经济发达的核心城市需要在资金、技术方面支持周边城市的空气污染控制,加大先进治理技术和装备的研发推广力度。

(2)执法联控方面:加快推进区域协调监管和执法联动机制,建立区域联合与异地交叉执法的机制。重点解决区域内重点行业企业违法排污、秸秆露天焚烧、跨区域突发环境污染事件的联合执法难题;定期公布企业污染减排情况等。坚持落实责任,建立以空气质量改善为核心的目标责任考核体系,通过严格考核奖罚促进治理任务的落实。抓好重点行业综合整治,扎实推进火电、钢铁、水泥等行业淘汰落后产能、压减过剩产能的进度,加大重点企业环保技术改造力度,确保如期达到新的排放标准。

(3)预警联控方面:重污染易发季节共同提前启动实施各自最高级别的应急减排措施;健全区域空气重污染预警会商和应急联动体系,逐步实现预警分级统一标准、应急措施统一力度。建立空气质量第三方评价机制,委托有资质和有科研实力的第三方机构,通过政府购买服务的方式,建立健全区域内空气质量检测体系。

(4)建立治理大气污染的区域性协作联动的研究机制:研究大气污染,区域内首先要联动。建议由中央政府牵头,由区域内各省(区、市)人民政府共同参与,建立大气污染治理研究的联席会议制度。这个机构应该发挥以下几个方面的作用:研究明确区域内的大气污染物排放标准。由该机构主导,制定比国家标准更严格的大气污染物排放标准。研究确立污染物减排的目标任务。对于雾霾重灾区来说,不能满足于完成国家确定的节能减排目标任务,应该分析本区域大气污染物的构成情况,有针对性地再制定出节能减排的目标任务,分解到各个省市。研究建立区域空气质量监测网络。建立区域空气污染信息交流平台与区域大气污染突发状况应急响应预案。

(5)建立治理大气污染的区域一体化科技支撑的研究机制:如何落实大气环境保护的区域一体化,需要进行统一空气质量目标、统一大气监测网络体系、统一污染源与空气质量信息、统一监管区域内污染行为,这些都需要强有力的科技支撑。科技支撑,就是需要建立"科学与决策"的良好互动机制,科学研究应有效地支撑管理决策,而管理决策应以科学研究为依据。这就要求充分利用有关机构的环境科研力量,建立区域性的环境科研合作平台。

第四节 本章讨论与小结

(1)城市化与空气环境系统要素耦合的机制是复杂的。其中,人口规模扩大、城市空间扩张、社会化服务功能和水平提高是胁迫空气环境的主要原因,而由于废气排放而产生的人均负荷、空气污染治理投入是制约和影响中国城市化进一步良性发展的主要因素,由此遴选出作用于空气环境的 20 个城市化指标和影响城市化的 12 个空气环境指标,可以较为全面地反映系统交互耦合的机制。

(2)省域城市化综合水平得分呈现一定的空间差异性和规律性。其得分分布与中国人口密度对比线("胡焕庸线")的规律基本一致,即中西部地区的城市化水平远低于东南省区的城市化,并且省域城市化水平呈空间集聚分布态势,空间同质性在增强,各个省份之间的城市化水平差异在逐渐缩小。因此,未来的城市化发展过程中需注重区域间的协调和空间扩散,以实现区域协调发展、缩小地区差异。通过新型城镇化建设,增加中小城市的吸引力,提高这些城市吸引投资的能力,创造更多就业机会,增加农民工返回的吸引力,以此推动人口和投资,实现区域更合理、均衡的发展。

(3)从空气环境系统来看,空气质量水平(0.392)对整个空气环境系统的贡献最大,其次为空气环境压力(0.316)>污染控制水平(0.292)。其中,绝大部分省区的工业废气排放总量均出现了明显的增加,表明了工业污染废气排放压力的持续增大以及大气污染物减排面临的巨大困难和挑战。空气环境系统较优的高值得分省区主要为西藏和海南,其中,西藏总体污染排放量最少,空气质量相对较优,海南的废气污染排放量相对较少,而且受频繁的海陆交互作用加速污染物扩散,空气质量较优;空气环境系统较差的低值区主要集中在华北地区的河北、山西,中部的河南以及西北的新疆、青海、甘肃等地。从系统角度来看,省域间的空气污染排放、质量改善、污染控制协同能力仍有待进一步加强和提升。

(4)2000—2013 年各省区的城市化与空气环境的耦合协调模式经历了从不协调期向转型期发展的过程,并没有出现高度协调阶段,说明当前我国城市化过程中的空气环境问题依然比较突出。从时间序列上看,不协调期主要集中在 2005 年以前,2006 年以后则有半数以上省区进入了转型期发展阶段；从类型上来看，2006年后，越来越多省区逐渐进入系统间基本协调-空气环境滞后的转型发展期，并于2012年后摆脱不协调期，这也意味着"十二五"后，城市化的发展与空气环境系统间逐渐保持基本协调的发展态势。因此，未来推进新型城镇化建设，要控制适度规模的人口城镇化，不断完善城市的功能结构，并注重空气质量改善的区域协同。

本章彩图

第七章　结论与展望

第一节　主要结论

本书以中国地级及地级以上城市为主要研究对象(依据指标数据的连续性共筛选出 274 个城市),分析了 2004—2013 年共 10 年间的 SO_2、NO_2、PM_{10} 三种常规污染物的空间分布特征及演化趋势,并选取人口城镇化率、城市人口规模、建成区面积和第二产业比重四个表征城市社会经济发展水平的指标来判定其对空气质量的影响,进而以城市化率和人均 GDP 为主解释变量,分别构建普遍面板回归模型和空间计量面板模型进行城市化对空气环境影响的 EKC 检验;最后,利用面板向量自回归模型(PVAR)和耦合协调模型(CCDM)探讨了城市化与空气环境两个系统之间的响应规律和耦合协调模式,并为我国新型城镇化的发展提出了相应建议。取得的主要结论如下。

(1)系统揭示了三种主要空气污染物(SO_2、NO_2、PM_{10})在 274 个地级市的 10 年时空演化格局。从时间演化序列来看,全国 274 个城市空气环境质量总体呈现先减缓后加重的时序演化趋势,不同污染物之间的演化特征有较大差异,PM_{10} 是三种空气污染中较为普遍且危害较大的污染物。Daniel 趋势检验结果显示,全国城市空气质量指数 IAQI 总体上呈下降趋势(有相对好转趋势,改善城市主要集中在沿海地区),γ_s 秩相关系数为 -0.648(0.05 水平上显著)。从区域空间分布来看,城市空气环境质量分布呈现出显著的空间异质性,且城市空气污染空间格局未发生明显变化,华北地区(京津冀)及山东部分城市是我国空气污染相对严重地区,也是当前大气污染协同防治的关键区域。

　　(2)比较分析了以人均GDP和以城市化率为主导的空气环境库兹涅茨曲线演化规律。结果发现:不管是在GEKC体系,还是UEKC体系中,我国城市(化)发展和空气环境质量之间的关系并不完全符合倒"U"形曲线的特征,不同的污染物类型具有不同的演化规律。10年间,随着城市经济的发展,城市空气中SO_2浓度呈现下降的趋势,并到达改善拐点,符合倒"N"形曲线的特征(GEKC的恶化拐点和改善拐点分别为15444元和74015元,在UEKC体系中恶化拐点和改善拐点分别为25.7%和59.9%的城市化率);而对于NO_2、PM_{10}浓度及IAQI,10年间与城市经济发展之间呈"U"形关系,并处于空气环境恶化的上升阶段,即现阶段呈现污染继续加重的态势(两个体系中的恶化拐点依次为19909元、40759元、44356元和8.8%、45.75%、61%的城市化率),并且没有改善拐点的出现。随着"十二五"以来国家对氮氧化物的总量减排的控制,NO_2有迎来改善拐点的趋势,但PM_{10}的污染将持续恶化加重,并在新空气质量标准实施背景下体现为$PM_{2.5}$的污染不断加重。

　　(3)构建了基于空间计量经济(ESDA-Spatial Econometrics)的空气质量演化的环境库兹涅茨曲线新的分析框架。全局空间相关性分析显示空气污染存在显著的空间正相关性,适合空间计量回归检验;局域空间相关性分析显示空气环境指标的高污染聚集区主要分布在华北的京津冀以及山东、河南等邻接区域,并且LL集聚的空气质量较优,城市范围和数量有一定的扩大。空间环境库兹涅茨曲线回归模型检验结果发现,空气质量浓度水平与城市化率、人均GDP、建成区面积及产业结构变动息息相关。从空间自回归系数来看,不管是在SGEKC还是SUEKC体系中,均有IAQI>PM_{10}>NO_2>SO_2(后三者较为接近,约为0.25),且均通过了1%水平的显著性检验,表明城市空气环境质量的IAQI值,受相邻城市的空气污染物扩散影响高于单一污染物的空间效应值,是一个综合影响的结果。与普遍面板检验结果相似的是,在现阶段我国城市的人均收入、城市化发展和城市空气质量之间存在倒"N"形或"U"形曲线关系,并处于环境恶化的上升阶段。但是在考虑空间计量面板和城市间相互作用因素后,模型中由好变坏的恶化拐点提前、由坏转好的改善拐点滞后,说明城市间大气污染物的扩散加速了空气质量的恶化,相应地又在一定程度上延缓了空气质量的改善。

　　(4)基于面板向量自回归模型(PVAR)阐述了城市化发展与空气环境质量的双向作用响应关系。结果表明,城市化发展是空气质量变化的重要原因,空气质量的恶化对城市化发展的反向作用也非常显著。从脉冲响应分析可以看出,我国东、中、西部地区城市化发展与空气环境之间的相互作用关系存在显著的区域差异性。此外,不同污染物在不同地区的冲击响应和预测方差分解结果是不一致的。总的来看,城市化对空气环境指标的冲击影响是 $PM_{10} > NO_2 > SO_2$,除了西部地区城市随着人口城镇化率的提升对 SO_2 有一定抑制作用外,其他地区的城市都在不同程度上对空气质量有恶化作用;而在反馈作用上,除了东部城市的 SO_2 以外,其他地区的城市空气环境指标累计响应值均为负值,表明 NO_2、PM_{10} 和 IAQI 在不同程度上对城市化水平的提高存在制约效应,并且这种效应随着时间效应增强。综合来看,城市化的过程中不可片面追求城市的人口规模和经济密度而忽略环境污染对人口、经济集聚的负面影响。未来应建立城市人口规模与空气污染数据的动态关联监测系统,确定城市化水平和污染阈值,建立人类经济活动的空间分布和污染的联动预警机制;并注重降低空气污染对城市化发展的负面影响,在规划、产业、技术等角度制定相应的宏观调控策略。

　　(5)动态评价了省域尺度的城市化和空气环境系统间的耦合协调作用过程,并比较了不同省区的作用关系和模式差别。① 省域城市化综合水平得分呈现了一定的空间差异性和规律性。其分布与中国人口密度对比线("胡焕庸线")的规律基本一致,并且省域城市化水平呈现空间集聚分布态势,空间同质性在增强。在未来的城镇化发展过程中需注重区域间的协调和空间扩散,以实现区域协调发展、缩小地区差异。② 2000—2013 年各省区的城市化与空气环境的耦合协调模式经历了从不协调期向转型期发展的过程,并没有出现高度协调阶段,说明当前我国城市化过程中的空气环境问题依然比较突出。从时序上看,不协调期主要集中在 2005 年以前,2006 年以后则有半数以上省区进入了转型期发展阶段;从类型上来看,2006 年后,越来越多的省区逐渐进入系统间基本协调-空气环境滞后的转型发展期,并于 2012 年后摆脱不协调期,这也意味着"十二五"后,城市化的发展与空气环境系统间逐渐保持基本协调的发展态势。因此,未来推进新型城镇化建设,要控制适度规模的人口城镇化,不断完善城市的功能结构,并注重空气质量改善的区域协同。

第二节　创　新　点

本书的主要创新点：构建了"单向影响-双向作用-耦合协调"的城市化与空气环境交互作用关系的综合分析框架，并利用空间分析方法和空间计量经济学模型，以城市化为主要解释变量，发展并延伸空气污染的环境库兹涅茨曲线理论。

第三节　研　究　展　望

（1）环境空气质量评价的时空尺度效应。

尺度的选择是评价研究的重要基础。大的宏观尺度，比如全球尺度 $PM_{2.5}$ 浓度分布研究可为揭示大区域的空气污染状况和污染扩散规律提供依据；小尺度的微观空气质量模拟，可以更加深入、精准地把握小区域污染状况，将作用规律提供给科学研究。当然，其中所涉及的评价方法、软件模型、参数变量条件有较大不同。对于大气环境这样一个复杂体系，单一的某一个尺度的评价，对于全面认识和科学揭示污染物分布的空间规律和作用机制是远远不够的。因此，在强调区域污染联防联控的背景下（区域环境管理的尺度效应），未来的研究也需要注重空气污染的时空多尺度效应，并已引起了不少学者的关注和重视（马蔚纯等，2015；Likhvar et al，2015）。比如，在城市群或经济带的城市、经济、产业规划（包括规划环境影响评价过程）中，需注重在对应时空尺度下的污染特征、规律和模式的研究。

（2）城市规模与空气环境质量的关系机理。

快速的城市化进程导致了包括空气污染在内的"城市病"的产生，引起了学界和社会对城市化的争议和反思（Desmet，2013）。如何找寻最优城市规模和适度空间规模，又能保证最优的环境质量和最舒适的生活方式，成为城市环境地理学的一个难点和焦点问题。Lamsal L N 等（2013）仅是简单探讨了以遥感数据监测的 NO_2 浓度与个别城市单一年份的人口规模关系。在本书的研究中，虽然简单测度了不同城市人口规模与多种污染物浓度质量间的两个截面的关系，也估计了 EKC 模型中的人口城镇化率拐点，但是究竟什么样的城市人口规模对于环境质量来说是适度的、最优的,两者作用机理如何,依然有待深入探讨。当然,这可能还是一个多目标决策的过程,包括空气环境在内的整体环境质量保证和目标实现,均是未来新型城镇化推进的重要约束。

(3)产业结构转型对空气质量的影响机理。

产业结构是传统 EKC 模型构建中的一个重要解释变量和维度,本书的 EKC 模型构建中仅考虑了第二产业的比重,并没有深入进行第二产业内部的结构分解。毫无疑问,产业结构的转型升级,是我国推进新型工业化、实现社会经济转型、有效控制包括空气污染物排放在内的环境减排的关键举措。在"十二五"的氮氧化物减排总体思路中,已涉及包括对钢铁行业、电力行业、水泥行业在内的重点行业的污染减排控制。因此,未来的研究重点可以深入产业结构内部转型升级过程所带来的空气质量影响,以及区域产业结构转移和调整过程中的空气环境响应规律。当然,在引入空间效应变量的分析过程中,我们已意识到空气质量存在显著的正相关影响,而这种影响除了与区域间的大气自然条件有关外,还离不开产业转型和区域转移过程中的污染物潜在扩散。尽管转型有"阵痛"、调整尚需时间,但探究产业结构转型背后的环境效应机理是打开污染之门的一把钥匙。

(4)"自然背景因素"变量与空气质量影响因素。

环境质量的影响除了与社会经济活动的污染排放密切相关外,还与气候、气象、地形等要素有关。为了能反映城市空气污染物之间的区域流动和相互作用影响,本书在空间计量经济的框架构建中使用了"空间效应"的变量来近似地模拟。尽管这一思路和选择被已有研究所广泛采纳(Li et al,2014;Hao et al,2016),但遵循地理学第一定律的区域临近相似性无法完全真实地解释区域城市间的污染流动状况和扩散条件。当然,这种遗憾正如 Hao 等(2016)在分析 $PM_{2.5}$ 的空间计量影响过程中所指出的一样,目前受限制于研究尺度和地形、气象数据的获得,包括 Matlab 空间分析模块在内的常规计量工具,均很难很好地破解这一困局。如何将风速、风向等自然要素嵌入空间计量模型空间关系权重中,进而生成一个动态空间关系权重矩阵来判断其所带来"真实"空间效应将是一个艰难挑战和有益探索。

参 考 文 献

[1] Akimoto H. Global air quality and pollution [J]. Science, 2003,302: 1716-1719.

[2] Akbostanci E,Serap Türüt-Aşık,G İpek Tunç. The relationship between income and environment in Turkey: Is there an environmental Kuznets curve [J]. Energy Policy,2009,37(3): 861-867.

[3] Anselin L,Kelejian H H. Testing for Spatial Error Autocorrelation in the presence of endogenous regressors [J]. International Regional Science Review,1997,20(1/2): 153-182.

[4] Anselin L. Spatial effects in econometric practice in environmental and resource economics [J]. American Journal of Agricultural Economics,2001,83(3): 705-710.

[5] Anselin L. Exploring spatial Data with GeoDaTM: a workbook [J]. Urbana,2004,51: 61801.

[6] Arrow K,Bolin B,Costanza R,et al. Economic growth,Carrying Capacity,and the Environment [J]. Ecological Economics,1995, 15(2): 91-95.

[7] Aunan K,Wang S X. Internal migration and urbanization in China: Impacts on population exposure to household air pollution (2000-2010) [J]. Science of the Total Environment, 2014, 481: 186-195.

[8]　Baycan I O. Air pollution, economic growth, and the European Union Enlargement [J]. International Journal of Economics & Finance, 2013, 5(12): 121-126.

[9]　Bereitschaft B, Debbage K. Urban form, air pollution, and CO_2 emissions in large U S metropolitan areas [J]. The Professional Geographer, 2013, 65(4): 612-635.

[10]　Beevers S D, Westmoreland E, Jong M C D, et al. Trends in NO_x and NO_2 emissions from road traffic in Great Britain[J]. Atmospheric Environment, 2012, 54: 107-116.

[11]　Borreqo C, Souto J A, Monteiro A, et al. The role of transboundary air pollution over Galicia and North Portugal area [J]. Environmental Science & Pollution Research, 2013, 20(5): 2924-2936.

[12]　Brain S J. Urban sprawl and air quality in large US cities [J]. Journal of Environmental Management, 2008, 86: 688-698.

[13]　Brajer V, Mead R W, Xiao F. Health benefits of tunneling through the Chinese environmental Kuznets curve (EKC) [J]. Ecological Economics, 2008, 66(4): 674-686.

[14]　Brajer V, Mead R W, Xiao F. Searching for an Environmental Kuznets Curve in China's air pollution [J]. China Economic Review, 2011, 22(3): 383-397.

[15]　Cao J J, Shen Z X, Chow J C, et al. Winner and summer-$PM_{2.5}$ chemical compositions in fourteen Chinese cities [J]. Journal of the Air & Waste Management Association, 2012, 62(10): 1214-1226.

[16]　Chan C K, Yao X H. Air pollution in mega cities in China [J]. Atmospheric Environment, 2008, 42: 1-42.

[17]　Chen Y Y, Ebenstein A, Greenstone M, et al. Evidence on the impact of sustained exposure to air pollution on life expectancy from China's Huai River policy [J]. Proceedings of the National Academy of Sciences, 2013, 110(32): 12936-12941.

[18]　Clark L P, Millet D B, Marshall J D. Air quality and urban form in U. S. urban areas: evidence from regulatory monitors [J]. Environmental Science & Technology, 2011, 45: 7028-7035.

[19]　De Groot H, Withagen C A, Zhou M L. Dynamics of China's

regional development and pollution: an investigation into the environmental Kuznets curve [J]. Environment and Development Economics, 2004,9(4): 507-537.

[20] Desmet K,Rossi-Hansberg E. Urban accounting and welfare [J]. American Economic Review,2013,103,2296-2327.

[21] Dinda S. Environmental Kuznets curve hypothesis: a survey [J]. Ecological economics,2004,49(4): 431-455.

[22] Ding L,Zhao W T,Huang Y L,et al. Research on the coupling coordination relationship between urbanization and the air environment: a case study of the area of Wuhan [J]. Atmosphere, 2015,6(10): 1539-1558.

[23] Donkelaar A,Martin R V,Brauer M,et al. Global estimates of ambient fine particulate matter concentrations from satellite-based aerosol optical depth: development and application[J]. Environmental Health Perspectives,2010,118(6):847-855.

[24] Elhorst J P. Specification and estimation of spatial panel data models [J]. International Regional Science Review,2003,26(3): 244-268.

[25] Ewing R,Pendall R,Chen D. Measuring sprawl and its transportation impacts [J]. Transportation Research Record, 2003, 1831: 175-183.

[26] Fan Q,Yu W,Fan S J,et al. Process analysis of a regional air pollution episode over Pearl River Delta Region,China,using the MM5-CMAQ model [J]. Journal of the Air & Waste Management Association,2014,64(4): 406-418.

[27] Fan J W,Rosenfeld D,Yang Y,et al. Substantial contribution of anthropogenic air pollution to catastrophic floods in Southwest China [J]. Geophysical Research Letters,2015,42(14): 6066-6075.

[28] Fang C L,Wang J. A theoretical analysis of interactive coercing effects between urbanization and eco-environment [J]. Chinese Geographical Science,2013,23(2): 147-162.

[29] Fang C L,Ma H T,Wang J. A regional categorization for "new-type urbanization" in China [J]. Plos One, 2017, 10

(8): e0134253.

[30]　Fodha M, Zaghdoud O. Economic growth and pollutant emissions in Tunisia: an empirical analysis of the environmental Kuznets curve [J]. Energy Policy,2010,38(2): 1150-1156.

[31]　Georgiev E, Mihaylov E. Economic growth and the environment: reassessing the environmental Kuznets curve for air pollution emissions in OECD countries [J]. Letters in Spatial and Resource Sciences,2015,8(1): 29-47.

[32]　Grossman G M,Krueger A B. Economic growth and the environment [J]. Quarterly Journal of Economics,1995,110(2): 353-377.

[33]　Guadaluqe P M. Aerosol light absorption and scattering assessments and the impact of city size on air pollution [D]. Nevada: University of Reno,2011.

[34]　Han L,Zhou W,Li W,et al. Impact of urbanization level on urban air quality: a case of fine particles (PM$_{2.5}$) in Chinese cities [J]. Environmental Pollution,2014,194: 163-170.

[35]　Han L,Zhou W,Li W. City as a major source area of fine particulate (PM$_{2.5}$) in China [J]. Environmental Pollution,2015,206: 183-187.

[36]　Hanna R,Oliva P. The effect of pollution on labor supply: evidence from a natural experiment in Mexico City [J]. Journal of Public Economics,2015,122: 68-79.

[37]　Hao Y,Liu Y M. The influential factors of urban PM$_{2.5}$ concentrations in China: a spatial econometric analysis [J]. Journal of Cleaner Production,2016,112,1443-1453.

[38]　Harris J L,Chamberes D,Kahn J R. Taking the "U" out of Kuznets: A comprehensive analysis of the EKC and environmental degradation [J]. Ecological Economics,2009,68(4): 1149-1159.

[39]　He J,Wang H. Economic structure,development policy and environmental quality: An empirical analysis of environmental Kuznets curves with Chinese municipal data [J]. Ecological Economics, 2012, 76: 49-59.

[40]　Hu M G,Jia L,Wang J F, et al. Spatial and temporal char-

acteristics of particulate matter in Beijing, China using the empirical mode decomposition method [J]. Science of the Total Environment, 2013(458-460): 70-80.

[41] Hua Y, Cheng Z, Wang S X, et al. Characteristics and source apportionment of $PM_{2.5}$ during a fall heavy haze episode in the Yangtze River Delta of China [J]. Atmospheric Environment, 2015, 123: 380-391.

[42] Huang R J, Zhang Y L, Bozzetti C, et al. High secondary aerosol contribution to particulate pollution during haze events in China [J]. Nature, 2014, 514: 218-222.

[43] Jalil A, Mahmud S F. Environment Kuznets curve for CO_2 emissions: a cointegration analysis for China [J]. Energy Policy, 2009, 37 (12): 5167-5172.

[44] Jerrett M. Atmospheric science: the death toll from air-pollution sources [J]. Nature, 2015, 525(7569): 330-331.

[45] Johnsona M, Isakov V, Touma J S, et al. Evaluation of land-use regression models used to predict air quality concentrations in an urban area [J]. Atmospheric Environment, 2010, 44(30): 3660-3668.

[46] Kan H D, Chen R J, Tong S L. Ambient air pollution, climate change, and population health in China [J]. Environment International, 2012, 42: 10-19.

[47] Khanna N. The income elasticity of non-point source air pollutants: revisiting the environmental Kuznets curve [J]. Economics Letters, 2002, 77(3): 387-392.

[48] Kheder S B, Zugravu N. Environmental regulation and French firms location abroad: an economic geography model in an international comparative study [J]. Ecological Economics, 2012, 77: 48-61.

[49] Lamsal L N, Martin R V, Parrish D D, et al. Scaling relationship for NO_2 pollution and urban population size: a satellite perspective [J]. Environmental Science & Technology, 2013, 47: 7855-7861.

[50] Lelieveld J, Evans J S, Fnais M, et al. The contribution of outdoor air pollution sources to premature mortality on a global scale [J]. Nature, 2015, 525(7569): 367-371.

[51] Li J, Heap A D. A review of comparative studies of spatial interpolation methods in environmental sciences: performance and impact factors [J]. Ecological Informatics, 2011, 6(3): 228-241.

[52] Li L, Qian J, Ou C Q, et al. Spatial and temporal analysis of air pollution index and its timescale-dependent relationship with meteorological factors in Guangzhou, China, 2001-2011 [J]. Environmental Pollution, 2014, 190: 75-81.

[53] Li L, Yang J, Guo Cui, et al. Particulate matter modifies the magnitude and time course of the non-linear temperature-mortality association [J]. Environmental Pollution, 2015, 196(1): 423-430.

[54] Li Q, Song J, Wang E, et al. Economic growth and pollutant emissions in China: a spatial econometric analysis [J]. Stochastic Environmental Research and Risk Assessment, 2014, 28(2): 429-442.

[55] Li R K, Li Z P, Gao W J, et al. Diurnal, seasonal, and spatial variation of $PM_{2.5}$ in Beijing[J]. Science Bulletin, 2014, 60(3): 387-395.

[56] Li W, Xu B, Song Q, et al. The identification of "hotspots" of heavy metal pollution in soil-rice systems at a regional scale in eastern China [J]. Science of The Total Environment, 2014, 472: 407-420.

[57] Li Y F, Li Y, Zhou Y, et al. Investigation of a coupling model of coordination between urbanization and the environment [J]. Journal of Environmental Management, 2012, 98 (15): 127-133.

[58] Likhvar V N, Pascal M, Markakis K, et al. A multi-scale health impact assessment of air pollution over the 21st century [J]. Science of the Total Environment, 2015, 514: 439-449.

[59] Lin J T, Pan D, Davis S J, et al. China's international trade and air pollution in the United States [J]. Proceedings of the National Academy of Sciences, 2014, 111(5): 1736-1741.

[60] Liu X Z, Heilig G K, Junmiao, et al. Interactions between economic growth and environmental quality in Shenzhen, China's first special economic zone [J]. Ecological Economics, 2007, 62 (3-4): 559-570.

[61] Lu Z, Streets D G, Zhang Q, et al. Sulfur dioxide emissions in China and sulfur trends in East Asia since 2000[J]. Atmospheric

Chemistry and Physics,2010,10(13): 6311-6331.

［62］ Lu Z,Zhang Q,Streets D G. Sulfur dioxide and primary carbonaceous aerosol emissions in China and India,1996-2010［J］. Atmospheric Chemistry and Physics,2011,11: 9839-9864.

［63］ Luo Y P,Chen H,Zhu Q A,et al. Relationship between air pollutants and economic development of the provincial capital cities in China during the Past Decade［J］. PLOS One,2014,9(8): 1-14.

［64］ Markandya A,Golub A,Pedroso-Galinato S. Empirical analysis of national income and SO₂ emissions in selected European countries ［J］. Environmental and Resource Economics,2006,35(3): 221-257.

［65］ Markus Pasche. Technical progress,structural change,and the environmental Kuznets curve ［J］. Ecological Economics,2002,42(2):381-389.

［66］ Martínez-Zarzosoa I,Maruottic A. The impact of urbanization on CO₂ emissions: evidence from developing countries ［J］. Ecological Economics,2011,70(7): 1344-1353.

［67］ Marzio G,Matteo M,Alessandro L. On the robustness of robustness checks of the environmental Kuznets curve hypothesis ［J］. Environmental and Resource Economics,2009,42(4): 551-574.

［68］ McCarty J,Kaza N. Urban form and air quality in the United States ［J］. Landscape and Urban Planning,2015,139: 168-179.

［69］ Park S,Lee Y M. Regional model of EKC for air pollution: evidence from the republic of Korea ［J］. Energy Policy,2011,39: 5840-5849.

［70］ Ramsey N R,Klein P M,MooreMoore III B. The impact of meteorological parameters on urban air quality ［J］. Atmospheric Environment,2014,86(4): 58-67.

［71］ Ren L J,Cui E,Sun H Y. Temporal and spatial variations in the relationship between urbanization and water quality ［J］. Environmental Science and Pollution Research,2014,21: 13646-13655.

［72］ Rohde R A,Muller R A. Air pollution in China:mapping of concentrations and sources ［J］. PloS One,2015,10(8): e0135749.

［73］ Saikawa E,Kurokawa J,Takigawa M,et al. The impact of

China's vehicle emissions on regional air quality in 2000 and 2020: a scenario analysis [J]. Atmospheric Chemistry and Physics, 2011, 11 (18): 9465-9484.

[74] Shaw D, Pang A, Lin C C, et al. Economic growth and air quality in China [J]. Environmental Economics and Policy Studies, 2010, 12(3): 79-96.

[75] Shen J Y. A simultaneous estimation of environmental Kuznets curve: evidence from China [J]. China Economic Review, 2006, 17(4): 383-394.

[76] Shen C H, Li C L, Si Y L. A detrended cross-correlation analysis of meteorological and API data in Nanjing, China [J]. Physical A: Statistical Mechanics and Its Applications, 2015, 419(2): 417-428.

[77] Shi H, Wang Y, Chen J, et al. Preventing smog crises in China and globally [J]. Journal of Cleaner Production, 2016, 112: 1261-1271.

[78] Shi Y, Xia Y F, Lu B H, et al. Emission inventory and trends of NO_x for China, 2000-2020[J]. Journal of Zhejiang Univrsity-Science A (Applied Physics & Engineering), 2014, 15: 454-464.

[79] Song T, Zheng T G, Tong L J. An empirical test of the environmental Kuznets curve in China: a panel cointegration approach [J]. China Economic Review, 2008, 19(3): 381-392.

[80] Stone B Jr, Mednick A C, Holloway T, et al. Is compact growth good for air quality [J]. Journal of the American Planning Association, 2007, 73(4): 403-418.

[81] Stone B Jr. Urban sprawl and air quality in large U.S. cities [J]. Journal of Environmental Management, 2008, 86: 688-698.

[82] Su J G, Apte J S, Lipsitt J, et al. Populations potentially exposed to traffic-related air pollution in seven world cities [J]. Environment International, 2015, 78: 82-89.

[83] Tang Z. An integrated approach to evaluating the coupling coordination between tourism and the environment [J]. Tourism Management, 2015, 46: 11-19.

[84] Waggoner P E. Agricultural technology and its societal im-

plications [J]. Technology in Society,2004,26(2-3): 123-136.

[85] Wang G H,Kawamura K,Lee S C,et al. Molecular,seasonal,and spatial distributions of organic aerosols from fourteen Chinese cities [J]. Environmental Science & Technology, 2006, 40 (15): 4619-4625.

[86] Wang G H,Zhang R Y,Gomez M E,et al. Persistent sulfate formation from London fog to Chinese haze [J]. Proceedings of the National Academy of Sciences,2016,113(48): 13630-13635.

[87] Wang J,Hu Z,Chen Y,et al. Contamination characteristics and possible sources of PM_{10} and $PM_{2.5}$ in different functional areas of Shanghai,China [J]. Atmospheric Environment,2013,68: 221-229.

[88] Wang K,Tian H,Hua S,et al. A comprehensive emission inventory of multiple air pollutants from iron and steel industry in China: temporal trends and spatial variation characteristics[J]. Science of the Total Environment,2016,559: 7-14

[89] Wang Q S,Yuan X L,Ma C Y,et al. Research on the impact assessment of urbanization on air environment with urban environmental entropy model: a casestudy [J]. Stochastic Environmental Research and Risk Assessment,2012,26(3): 443-450.

[90] Wang Q S,Yuan X L,Lai Y H,et al. Research on interactive coupling mechanism and regularity between urbanization and atmospheric environment: A case study in Shandong Province, China [J]. Stochastic Environmental Research and Risk Assessment,2012,26(7): 887-898.

[91] Wang Q S,Yuan X L,Zhang J,et al. Key evaluation framework for the impacts of urbanization on air environment: a case study [J]. Ecological Indicators,2013,24(2): 266-272.

[92] Wang S J,Ma H T,Zhao Y B. Exploring the relationship between urbanization and the eco-environment: a case study of Beijing-Tianjin-Hebei region[J]. Ecological Indicators,2014,45(10):171-183.

[93] Wang S J,Li Q Y,Fang C L,et al. The relationship between economic growth,energy consumption,and CO_2 emissions: empirical evidence from China [J]. Science of the Total Environment, 2016,542:

360-371.

[94] Wang S, Zhao M, Xing J, et al. Quantifying the air pollutants emission reduction during the 2008 Olympic Games in Beijing [J]. Environmental Science & Technology, 2010, 44(7): 2490-2496.

[95] Wang T, Nie W, Gao J, et al. Air quality during the 2008 Beijing Olympics: secondary pollutants and regional impact [J]. Atmospheric Chemistry and Physics, 2010, 10(16): 7603-7615.

[96] Wang Z B, Fang C L. Spatial-temporal characteristics and determinants of $PM_{2.5}$ in the Bohai Rim Urban Agglomeration [J]. Chemosphere, 2016, 148: 148-162.

[97] Xia T Y, Wang J Y, Song K, et al. Variations in air quality during rapid urbanization in Shanghai, China [J]. Landscape and Ecological Engineering, 2014, 10(1): 181-190.

[98] Xu J H, Wang X S, Zhang S Q. Risk-based air pollutants management at regional levels [J]. Environmental Science & Policy, 2013, 25: 167-175.

[99] Yin K, Wang R S, An Q X, et al. Using eco-efficiency as an indicator for sustainable urban development: a case study of Chinese provincial capital cities[J]. Ecological Indicators, 2014, 36(2), 665-671.

[100] Zhang J, Ouyang Z Y, Miao H, et al. Ambient air quality trends and driving factors analysis in Beijing, 1983-2007 [J]. Journal of Environmental Science, 2011, 23(12): 2019-2028.

[101] Zhang Q, He K, Huo H. Policy: cleaning China's air [J]. Nature, 2012, 484(7393): 161-162.

[102] Zhao Y B, Wang S J. The relationship between urbanization, economic growth and energy consumption in China: an econometric perspective analysis [J]. Sustainability, 2015, 7(5): 5609-5627.

[103] Zhou X, Cao Z, Ma Y, et al. Concentrations, correlations and chemical species of $PM_{2.5}$/ PM_{10} based on published data in China: potential implications for the revised particulate standard [J]. Chemosphere, 2016, 144: 518-526.

[104] Zhu W J, Wang J Z, Zhang W Y, et al. Short-term effects of air pollution on lower respiratory diseases and forecasting by the group

method of data handling [J]. Atmospheric Environment，2012，51：29-38.

[105] Zhuang X L，Wang Y S，He H，et al. Haze insights and mitigation in China：An overview [J]. Journal of Environmental Sciences，2014，26：2-12.

[106] Zilio M，Recalde M. GDP and environment pressure：the role of energy in Latin America and the Caribbean [J]. Energy Policy，2011，39(12)：7941-7949.

[107] 安瓦尔·买买提明,张小雷,等. 阿图什市城市化过程的大气环境污染效应 [J]. 干旱区地理,2011,34(4)：635-641.

[108] 曹静,王鑫,钟笑寒. 限行政策是否改善了北京市的空气质量？[J]. 经济学(季刊),2014,13(3)：1091-1126.

[109] 曹军骥. PM$_{2.5}$与环境 [M]. 北京：科学出版社,2014.

[110] 车汶蔚,郑君瑜,邵英贤,等. 珠海市大气污染时空分布特征及成因分析 [J]. 中国环境监测,2008,24(5)：82-87.

[111] 陈明星,陆大道,张华.中国城市化水平的综合测度及其动力因子分析 [J].地理学报,2009,64(4)：388- 398.

[112] 陈晓红,唐湘博,田耘. 基于 PCA-MLR 模型的城市区域 PM$_{2.5}$污染来源解析实证研究——以长株潭城市群为例 [J]. 中国软科学,2015(1)：139-149.

[113] 程启月. 评测指标权重确定的结构熵权法 [J]. 系统工程理论与实践,2010,30(7)：1225-1228.

[114] 戴全厚,刘国彬,刘明义,等. 小流域生态经济系统可持续发展评价——以东北低山丘陵区黑牛河小流域为例 [J]. 地理学报,2005,60(2)：209-218.

[115] 丁镭,方雪娟,赵委托,等. 城市化进程中的武汉市空气环境响应特征研究 [J]. 长江流域资源与环境,2015,24(6)：1038-1045.

[116] 丁镭,黄亚林,刘云浪,等. 1995—2012 年中国突发性环境污染事件时空演化特征及影响因素[J]. 地理科学进展,2015,34(6)：749-760.

[117] 杜江,刘渝. 城市化与环境污染：中国省际面板数据的实证研究 [J]. 长江流域资源与环境,2008,17(6)：825-830.

[118] 杜涛,黄璐,陈曦,等. 泸州空气质量变化和经济发展关系的

探讨[J]. 三峡环境与生态,2008,1(3):58-61.

[119] 杜雯翠,冯科. 城市化会恶化空气质量吗?——来自新兴经济体国家的经验证据[J]. 经济社会体制比较,2013(5):91-99.

[120] 方创琳,杨玉梅. 城市化与生态环境交互耦合系统的基本定律[J]. 干旱区地理,2006,29(1):1-8.

[121] 方创琳,刘晓丽,蔺雪芹. 中国城市化发展阶段的修正及规律性分析[J]. 干旱区地理,2008,31(4):512-523.

[122] 刁贝娣,曾克峰,苏攀达,等. 中国工业氮氧化物排放的时空分布特征及驱动因素分析[J]. 资源科学,2016,38(9):1768-1779.

[123] 桂小丹,李慧明. 环境库兹涅茨曲线实证研究进展[J]. 中国人口·资源与环境,2010,20(3):5-8.

[124] 黄金川,方创琳. 城市化与生态环境交互耦合机制与规律性分析[J]. 地理研究,2003,22(2):211-220.

[125] 黄棣芳. 基于面板数据对工业化与城市化影响下的经济增长与环境质量的实证分析[J].中国人口·资源与环境,2011,21(12):17-20.

[126] 黄亚林,丁镭,张冉,等. 武汉市城市化过程中的空气质量响应研究[J]. 安全与环境学报,2015,15(3):284-289.

[127] 黄亚林,丁镭,张冉,等. 武汉城市圈城市化发展与环境空气质量关系探讨[J]. 长江流域资源与环境,2015,24(12):2117-2124.

[128] 蒋洪强,张静,王金南,等. 中国快速城镇化的边际环境污染效应变化实证分析[J]. 生态环境学报,2012,21(2):293-297.

[129] 梁振民,陈才,刘继生,等,东北地区城市化发展质量的综合测度与层级特征研[J]. 地理科学,2013,33(8):927-937.

[130] 卢亚灵,蒋洪强,黄季夏,等. 基于GWR的中国地级城市SO_2年均质量浓度模拟[J]. 生态环境学报,2014,23(8):1305-1310.

[131] 罗媞,刘艳芳,孔雪松. 中国城市化与生态环境系统耦合研究进展[J]. 热带地理,2014,34(2):266-274.

[132] 李斌,李拓. 中国空气污染库兹涅茨曲线的实证研究——基于动态面板系统GMM与门限模型检验[J]. 经济问题,2014,4:17-22.

[133] 李红莉,王艳,葛虎. 山东省环境库兹涅茨曲线的检验与分析[J].环境科学研究,2008,21(4):210-214.

[134] 李佳洺,陆大道,徐成东,等. 胡焕庸线两侧人口的空间分异

性及其变化 [J]. 地理学报,2017,72(1):148-160.

[135] 李名升,任晓霞,周磊,等. 中国大气 SO_2 污染与排放的空间分离分析 [J]. 环境科学学报,2013,33(4):1150-1157.

[136] 李名升,张建辉,张殷俊,等. 近 10 年中国大气 PM_{10} 污染时空格局演变 [J]. 地理学报,2013,68(11):1504-1512.

[137] 李文杰,张时煌,高庆先,等. 京津石三市空气污染指数(API)的时空分布特征及其与气象要素的关系[J]. 资源科学,2012,34(8):1392-1400.

[138] 李茜,宋金平,张建辉,等. 中国城市化对环境空气质量影响的演化规律研究 [J]. 环境科学学报,2013,33(9):2402-2411.

[139] 李茜,胡昊,罗海江,等. 我国经济增长与环境污染双向作用关系研究——基于 PVAR 模型的区域差异分析 [J]. 环境科学学报,2015,35(6):1875-1886.

[140] 李小飞,张明军,王圣杰,等. 中国空气污染指数变化特征及影响因素分析 [J]. 环境科学,2012,33(6):1936-1943.

[141] 廖志恒,孙家仁,范绍佳,等. 2006—2012 年珠三角地区空气污染变化特征及影响因素 [J]. 中国环境科学,2015,35(2):329-336.

[142] 刘传姚,侯帆,杨玉清,等. 武汉市 2001—2010 年空气污染指数动态分析 [J]. 中国公共卫生,2013,29(6):853-855.

[143] 刘耀彬,李仁东,宋学锋. 中国区域城市化与生态环境耦合的关联分析 [J]. 地理学报,2005,60(2):237-247.

[144] 刘耀彬,陈斐,周杰文. 城市化进程中的生态环境响应度模型及其应用 [J]. 干旱区地理,2008,31(1):122-128.

[145] 刘永伟,闫庆武,黄杰,等. 基于 GIS 的中国 API 指数时空分布规律研究[J]. 生态环境学报,2013,22(8):1386-1394.

[146] 卢东斌,孟文强. 城市化、工业化、地理脆弱性与环境质量的实证研究 [J]. 财经问题研究,2009(2):22-28.

[147] 陆媛媛,刘超,曾克峰,等. 宁夏城市化与生态环境耦合及协调关系研究 [J]. 中国沙漠,2016,36(4):1-9.

[148] 马宁,刘民梁,万年. 2008 年北京奥运会对北京空气质量的影响 [J]. 首都公共卫生,2010,4(3):103-110.

[149] 马丽梅,张晓. 中国雾霾污染的空间效应及经济、能源结构影响 [J]. 中国工业经济,2014,313:19-32.

[150]　马蔚纯,赵海君,李莉,等. 区域规划环境评价的空间尺度效应:对上海高桥镇和浦东新区的案例研究 [J]. 地理科学进展,2015,34(6):739-748.

[151]　莫莉,余新晓,赵阳,等. 北京市区域城市化程度与颗粒物污染的相关性分析[J]. 生态环境学报,2014,23(5):806-811.

[152]　牛海鹏,朱松,尹训国,等. 经济结构、经济发展与污染物排放之间关系的实证研究 [J]. 中国软科学,2012(4):160-166.

[153]　欧向军,甄峰,秦永东,等. 区域城市化水平综合测度及其理想动力分析——以江苏省为例 [J]. 地理研究,2008,27(5):993-1002.

[154]　潘竟虎,张文,李俊峰,等. 中国大范围雾霾期间主要城市空气污染物分布特征 [J]. 生态学杂志,2014,33(12):3423-3431.

[155]　彭文甫,周介铭,罗怀良,等. 土地利用变化与城市空气环境效应的关系 [J]. 水土保持研究,2010,17(4):87-91.

[156]　彭水军,包群. 中国经济增长与环境污染——基于广义脉冲响应函数法的实证研究 [J]. 中国工业经济,2006,218:15-23.

[157]　戚伟,刘盛和,赵美风. "胡焕庸线"的稳定性及其两侧人口集疏模式差异 [J]. 地理学报,2015,70(4):551-566.

[158]　秦蒙,刘修岩,仝怡婷. 蔓延的城市空间是否加重了雾霾污染——来自中国 $PM_{2.5}$ 数据的经验分析 [J]. 财贸研究,2016,37(11):146-160.

[159]　任春艳,吴殿廷,董锁成,等. 西北地区城市化与空气质量变化关系研究[J]. 北京师范大学学报:自然科学版,2005,41(2):204-208.

[160]　任婉侠,薛冰,张琳,等. 中国特大型城市空气污染指数的时空变化[J]. 生态学杂志,2013,32(10):2829-2835.

[161]　孙丹,杜吴鹏,高庆先,等. 2001 年至 2010 年中国三大城市群中几个典型城市的 API 变化特征[J]. 资源科学,2012,34(8):1401-1407.

[162]　孙峰华,孙东琪,胡毅,等. 中国人口对生态环境压力的变化格局:1990—2010 [J]. 人口研究,2013,37(5):103-111.

[163]　王斌. 利用空气污染指数(API)分析我国空气污染的区域时空变化特征[D]. 青岛:中国海洋大学,2008.

[164]　王长建,张小雷,杜宏茹,等. 近 20 年新疆城市化与生态环境互动关系的动态计量分析[J]. 中国沙漠,2012,32(6):1794- 1801.

[165] 王家庭,王璇. 我国城市化与环境污染的关系研究——基于28个省市面板数据的实证分析 [J]. 城市问题,2010,11：9-15.

[166] 王立平,管杰,张纪东. 中国环境污染与经济增长：基于空间动态面板数据模型的实证分析 [J]. 地理科学,2010,30(6)：818-825.

[167] 王敏,黄滢. 中国的环境污染与经济增长 [J]. 经济学(季刊),2015,14(2)：558-578.

[168] 王淑兰,张远航,钟流举,等. 珠江三角洲城市间空气污染的相互影响 [J]. 中国环境科学,2005,25(2)：133-137.

[169] 王兴杰,谢高地,岳书平. 经济增长和人口集聚对城市环境空气质量的影响及区域分异——以第一阶段实施新空气质量标准的74个城市为例 [J]. 经济地理,2015,35(2)：71-76.

[170] 王占山,李云婷,陈添,等. 2013年北京市 $PM_{2.5}$ 的时空分布 [J]. 地理学报,2015,70(1)：110-120.

[171] 王少剑,方创琳,王洋. 京津冀地区城市化与生态环境交互耦合关系定量测度[J]. 生态学报,2015,35(7)：1-14.

[172] 王艳芳,张俊. 奥运会对北京空气质量的影响：基于合成控制法的研究 [J]. 中国人口·资源与环境,2014,24(5)：166-168.

[173] 王跃启,江洪,张秀英,等. 基于OMI卫星遥感数据的中国对流层 NO_2 时空分布 [J]. 环境科学研究,2009,22(8)：932-937.

[174] 王振波,方创琳,许光,等. 2014年中国城市 $PM_{2.5}$ 浓度的时空变化规律 [J]. 地理学报,2015,70(11)：1720-1734.

[175] 吴永娇,马海州,董锁成,等. 城市化进程中生态环境响应模型研究——以西安为例 [J]. 地理科学,2009,29(1)：64-70.

[176] 许珊,邹滨,蒲强,等. 土地利用/覆盖的空气污染效应分析 [J]. 地球信息科学学报,2015,17(3)：290-299.

[177] 许世春,何正霞. 中国经济增长与环境污染关系的实证分析——来自1990—2005年省级面板数据 [J]. 经济体制改革,2007(4)：22-26.

[178] 薛文博,付飞,王金南,等. 中国 $PM_{2.5}$ 跨区域传输特征数值模拟研究 [J]. 中国环境科学,2014(6)：1361-1368.

[179] 蔺雪芹,王岱. 中国城市空气质量时空演化特征及社会经济驱动力 [J].地理学报,2016,71(8)：1357-1371.

[180]　杨丹辉,李红莉.地方经济增长与环境质量——以山东省域为例的库兹涅茨曲线分析[J].经济管理,2011,3:37-46.

[181]　杨肃昌,马素琳.空气质量与城市发展——基于动态面板GMM模型的实证分析[J].经济问题探索,2015,8:52-60.

[182]　余波,周英,刘祖涵,等.基于混沌理论的兰州市近10年空气污染指数时间序列分析[J].干旱区地理,2014,37(3):571-578.

[183]　余红伟,张洛熙.制造业结构升级促进了区域空气质量改善吗——基于2004—2013年省级面板数据的实证分析[J].中国地质大学学报:社会科学版,2015,15(5):33-42.

[184]　曾浩,邓宏兵.武汉市城市化与生态环境协调发展定量评价与分析[J].华中师范大学学报:自然科学版,2012,46(5):611-615.

[185]　章锦河,李曼,陈静,等.旅游废弃物的环境库兹涅茨效应分析——以黄山风景区为例[J].地理学报,2012,67(11):1537-1546.

[186]　张纯,张世秋.大都市圈的城市形态与空气质量研究综述:关系识别和分析框架[J]城市发展研究,2014,21(9):47-53.

[187]　张可,汪东芳.经济集聚与环境污染的交互影响及空间溢出[J].中国工业经济,2014,6:70-82.

[188]　张菊,苗鸿,欧阳志云,等.近20年北京市城近郊区环境空气质量变化及其影响因素分析[J].环境科学学报,2006,26(11):1886-1892.

[189]　张强,耿冠楠,王斯文,等.卫星遥感观测中国1996—2010年氮氧化物排放变化[J].科学通报,2012,57(16):1446-1453.

[190]　张兴赢,张鹏,张艳,等.近10年中国对流层NO_2的变化趋势、时空分布特征及其来源解析[J].中国科学:地球科学,2007,37(10):1409-1416.

[191]　张殷俊,陈曦,谢高地,等.中国细颗粒物($PM_{2.5}$)污染状况和空间分布[J].资源科学,2015,37(7):1339-1346.

[192]　张喆,王金南,杨金田,等.城市空气质量与经济发展的曲线估计研究[J].环境与可持续发展,2007,4:36-38.

[193]　赵阳,邵敏,王琛,等.被动采样监测珠江三角洲NO_x、SO_2、和O_3的空间分布特征[J].环境科学,2011,32(2):324-329.

[194]　赵渊,王莉,杨显明,等.基于时间序列的京津冀地区城市与西北地区兰州市空气污染特征比较[J].兰州大学学报:自然科学版,

2014,50(2)：233-239.

[195] 周兆媛,张时煌,高庆先,等. 京津冀地区气象要素对空气质量的影响及未来变化趋势分析[J]. 资源科学,2014,36(1)：0191-0199.

[196] 周文华,王如松,张克锋. 人类活动对北京空气质量影响的综合生态评价 [J]. 生态学报,2005,25(9)：2214-2220.

[197] 朱振亚,饶良懿,余新晓,等. 西安市区空气污染指数时空分布特征 [J]. 中国水土保持科学,2014,12(3)：9-16.

[198] 朱志胜. 劳动供给对城市空气污染敏感吗——基于 2012 年全国流动人口动态监测数据的实证检验 [J]. 经济与管理研究,2015,36(11)：47-57.

附　　图

后　记

　　回顾改革开放近 40 年来社会经济快速发展的巨大成就、正视当前因为粗放式的发展模式带来的严重环境污染问题,新型城镇化建设和环境治理、环境质量改善,将是未来很长一段时间内的焦点话题。

　　中国的城市化进程是人类历史上规模最大、速度最快的。仅用 30 多年的时间就达到了英国用 200 年、美国用 100 年和日本用 50 年才能实现的城市化水平。中国新型城镇化道路顺应了中国社会主义现代化发展的时代要求,是实现中国人民的"宜居梦""创业梦""幸福梦"的具体举措,是中华民族实现长期梦寐以求的"中国梦"的重要组成部分。在这样的背景下,频发、持续而广泛的城市雾霾、空气污染问题,成了当下不可逾越的艰难挑战和严峻阻力。如何克服包括雾霾、空气污染在内的"城市病"困扰,是当前和未来我国新型城镇化道路过程中不可回避的现实话题,也是众多环境经济地理学者不得不继续深究探讨的学术命题。从这个意义上说,环境经济地理研究作为经济地理学和环境经济学的交叉、热点领域,为中国经济发展与环境的关系提供了独特视角。

　　从地理的角度来看,我国存在显著的地域差异性和空间异质性,为探索不同区域的城市化与环境作用关系的模式、范式提供了绝佳样本。这种差异有源自东西南北、沿海内陆的自然因素,更有源自人类活动、经济产业结构、能源结构效率、资本投入、产业转移等要素带来的变化。所以,各地各城市结合自身地形、气象、自然背景,结合自身的社会经济发展状况,走一条适合自身的城市化与包括空气环境在内的环境系统协调发展的道路,既是那么的迫切,也是如此的必要、适时。

从经济的角度来看,转型经济制度是解读当前中国环境经济地理的重要基础。城市经济转型发展为空气环境质量的改善提供了制度环境,制度环境的空间差异直接影响污染产业的排放和治理行为。城市经济转型发展为产业的演化提供了动力,将会影响污染产业的地理空间分布,从而改变区域产业演化的环境效应。

综合以上思量,本书围绕中国城市化与空气环境相互关系及环境库茨涅兹曲线检验这一热点话题,旨在抛砖引玉,以期能吸引更多研究关注在经济、地理视角下的中国新型城镇化过程中遇到的系列环境问题,包括易被忽视的地下水污染、土壤污染等,最终为"美丽中国"的建设奉献属于学者的智慧和力量。

丁　镭

2017 年 10 月